Wolfgang Filc
Mitgegangen, mitgehangen

Wolfgang Filc

Mitgegangen, mitgehangen

Mit Lafontaine im Finanzministerium

Eichborn.

Der Autor

Wolfgang Filc, Jahrgang 1943, ist Professor für Volkswirtschaftslehre, insbesondere Geld, Kredit, Währung, an der Universität Trier. Er ist Mitglied des Direktoriums des Instituts für Empirische Wirtschaftsforschung, Berlin, und Vorsitzender des Aufsichtsrats der TRIWO AG, Trier. Vom 1. 12. 1998 bis 30. 6. 1999 war er Ministerialdirektor und Leiter der Abteilung »Internationale Finanz- und Währungsbeziehungen« im Bundesministerium der Finanzen.

© Eichborn Verlag AG, Frankfurt am Main, Oktober 1999
Umschlaggestaltung: Christina Hucke
Umschlagfoto © dpa
Gesamtproduktion: Fuldaer Verlagsanstalt GmbH, Fulda
ISBN 3-8218-1622-8

Verlagsverzeichnis schickt gern:
Eichborn Verlag, Kaiserstraße 66, 60329 Frankfurt am Main
www.eichborn.de

Inhalt

Vorwort

Mein Abstecher in die praktische Wirtschaftspolitik war turbulent. Die kurze Zeit im Bundesfinanzministerium ist aber nicht allein als vergangene Episode im Berufsleben eines Hochschullehrers zu bewerten, die, wäre es so, allgemeines Interesse nicht beanspruchen könnte. Vielmehr können hieraus möglicherweise Lehren für die Zukunft gezogen werden.

Worum geht es? Um dreierlei. Erstens um die gerade in Deutschland fehlende Kultur der ständigen und vorbehaltlosen Interaktion zwischen Wirtschaft, Wissenschaft und Politik. Hierbei gibt es Nachholbedarf. Zweitens sind konzeptionelle Aspekte der Vorbereitung politischen Handelns zu beleuchten, aus einer gewiß eingeschränkten, aber gerade deshalb genau fokussierenden Sicht. Verbesserungen sind nötig und möglich. Drittens geht es um das Umgehen miteinander in einem Ministerium, zunächst allgemein, sodann der Leitung mit Spitzenbeamten. Hieran muß sich etwas ändern.

Nach meinem kurzen Intermezzo im Finanzministerium machte ich mich daran, die Vielzahl von Erfahrungen und Eindrücken vor allem für mich selbst schriftliche festzuhalten und dadurch aufzuarbeiten. Später wurde ich angeregt, diesen Erlebnisbericht, der ein Stück Zeitgeschichte spiegelt, so weit wie möglich von Personalien befreit zu publizieren. An der persönlichen Betroffenheit gibt es nichts zu deuteln. Und eine persönliche Sicht der Dinge kann keinen Anspruch auf Allgemeingültigkeit erheben. Aber die eigene Befindlichkeit, die bei Erlebnissen immer eine Rolle spielt, soll nicht unterdrückt werden, auch dann nicht, wenn andere das anders sehen. Hier sind keine Rechnungen zu präsentieren, die Wäsche wird zu Hause gewaschen. Es geht darum, Erfahrungen mit dem Ziel zu nutzen, die Zukunft besser gestalten zu können.

Die Vorgeschichte

Annäherungen an den politischen Bereich

Nein, leicht hatte ich mir die Sache nicht gemacht. Immerhin vergingen sechs Wochen zwischen dem ersten Anruf von Claus Noé und meiner Entscheidung. Aber dann wollte ich das. Vielleicht auch auf längere Zeit als für die zunächst vorgesehenen drei Jahre. Denn bevor ich Trier verließ, habe ich viele Aktenordner und ganze Berge von Unterlagen, die sich im Laufe der Jahre angesammelt hatten, weggeworfen. Mir schien, ich würde all das künftig nicht mehr benötigen. Ich räumte noch kräftig mein Spendenkonto ab, ließ daraus einen Abschied in der Mensa finanzieren. Die Abschiedsveranstaltung fand am 2. Dezember 1998 statt. Es kamen vielleicht 80 Leute, darunter auch einige Studierende. Wohl war mir nicht an diesem Tag. Ich hatte keine Ahnung, was auf mich zukommen wird. Hätte ich geahnt, wie sich die Dinge tatsächlich entwickeln, ja dann. Warum wollte ich wechseln? Es war wohl vor allem mein Eifer, zusammen mit Gleichgesinnten einen Beitrag für eine bessere gesamtwirtschaftliche Entwicklung zu leisten, etwas umzusetzen, worüber ich lange Jahre nachgedacht und gearbeitet hatte. Mir war klar, daß in dieser Tätigkeit ein Privatleben gerade noch einmal an den Wochenenden möglich sein würde, wenn überhaupt. Aber das wollte ich hinnehmen, weil ich die Chance sah, mich für stabilere Finanz- und Währungsbeziehungen in der Welt einzusetzen. Wie naiv diese Vorstellung doch war.

Während meiner Abschiedsveranstaltung an der Universität Trier hörte ich viele lobende Worte. Besonders erfreut haben mich kleine Geschenke von Studierenden, die mir Dank sagten. Wenige Tage zuvor waren etwa 100 Studierende vor mein Büro gekommen, gedacht als Appell, ich möge mir die Sache noch einmal überlegen. Darüber habe ich mich gefreut, wenngleich mir das unangenehm war. Deshalb habe ich nur kurz zu den Studierenden gesprochen. Denn mir war klar, daß ich meine Entscheidung nicht mehr zurücknehmen konnte.

Was war ihr vorangegangen?

Seit vielen Jahren bin ich besonders an praktischen Fragen der Wirtschaftspolitik interessiert, an Möglichkeiten, wirtschaftspolitische Konzeptionen in die öffentliche Diskussion einzubringen. Das war der hauptsächliche Grund, warum ich immer wieder zu aktuellen wirtschaftspolitischen Fragen Stellung bezogen habe, in wissenschaftlichen Beiträgen, in Interviews, auch in Zeitungsartikeln. Und das mag auch erklären, warum ich die Last auf mich genommen habe, über mehr als zwanzig Jahre hinweg dreimal im Jahr Devisenmarktanalysen zu publizieren. Das erforderte ständige Konzentration auf Aktualität, absorbierte gut zehn Arbeitswochen im Jahr, all das ohne hierfür irgendeine Kompensation zu erwarten. Es ging mir um die Sache, darum, meinen Teil beizutragen, um den Anspruch einzulösen, den nach meiner Überzeugung die Gesellschaft gegenüber ausgebildeten Volkswirten, zumal an Universitäten, geltend machen kann. Unternehmen stellen studierte Betriebswirtschaftler ein, um das Betriebsergebnis zu verbessern. Daß es sich eine Gesellschaft leistet, auch noch Volkswirtschaftler auszubilden, macht nur Sinn, wenn ihnen andere Aufgaben zu übertragen sind. Nach meinem Verständnis sollte es ihr Ziel sein, Wege zu erkunden, wie gesamtwirtschaftliche Bedingungen zu gestalten sind, um die Wohlfahrt von Gesellschaften zu verbessern. Nahezu selbstverständlich führt das zu einer makroökonomischen und empirisch gestützten Orientierung mit dem Ziel, Beiträge für wirtschaftspolitische Konzeptionen zu leisten, die den Menschen dienen.

Die Themengebiete meiner Arbeiten sind ausschließlich dem makroökonomischen Bereich zuzurechnen: Beschäftigung, Wirtschaftswachstum, Koordinierung der Teilbereiche der makroökonomischen Stabilisierungspolitik in einem Land und international, Gestaltung der internationalen Finanz- und Währungsbeziehungen in Europa und darüber hinaus, und immer wieder aktuelle Stellungnahmen zu Geschehnissen an den Devisenmärkten und ihren Konsequenzen für die gesamtwirtschaftliche Entwicklung und für die Wirtschaftspolitik.

Eine Folge dieser Konzentration auf wirtschaftswissenschaftliche Arbeiten mit dem Ziel der Umsetzung von Überlegungen in die wirtschaftspolitische Diskussion war es, daß mich Publikationen in hoch angesehenen wirtschaftswissenschaftlichen Zeitschriften deshalb nicht besonders interessierten, weil hierbei eine zeitliche Distanz zwischen Nachdenken, Schreiben und Veröffentlichung von wenigstens einem Jahr zu kalkulieren ist. Deshalb zog ich es vor, in eher kleineren Zeitschriften zu publizieren, weil sie den Vorteil haben, Ergebnisse des Nachdenkens rasch zu veröffentlichen.

Schon bald nach Übernahme des Lehrstuhls an der Universität Trier konnte ich die Grenze zwischen Wirtschaftswissenschaften und Politikberatung überschreiten. Da war zunächst der Arbeitskreis »Europäische Integration« in Bonn, der mich zur Mitarbeit einlud. Ich folgte der Einladung, war aber bald enttäuscht über den geringen wirtschaftswissenschaftlichen Inhalt der Diskussionen und von den Publikationen dieser Institution. Danach trat der »Kocheler Kreis« an mich heran, eine Gruppe von Ökonomen und von Politikern der SPD, von Wolfgang Roth, damals wirtschaftspolitischer Sprecher der SPD-Bundestagsfraktion, initiiert und seitdem von den Professoren Kantzenbach und Kromphardt geleitet. Die erste Sitzung, an der ich teilnahm, fand in Bonn statt. Dabei lernte ich auch den damaligen Staatsrat Hamburgs, Dr. Claus Noé, kennen. Mich beeindruckte seine auf Konfrontation mit dem Ziel konträrer Auseinandersetzung abzielende Diskussionsstrategie.

Darüber hinaus wurde ich ein für Banken interessanter Gesprächspartner, für Vorträge und kleinere Ausarbeitungen. Die Arbeitsgruppe »Einheitliche Europäische Währung« des Europäischen Parlaments, die von Herrn Dr. Otmar Franz geleitet wurde, kam auf mich zu und lud mich zur Mitarbeit ein. Der »Franz-Bericht« des Europäischen Parlaments, der einen Weg zu einer einheitlichen Europawährung aufzeigt, ist in wesentlichen Teilen von mir gestaltet worden.

Daneben wurde ich zunehmend für wirtschaftspolitische Gesprächsrunden, meistens der SPD, in Bonn herangezogen. So kann ich mich daran erinnern, einen Nachmittag samt anschließendem Abend in dem damaligen Haus der Landesvertretung von Nordrhein-Westfalen in einem Gespräch mit dem finanzpolitischen Sprecher der SPD-Bundestagsfraktion, Dr. Hans Apel, verbracht zu haben, das an einem Tag, an dem ein wichtiges Spiel einer Fußballweltmeisterschaft stattgefunden hatte. Ich weiß nicht mehr, um welches Spiel es ging. Im Zug zurück nach Trier hörte ich, daß Deutschland dieses Spiel gewonnen hatte. Zudem hatte ich über längere Zeit hinweg mit dem Ersten Bürgermeister der Freien und Hansestadt Hamburg, Dr. Klaus von Dohnanyi, zu Fragen der Finanzierung von Staatsausgaben zu tun. Hieraus ging ein vom Ersten Bürgermeister Hamburgs 1986 herausgegebener Band »Notenbankkredit an den Staat?« hervor.

Mit zunehmendem Alter und wachsender Liste meiner Publikationen wurde ich mehr und mehr in das wirtschaftspolitische Geschäft einbezogen. Das ging aus von der SPD-Bundestagsfraktion, später auch von Frau Dr. Randzio-Plath, die mit großem Engagement den Unterausschuß »Währung« im Europäischen Parlament leitete. Immer wieder wurde ich um Stellungnahmen gebeten, ich hatte mich vorzubereiten, hatte hierfür zu schreiben, stand viele Stunden als Diskussionspartner zur Verfügung, all das ohne irgendeine Gegenleistung zu erwarten. So war ich auch Teilnehmer der Anhörung des Finanzausschusses des Bundestages zur Europäischen Währungsunion im September 1991.

Zunehmend wurde ich zur Vorbereitung wirtschaftspolitischer Konzepte für den 1998 anstehenden Bundestagswahlkampf einbezogen. Der Bundesvorstand der SPD setzte das Gremium »Fortschritt 2000« ein, und ich wurde Mitglied der Sachverständigenkommission Wirtschaft. Ich nahm mehrfach an Sitzungen dieser Kommission teil, bei zwei Sitzungen hatte ich Gelegenheit, meine Vorstellungen zur Stabilisierung der Finanz- und Devisenmärkte und zur Europäischen Währungsunion vorzutragen. In dieser Zeit hatte ich mich maßgeblich mit Instabilitätspotentialen an Finanzmärkten befaßt. Die Initiative hierzu ging von Herrn Dr. Pfaller von der Friedrich-Ebert-Stiftung aus, der mich gefragt hatte, ob ich hierüber ein Arbeitspapier verfassen könne. Das war vielleicht ein Jahr vor dem Ausbruch der Krise der Finanzmärkte in südostasiatischen Ländern. Mein Arbeitspapier wurde zunächst von der Stiftung verteilt, eine überarbeitete Fassung dann in der Zeitschrift der Friedrich-Ebert-Stiftung »Internationale Politik und Gesellschaft« publiziert. Zuvor schon hatte ich eine ausführlichere Version in einer anderen wissenschaftlichen Zeitschrift veröffentlicht. Im nachhinein zeigte sich, daß viele der Fehlentwicklungen in Krisenregionen Südostasiens bereits vorausgesehen worden waren. Das überraschte mich, weil ich mir seherische Fähigkeiten nicht zugemessen hatte. Die Ergebnisse meiner Analyse entsprangen meiner wirtschaftstheoretischen Konzeption, dadurch geprägt, daß partielles Marktversagen gerade an spekulativen Auktionsmärkten niemals ganz auszuschließen ist. Dann bedarf es einer beruhigenden Hand, nämlich eines institutionellen Designs, um Fehlentwicklungen an Finanzmärkten nicht entstehen zu lassen, die unweigerlich auf Gütermärkte übergreifen, Arbeitslosigkeit, Inflation oder außenwirtschaftliche Ungleichgewichte produzieren.

Das war es wohl, was die spätere Leitung des Bundesfinanzministeriums auf mich aufmerksam werden ließ. Darüber hinaus hatte ich auf der Grundlage empirischer Untersuchungen eines Diplomanden einen Beitrag unter dem Titel »Ende der Effizienzträume« publiziert, in dem gezeigt wird, daß Devisenmärkte Informationen offensichtlich nicht immer effizient verarbeiten. Und das legt den Keim für Fehlentwicklungen an anderen Märkten eines makroökonomischen Systems. Wer das vermeiden will, der muß Finanzmärkte, speziell Devisenmärkte, in irgendeiner Weise regulieren. Das bedeutet nicht, internationale Finanzbeziehungen mit Kapitalverkehrskontrollen zu überziehen, wohl aber die Bereitschaft, Informationsasymmetrien an Devisenmärkten zu vermeiden oder auszugleichen. Und diese Position ist zu jener der marktradikalen Sichtweise konträr, in der unendliches Vertrauen auf immer richtige Preissignale unreglementierter Märkte besteht. Die in den Startlöchern sitzende neue Führungsmannschaft des Finanzministeriums war in dieser Frage eindeutig auf meiner Seite. Das gilt wohl insbesondere für Claus Noé. Ich hatte ihn im Frühjahr 1998 anläßlich des 65. Geburtstages von Professor Krupp in Hamburg wieder einmal gesehen. Wenige Wochen zuvor hatte ich auf einer Tagung des Kreises »Geldpolitik« in Freudenberg das intellektuelle Vergnügen, zusammen mit Claus Noé manche marktradikalen Positionen zu Fragen der Wirtschaftspolitik aufs Korn zu nehmen und sie, nach Eindruck der Teilnehmer, zu entkräften.

So also kam ich in den Kreis derer, die für kurze Zeit die Finanzpolitik in der Bundesrepublik Deutschland bestimmten. Die Gründe hierfür sind vielfältig. Da war einmal das Interesse an meinen wirtschaftswissenschaftlichen Arbeiten. Da war auch die zunehmende Verlagerung meiner Interessen von den Wirtschaftswissenschaften zur wirtschaftspolitischen Beratung. Da war ferner die zunehmende Langeweile, die unweigerlich kommt, wenn man über viele Jahre hinweg eine bestimmte Aufgabe übernimmt. Da war schließlich der wachsende Groll gegenüber einigen wenigen an der wirtschaftswissenschaftlichen Ausbildung entweder nicht interessierten oder aber wenig kompetenten Kollegen. Das alles zusammengenommen war ursächlich, ein späteres Angebot der Übernahme eines politischen Amtes überhaupt in Erwägung zu ziehen. Denn später fragten mich oder rätselten Kollegen darüber, warum ich die Freiheit der Gestaltung meines Arbeitslebens an der Universität gegen zeitliche und politische Zwänge eines derartigen Amtes getauscht hätte. Meine Antwort: Es ist allemal wert, eine erworbene fachliche Kompetenz zur politischen Gestaltung zu nutzen, statt darauf zu vertrauen, daß sich in Zeitschriftenartikeln dargelegte Überlegungen von selbst in entsprechende Maßnahmen der Wirtschaftspolitik umsetzen.

Erste Kontakte mit der Bundesregierung

Dann kam es zu dem mich überraschenden Ergebnis der Bundestagswahl. In besonderer Weise war ich über die Entscheidung des Vorsitzenden der SPD erstaunt, das Bundesfinanzministerium leiten zu wollen. Ich konnte das schwer nachvollziehen. Ich hatte zuvor Oskar Lafontaine mehrfach und Gerhard Schröder einmal in Diskussionsforen kennengelernt. Oskar Lafontaine überzeugte mich durch scharfsinnige und abgesicherte Diskussionsbeiträge, vorgetragen mit brillantem Intellekt, immer eng an der Sache orientiert, auch daran interessiert, abweichende Meinungen zu hören, sie zu bewerten, zu verarbeiten und daraus Schlußfolgerungen zu ziehen. So kam es vor, daß Oskar Lafontaine nach einer Diskussionsrunde seine anfängliche Position revidierte und die Meinung anderer übernahm. Das überzeugte mich, weil nach meiner Auffassung politische Gestaltung von Gegenwart und Zukunft am Ende einer Kette des Aufnehmens, Abwägens und Entscheidens stehen sollte. Anders dagegen Gerhard Schröder. Auch er beeindruckte mich, freilich nicht konzeptionell oder intellektuell. Bemerkenswert war seine Eigenschaft, stundenlang Diskussionsbeiträgen kommentarlos zu folgen, die Mehrheitsmeinung auf dem Podium und im Publikum einzuschätzen, um danach mit gewichtigen Worten diese Mehrheitsmeinung zusammenfassend wiederzugeben. Das kam bei der Presse gut an, er ist der Medienmann. Oskar Lafontaine dagegen war der Mann, der für Konzeptionen stand. Das ist der Unterschied. Es ist keine Frage, daß ich mich aus meinem Selbstverständnis heraus immer für die Mitarbeit mit einem Mann entscheide, der für Konzeptionen steht, nicht für Mehrheiten in der Medienlandschaft. Mehrheiten bei Medien sind selten geeignet, eine Wirtschaftspolitik zu konzipieren, die dem Wohl der Mehrheit dient, ohne daß diese Mehrheit imstande wäre, die Notwendigkeit hierfür erforderlicher Maßnahmen der Wirtschaftspolitik zu erkennen. Das geht nur auf der Grundlage von Konzeptionen, das geht nicht, wenn immer der Mehrheitsmeinung gefolgt wird. So ist nichts gestaltend zu verändern.

Ich meine, ich hatte am 6. Oktober 1998 den ersten Kontakt mit der neuen Bundesregierung. Claus Noé rief mich an. Er fragte, ob ich die Abteilung »Geld und Kredit« im Bundesministerium der Finanzen leiten wolle. Er sprach von einer herausgehobenen Position, von der Stelle eines Ministerialdirektors, von weitreichenden Gestaltungsmöglichkeiten. Ich wußte nicht, was ein Ministerialdirektor ist, welche Aufgaben wahrzunehmen sind. Ich fragte nach und fand heraus, daß diese Abteilung maßgeblich mit juristischen Fragen befaßt ist, so zur steuerlichen Behandlung von Investmentfonds, zur Börsenreform, zur Koordinierung der Besteuerung von Zinseinkünften in Europa. Das konnte mich nicht interessieren. Zudem war der einzige makroökonomische Bereich dieser Abteilung in einem Referat angesiedelt, das sich mit Fragen der Geldpolitik der Deutschen Bundesbank befaßt. Wenige Wochen vor dem Start der Währungsunion in Europa war das eine rückwärtsgerichtete Sicht ohne gestalterische Perspektive. Bereiche der internationalen Währungspolitik waren in anderen Abteilungen angesiedelt. Hinzu kam, daß mich die Aussicht, vom Leiter einer wissenschaftlichen Einrichtung an einer Universität in die drittrangige Position im Bundesfinanzministerium zu wechseln, nicht besonders motivieren konnte. Ich war von diesem Angebot überrascht worden. Ich hatte zuvor Möglichkeiten eines Wechsels in eine Aufgabe außerhalb der Universität Trier nicht genutzt, und meine Lebensplanung sah nicht vor, ein Amt auf der Schnittstelle zwischen Politik und Administration zu übernehmen. Ich war deshalb eher darauf aus, die Sache nicht weiter zu verfolgen.

Danach kam es zu verschiedenen weiteren Gesprächen, zunächst von Claus Noé ausgehend, danach von Heiner Flassbeck. Schließlich wurde mir die Leitung einer internationalen Abteilung angeboten, die sich vor allem mit Fragen der Gestaltung des internationalen Finanz- und Währungssystems zu befassen hat. Das war das, was meiner Neigung, meinen Interessen entsprach. Dieses Angebot abzulehnen, wäre gleichbedeutend gewesen mit der Kapitulation vor dem eigenen Anspruch, gewonnene Erkenntnisse in die internationale Wirtschaftspolitik übertragen zu können. Aber entschieden war bis dahin noch nichts. Ich war nur neugierig geworden.

Meine Frau hielt sich bei der mehrere Wochen andauernden Diskussion mit den neuen Staatssekretären im Bundesfinanzministerium zurück. Sie war nicht begeistert, sie war skeptisch. Sie sah sehr klar die Kosten voraus, die von uns sozial und persönlich, im Bereich unserer kleinen Familie, zu tragen waren. Ich sah das auch. Aber ich gewichtete anders. Ich war darauf aus, den Versuch zu wagen, meine Konzeptionen zur Gestaltung der internationalen Finanz- und Währungsbeziehungen in die internationale Diskussion einzubringen. Unterstützt wurde dieses Ansinnen auch dadurch, daß Heiner Flassbeck, den ich seit vielen Jahren als kompetenten Konjunkturforscher und Makroökonomen schätzte, der für den internationalen Bereich zuständige Staatssekretär werden sollte. Aber klar war ich mir noch lange nicht.

Die Entscheidung für die neue Aufgabe

Anfang November rief mich Heiner Flassbeck an und fragte, ob ich bereit sei, am Monatsende an einer zweitägigen Klausur der für den internationalen Bereich zuständigen Finanzstaatssekretäre der G 7-Länder und ihrer Stellvertreter in der Nähe von Washington teilzunehmen. Hauptsächliches Thema sei die Reform der internationalen Finanzarchitektur. Das war eine Einladung, die ich nicht ausschlagen konnte. Für mich war das auch als letzter Test gedacht, ich wollte erfahren, was und wie diskutiert wird, ob es sich inhaltlich lohnen kann mitzuarbeiten. Zudem wollte ich in Erfahrung bringen, ob ich unter Heiner Flassbeck als dem für den internationalen Bereich zuständigen Staatssekretär würde arbeiten können. Ich kannte ihn durch seine Veröffentlichungen und aus einigen Konferenzen oder Diskussionskreisen, an denen wir teilgenommen hatten. Aber das waren wenige Erfahrungen, kaum ausreichend, um eine für längere Zeit angelegte Zusammenarbeit zu beginnen.

So nahm ich an der Konferenz in Landsdowne in Virginia vom 20. bis 21. November teil, in einem großzügigen Tagungshotel mit Golfplatz, etwa eine Stunde Fahrtzeit von Washington entfernt. Ich traf Heiner Flassbeck auf dem Flughafen Frankfurt. Er drückte mir eine mehrere Kilogramm schwere Mappe mit allen möglichen Unterlagen in die Hand und wünschte mir viel Vergnügen beim Lesen. Wir flogen getrennt, er oben in der ersten Klasse, ich unten, aber immerhin Business Class. Das war mein erster Flug über den Atlantik in der Business Class. In Washington wurden wir am Flughafen von einer Mitarbeiterin der deutschen Botschaft empfangen und als wichtige Persönlichkeiten an den Warteschlangen vor der Paßkontrolle vorbeigeleitet. So dauerte die Einreise in die USA wenig mehr als eine Minute, sonst war ich Wartezeiten von mindestens einer halben Stunde gewohnt.

Am Abend vor der Klausurtagung gab es ein Essen mit dem deutschen Exekutivdirektor im Internationalen Währungsfonds, Stanley Fischer, nach Präsident Camdessus der zweite Mann im Internationalen Währungsfonds und sein Chefökonom, und Michael Mussa, dem Leiter der Forschungsabteilung des Fonds. Mir waren beide als Giganten der Wirtschaftswissenschaften aus der Literatur bekannt. Stanley Fischer und Michael Mussa fanden es bemerkenswert, daß Staatssekretär und künftiger Leiter der internationalen Abteilung des Bundesfinanzministeriums Wissenschaftler und Seiteneinsteiger sind, nicht Laufbahnbeamte am Ziel einer langen Zeit des Ausharrens im Ministerium. Heiner Flassbeck war stark. Er überzeugte. Nach meinem Eindruck nicht nur mich, auch Stanley Fischer. Michael Mussa hielt sich zurück.

Am Morgen darauf ging es los, abgeschirmter Konferenzraum, jeweils zwei Teilnehmer der sieben Länder, Tischanordnung in alphabetischer Reihenfolge der Ländernamen im Karree, jeder Delegationstisch mit Landesfahne versehen. Leiter der Konferenz und unbestrittener Wortführer war Lawrence Summers, der Staatssekretär im amerikanischen Finanzministerium. Ein toller Typ, brillant in der Argumentation, intellektuell, unglaublich arrogant, 44 Jahre alt, jüngster Harvard-Professor aller Zeiten, Neffe zweier mit Nobelpreisen ausgezeichneter Professoren der Wirtschaftswissenschaften, aber auch ein auf sich konzentrierter Narziß. Fast immer, wenn sich irgend jemand aus dem Kreis der G 7-Finanzstaatssekretäre zu Wort meldete und zu ökonomischen Fragen Stellung bezog, machte Summers sein Desinteresse unmißverständlich deutlich. Heiner Flassbeck war der einzige, der eine schlüssige und von der Sicht der USA abweichende Konzeption zur Stabilisierung des internationalen Finanzsystems präsentierte. Kein Wunder, daß er rasch zum Lieblingsgegner von Summers wurde. Die Teilnehmer der anderen Länder hielten sich auffallend zurück. Ich nehme an, sie waren von der kontroversen Diskussion zwischen Flassbeck und Summers überrascht, so hatten sie die Vertretung deutscher Positionen bislang wohl nicht kennengelernt.

Heiner Flassbeck argumentierte überzeugend, weil konsistent. Ich meinte, man könnte Delegierte anderer Länder von dieser Position überzeugen, vielleicht die Italiener, sicher die Japaner. Wenn es noch einer Hilfe für meine Entscheidung bedurft hätte, die Aufgabe im Bundesfinanzministerium zu übernehmen, so war es dieses überaus arrogante und den Hegemonieanspruch der USA im Kreis der G 7-Länder dokumentierende Auftreten des Finanzstaatssekretärs der USA. Mir war jetzt klar, ich mache das, wenn eine Vereinbarung mit dem Ministerium für Bildung, Wissenschaft und Weiterbildung in Mainz zu finden ist, die mich absichert.

Am Abend des ersten Tages gab es getrennte Arbeitssessen für die Staatssekretäre und ihre Stellvertreter. In meiner Runde war der Mitarbeiter von Summers der Wortführer. Wir sprachen über Probleme der Auslandsverschuldung von Ländern, die in der letzten Zeit in eine Wirtschaftskrise geraten waren, vor allem über die Verschuldung Rußlands, ein für mich neues Thema. Der Mann kam mir bekannt vor, ich wußte zunächst jedoch nicht, woher. Ich fragte ihn, ob wir uns schon einmal begegnet seien. Er verneinte. Später dämmerte es mir. Vor vielleicht zwei Jahren hatte ich in Bonn bei der Friedrich-Ebert-Stiftung über Anomalien an Devisenmärkten und die empirische Erfassung ineffizienter Informationsverarbeitung vorgetragen. Einer der Teilnehmer stellte in englischer Sprache Fragen, die mich wegen ihrer Naivität erstaunten, und ich ging entsprechend auf diese Fragen ein. Im Verlauf des Abends sprach ich ihn vorsichtig darauf an. Nach einigem Zögern konnte auch er sich daran erinnern. Ihm war das sichtlich unangenehm, mir auch. Das war kein besonders gelungener Beginn einer für längere Zeit angelegten Zusammenarbeit.

Nach Abschluß der Konferenz holte uns ein Wagen der Botschaft ab, ein Gesandter war dabei und ließ uns durch Washington kutschieren, zeigte uns einige markante Plätze Washingtons, selbstverständlich das Capitol und das Weiße Haus. Besonders eindrucksvoll kam mir Washington nicht vor, vor allem verglichen mit europäischen Metropolen.

Am 25. November, gleich nach der Rückkehr aus Washington, hielt ich einen Vortrag zu dem Allerweltsthema »Aktuelle Probleme der Geld- und Währungspolitik« beim Deutschen Industrie- und Handelstag in Bonn. Schon meine Anreise war bemerkenswert. Eine Sekretärin sagte mir, mit welcher U-Bahn-Linie ich fahren soll, wo ich auszusteigen und in welche Richtung ich zu gehen habe. All das tat ich. Ich ging am Museum König vorbei, sah kurz danach auf der linken Seite ein Gebäude, vor dem viele großartige Autokarossen samt den dazugehörenden Fahrern standen, meistens mit Mützen auf dem Haupt. Ich fragte einen Fahrer, wo der DIHT sei. Er wies mit dem Daumen auf das Gebäude. Ich verstand nicht. Ich fragte nach. Er wies mit dem Daumen nach oben. Da waren die Enden von Fahnenmasten. Dort hingen Fahnen schlaff herab, denn es war windstill. Das waren die Fahnen des DIHT. So war ich also angekommen, und so wurde ich von den Fahrern wahrgenommen.

Vortrag und Diskussion waren bemerkenswert. Ich bin durch viele Vorträge und Diskussionen über Themen aus diesem Bereich gut trainiert. Aber hier war alles anders als gewohnt. Hier wurde ich nicht als Wissenschaftler und Professor empfangen, sondern von dem Leiter des Arbeitskreises »Außenwirtschaft«, dem Vorstandsvorsitzenden einer deutschen Großbank, als künftiges Mitglied der neuen politischen Kaste vorgestellt und von den Teilnehmern auch so interpretiert. Ich sprach über die Notwendigkeit einer auch die Beschäftigung beachtenden Zinspolitik der Europäischen Zentralbank. Niemals zuvor war ich während eines Vortrags unterbrochen worden. Hier war das die Regel. Ich habe Empörung ausgelöst. Mir hat das gefallen. Ich meine, ganz überzeugend gewesen zu sein, selbstverständlich im Rahmen dessen, was in diesem Kreis möglich ist. Diese Erfahrung war ein weiterer Anreiz für mich, die neue Aufgabe zu übernehmen. Ich freute mich auf die Tätigkeit und die sich daraus ergebende Möglichkeit, weiterhin konstruktive Scharmützel austragen zu können.

Nach Vortrag und Diskussion beim Deutschen Industrie- und Handelstag war ich zum ersten Mal im Bundesministerium der Finanzen, untergebracht in einem besonders häßlichen Gebäudekomplex im Norden Bonns. Auf dem sehr langen Flur des Hauses VI, einer ehemaligen Husarenkaserne, empfing mich die Leiterin des Büros des Leiters der Abteilung IX, eine sehr selbstbewußte, drahtige und auf meinen Amtsvorgänger offenbar völlig fixierte Frau. Sie war nett zu mir. Ich auch zu ihr. Danach sprach ich mit dem kommissarischen Leiter der Abteilung. Das Gespräch war offen und, wie mir schien, vorbehaltlos. An diesem Tag hatte ich mehrfach den Eindruck gewonnen, auch hier im Ministerium, daß es sich lohnt, die Aufgabe zu übernehmen.

Tags darauf war ich in Mainz im Ministerium für Bildung, Wissenschaft und Weiterbildung des Landes Rheinland-Pfalz. Ich hatte ein Gespräch mit Frau Staatssekretärin Ahnen und zwei weiteren hochrangigen Ministerialen über Bedingungen, um die Aufgabe in Bonn zu übernehmen. Es wurde eine Beurlaubung für die Dauer von drei Jahren vereinbart, mit der Möglichkeit einer jederzeitigen Rückkehr auf den Lehrstuhl innerhalb dieser Zeit, falls ich das wünschen sollte. Man sicherte mir zu, bis zum Jahresende einen schriftlichen Vorschlag zu präsentieren, in dem die persönlichen Bezüge bei Wiederaufnahme der Tätigkeit an der Universität Trier geregelt werden. Mein Eindruck war, daß das Ministerium meine Entscheidung begrüßt und bereit ist, meine spätere Rückkehr auf den Lehrstuhl zu prämieren.

Als Ministerialdirektor im Bundesfinanzministerium

Der Beginn

Der erste Diensttag war der 3. Dezember 1998. Ich nahm im Auftrag des Finanzministeriums an einer Konferenz zur internationalen Finanzarchitektur an der London School of Economics teil. Ich flog von Luxemburg nach London, war in einem Hotel in der Nähe des Hyde Parks untergebracht. Am nächsten Morgen fuhr ich eine Stunde vor Konferenzbeginn mit dem Taxi zur London School of Economics. Es war ein Privattaxi, keine dieser sonst üblichen schwarzen Londoner Taxen. Der Fahrer war ein breitschultriger, mächtiger Afrikaner. Er kannte den Weg zur London School of Economics nicht. Ich schlug im Stadtplan nach, fand die London School of Economics, sagte das dem Fahrer und versuchte, den Fahrweg zu beschreiben. Der Fahrer konnte damit wenig anfangen. Er konnte die Straßenschilder nicht lesen, nein, nicht daß er sie nicht zu erkennen vermochte, er konnte nicht lesen. Er hielt mehrfach an, verließ das Auto, ging irgendwo hin, um zu telefonieren, war danach verwirrter als zuvor. Der Flug von Luxemburg nach London dauerte eine Stunde, die Taxifahrt 90 Minuten. Eine Quittung über den Rechnungsbetrag bekam ich nicht. Der Fahrer konnte auch nicht schreiben.

So begann ich meinen ersten Diensttag für das Finanzministerium mit einer Verspätung von dreißig Minuten. Angenehm war das nicht. Die Konferenz war langweilig. Ich hatte den Eindruck, als hätten sich Bekannte getroffen, um irgend etwas zu bereden. Eine zielorientierte Diskussion fand kaum statt. Ich mußte die Konferenz etwas eher verlassen, um meinen Rückflug zu erreichen. Ich fuhr nach London-Heathrow, wo ich auch angekommen war. Ich suchte vergeblich nach der Flugnummer. Im Duty Free kaufte ich für meine Tochter Carolin eine Armbanduhr. Weil ich noch keine Bordkarte hatte, legte ich meinen Flugschein vor. Es dauerte wohl zehn Minuten, bis ich ihn zurückerhielt. Warum? Das klärte sich bald. Nach längerem Suchen ging ich in die Business Lounge, um dort am Counter nach meinem Rückflug zu fragen. Man teilte mir mit, daß ich vom London City Airport zurückfliegen würde, nicht von Heathrow. Kein Mensch hatte mir das gesagt. Da saß ich nun, wurde aber auf einen Flug von Heathrow umgebucht. Der Flug verspätete sich. Der Grund: Schneefall in Frankfurt. In Frankfurt kam ich kurz vor Mitternacht an. Es war Freitag. Eine Zugverbindung nach Trier gibt es zu dieser Zeit selbstverständlich nicht mehr. Ich ging in das Sheraton-Hotel, um zu übernachten. Diese Idee hatten einige hundert andere Passagiere auch. So gammelte ich bis morgens um vier im Flughafen herum, um dann den ersten Zug nach Koblenz zu nehmen. Der Anschlußzug ging zwei Stunden später. Das war also meine erste Dienstreise als Mitglied des Ministeriums, nicht gerade ein berauschender Einstieg.

Am Montag, dem 7. Dezember, war ich zum ersten Mal in meinem neuen Büro. Die Bürovorsteherin stellte mir die Referatsleiter vor, die nacheinander über die Kernbereiche ihrer Aufgaben berichteten. Ich hatte einen guten Eindruck von den Referatsleitern, und ich hatte auch ein gutes Gefühl, mit diesen Leuten umgehen zu können. Von der Vielfalt der Inhalte war ich schon etwas überrascht. Mir war klar, daß ich zunächst eifrig lernen mußte. Aber dafür blieb zunächst keine Zeit. Denn tags darauf flog ich nach Paris.

Zusammen mit dem Vizepräsidenten der Deutschen Bundesbank, Herrn Dr. Jürgen Stark, nahm ich am Dienstag an der Working Party No. 3 der OECD teil, der, wie man mir sagte, wichtigsten Gruppe von Ländern für währungspolitische Fragen. Weil ich in offizieller Funktion als Leiter der deutschen Delegation unterwegs war, bekam ich einen Dienstwagen von der deutschen Botschaft. Mir war es irgendwie peinlich, in einer großen Staatskarosse vor dem kleinen Schlößchen, das der OECD in Paris als Amtssitz dient, vorzufahren, in gleicher Weise, wie in der Woche zuvor die Teilnehmer bei der Diskussion beim DIHT, während ich damals noch die U-Bahn benutzt hatte. So schnell geht das manchmal, in die eine Richtung wie in die andere. Am Abend gab es auf Einladung der stellvertretenden Vorsitzenden der amerikanischen Zentralbank in einem Nobelrestaurant ein Arbeitsessen. Dabei wurde die von der Einladenden vorgegebene Frage diskutiert, warum es niemals Sinn haben kann, Wechselkurse zu fixieren. Ich hörte zu, beteiligte mich nicht an der Diskussion, weil es mir angebracht schien, zunächst einmal aufzunehmen und zu verarbeiten. Ganz überwiegend war es die Auffassung, daß flexible Wechselkurse das einzige seien, was anzustreben wäre. Angesichts der europäischen Erfahrungen der letzten Jahre war es kein breites Meinungsspektrum, das geäußert wurde. Wieder einmal war die Meinungsführerschaft der Amerikaner zu bemerken.

Am nächsten Tag nahm ich, wiederum zusammen mit Dr. Stark, an einer Sitzung der G 10 teil. Mir schien, ich hätte viele Argumente tags zuvor schon gehört. Auch hier war es mein Ziel, zuzuhören, Argumente abzuwägen, das Umfeld und die neuen Kollegen kennenzulernen.

Der 10. Dezember war mein zweiter Diensttag in Bonn. Ich lud für den Nachmittag alle Mitarbeiterinnen und Mitarbeiter der Abteilung zu einem Kennenlernen ein, stellte mich vor und gab so etwas wie eine Antrittsvorlesung von vielleicht vierzig Minuten mit dem Titel »Neoklassik, Keynesianismus und Konsequenzen für Finanzmärkte«. Dabei versuchte ich zu verdeutlichen, welche Rolle Fehlentwicklungen an Finanzmärkten für die Beschäftigung haben können, für Preisstabilität, für die außenwirtschaftliche Position eines Landes. Und ich versuchte zu verdeutlichen, daß es neben der vielen Alltagsarbeit notwendig sei, an eigenen Visionen zu arbeiten. Denn Visionen von heute können später Wirklichkeit werden. Ich weiß nicht, wie das aufgenommen wurde. Einige schienen vieles von dem, was mir wichtig ist, als akademische Spielerei zu betrachten. Andere aber schienen vieles als interessant und nachdenkenswert zu erachten. Ich wurde gebeten, meinen Vortrag schriftlich darzulegen. Ich bin der Bitte gefolgt. Sehr viel später, nämlich anläßlich der Amtseinführung von Hans-Helmut Kotz als Landeszentralbankpräsident in Hannover am 21. Juni 1999, sprach mich ein Beamter der Bundesbank hierauf an. Er sagte mir, er habe gerade im Zug den Text meiner Antrittsvorlesung im Ministerium gelesen. Er wäre sicher, daß viele der Adressaten vom Dezember 1998 in Bonn davon wenig verstanden hätten. Er selbst sei mit dem Text vor allem deshalb zurechtgekommen, weil er einige Zeit zuvor einen einschlägigen Artikel in einer Studentenzeitschrift gelesen hätte. Vielleicht ist an der Kritik etwas dran. Mir ging es an diesem Tag im Dezember 1998 vor allem darum, den Mitarbeiterinnen und Mitarbeitern einen Anreiz zu geben, mit mir gemeinsam etwas zu erarbeiten, das über die notwendigen Tagesgeschäfte hinausgeht. Und ich wollte verdeutlichen, daß wir die Möglichkeit haben, voneinander zu lernen, ich von den Angehörigen der Abteilung, die Experten im Tagesgeschäft sind, sie bei konzeptionellen Fragen von mir. Ich hatte den Eindruck, das wurde akzeptiert.

In der Woche darauf lud ich für den 16. Dezember zu einem Brainstorming ein. Diese Einladung richtete sich an alle Mitarbeiterinnen und Mitarbeiter der Abteilung IX, auch an andere Abteilungen. Viele fanden das ungewöhnlich. Denn gewöhnlich ist es im Ministerium, daß der Abteilungsleiter mit den Unterabteilungsleitern spricht, die wiederum mit den Referatsleitern sprechen, die dann mit den Referenten sprechen, die, wenn sie wollen, dann auch noch mit Amtsräten, Inspektoren, vielleicht gar mit Verwaltungsangestellten sprechen. Hier war das anders, jeder konnte kommen. Mir war nicht klar, daß das auch als Schlag gegen die bekannte und vielleicht bewährte Hierarchie gedeutet werden konnte.

An der Besprechung nahmen vielleicht vierzig Leute teil. Ich sprach über Wechselkurstheorien, Effizienzprobleme an Finanzmärkten, Martingale, Supermartingale, Random Walks, nicht-lineare Zusammenhänge, Informationsprobleme an Finanzmärkten. Mir war klar, daß die allermeisten Teilnehmer mit diesem Rotwelsch nichts anzufangen vermochten. Mir ging es darum, zu zeigen, daß es wichtige Argumente gibt, Devisenmärkte in institutioneller Form einzubinden. Mir ging es nicht darum, in einem Schnellkurs das zu vermitteln, wofür es an der Universität mehrerer Semester bedarf. Diskutiert wurde auch. Manche Fragen waren oberflächlich, andere tiefergehend. Ich habe später gehört, daß neben einem inneren Kopfschütteln mancher Juristen auch viel Interesse an diesen Fragen geweckt worden ist. Hinterher wurde ich immer wieder darauf angesprochen, gerade auch von Mitarbeiterinnen und Mitarbeitern ohne akademische Ausbildung. Mein Fazit: Interesse war da, es mußte gefördert und für die Sache genutzt werden.

Die tägliche Arbeit und erste Irritationen

Ich hatte Ende Dezember, nach zwei Wochen Aufenthalt in einem
Hotel, in der Estermannstraße, ganz in der Nähe des Ministeriums, eine
Wohnung gefunden. Sie war im Bonner »Generalanzeiger« inseriert gewesen. Gleich der erste Anruf war ein Treffer. Ich schaute mir noch am
gleichen Tag die Wohnung an, so etwas wie eine Einliegerwohnung im
Dachgeschoß eines Zweifamilienhauses, möbliert im Charme der sechzi-
ger Jahre, Ölofen im Wohnzimmer als einzige Heizung, Clubsofa, Nie-
rentischchen, bunte Vorhänge, Waschmaschine im Abstellraum, nette
Vermieterin, die mir auch noch die Reinigung der Wohnung abnahm.
Ich zahlte hierfür eine Miete von 1.000,- DM im Monat. Zum Ministerium brauchte ich von hier aus mit dem Dienstwagen höchstens fünf
Minuten.

Montags in Trier klingelte um sechs Uhr der Wecker. Um 7.17 Uhr
saß ich im Zug. Meistens döste ich die längste Zeit. Ankunft in Bonn um
9.28 Uhr. Hinter dem Bahnhof wartete auf dem Abgeordnetenparkplatz
mein Fahrer mit dem Dienstwagen. Im Ministerium war ich dann gegen
Viertel vor zehn. Dann ging es weiter, meist ohne jede Pause, bis gegen
acht oder neun Uhr am Abend.

In Bonn stand ich um 7.00 Uhr auf, aß eine Scheibe Brot, trank meinen Kaffee, wurde um 8.15 Uhr abgeholt, war fünf Minuten später im
Büro. Um halb neun kam meine Bürobesetzung, der Verbindungsbeauf-
tragte und Büroleiter, die Chefsekretärin und eine Schreibkraft. Gegen
9.00 Uhr kamen die Vormittagseingänge, meistens drei Handbreit hoch,
viele in einem gelben Karton mit zwei roten Querbalken und der Auf-
schrift »Dringend« versehen. Hier war fast alles dringend. Häufig kamen
Vorgänge herein, die nach spätestens zwei Stunden erledigt sein mußten.
Es dauerte einige Zeit, bis ich gelernt hatte, wer wofür zuständig ist, wer
was macht, wer exzellent ist, wer weniger gut. Im ersten Vierteljahr ver-
brachte ich gut acht Stunden des Tages mit dem Studium von Akten. Ich
mußte wissen, was los ist. Danach war vieles zur Routine geworden, aber
da war fast alles auch schon vorbei.

Ein großer Teil der Arbeitszeit des Abteilungsleiters wurde von ständigen Vorbereitungen und Nachbereitungen von Sitzungen der G 7-Finanz-staatssekretäre, der G 7-Finanzminister, der G 7-Finanzstaatssekretär-Stellvertreter absorbiert. Denn während der ersten Hälfte des Jahres 1999 hatte die Bundesregierung die Präsidentschaft des Europäischen Rats inne, für das gesamte Jahr den Vorsitz der G 7. Für einen Außenstehenden ist es kaum vorstellbar, wie viele Faxbriefe von sieben Ländern produziert werden, wenn es um die Vorbereitung oder Nachbereitung derartiger Treffen geht. Rund um die Welt werden ganze Kolonnen hochrangiger Beamter oder Staatsangestellter hierfür eingespannt, immer wieder werden neue Schriftstücke produziert, die selbstverständlich insbesondere von den Mitgliedern der Gremien jenes Landes besonders zu studieren sind, das den Vorsitz der G 7 innehat. Und das sind nun einmal 1999 die Deutschen. Der Abteilungsleiter hatte alles zu lesen, Faxe der sieben Minister, der sieben Staatssekretäre, ihrer sieben Stellvertreter, und er hatte darauf zu reagieren. Nicht, daß diese Aufgabe besonders herausfordernd war. Der weit überwiegende Teil der Arbeit bestand darin, Termine zu finden, Absprachen vorzunehmen über irgendwelche Regularien, nur selten wurden Schriftstücke geschickt, in denen zu inhaltlichen Fragen Stellung bezogen wurde. Inhalte kamen vor, aber eben eher selten. Und auch bei dieser Arbeit wurde immer wieder die Arroganz der Vertreter der USA deutlich. Wann immer Termine abgesprochen wurden, so waren sie aus der Sichtweise der USA stets vorläufig, jederzeit zur Disposition stehend. Erleichterung herrschte in der Abteilung, wenn die Vertreter der USA einmal irgendeiner von uns vorgeschlagenen Regelung zugestimmt hatten.

Zu einer substantiellen Arbeit mit dem Ziel des Konzipierens von Vorschlägen zur Reform des internationalen Finanz- und Währungssystems kam ich, wenn überhaupt, allein in den Abendstunden. Das Tagesgeschäft dagegen war vor allem mit allerlei Hickhack um Termine und Prozeduren angefüllt, mit dem täglichen Kleinkram einer Bürokratie, mit Verwaltungsaufgaben eben, also mit Tätigkeiten, von denen gerade für Hochschullehrer keine besondere Faszination ausgeht. Mir wurde aber bald klar, daß das wohl nicht anders sein konnte. Aber desillusionierend war das schon, wenn versucht wird, Konzeptionen zu gestalten und erfahren werden muß, daß das von vielen als nachrangig gegenüber der Alltagsarbeit erachtet wird.

Aber daneben gab es immer wieder auch inhaltliche Anforderungen, die mich sehr in Anspruch nahmen. Am Nachmittag des Tages, an dem das Brainstorming im Ministerium stattgefunden hatte, gab es die erste Telefonkonferenz im Kreis der G 7, die ich als Vertreter von Staatssekretär Flassbeck zu übernehmen hatte. Ich fand das aufregend. Ich hatte nicht gewußt, daß die tägliche Umgangssprache Englisch ist. Das benachteiligt jene Teilnehmer an Konferenzen, für die Englisch eine Fremdsprache ist, weil Perfektion in der englischen Sprache unterstellt wird. Die Telefonkonferenz behandelte das Brasilien-Problem. Zunächst gab Stanley Fischer vom Internationalen Währungsfonds einen Überblick zur wirtschaftlichen Situation Brasiliens und über wirtschaftspolitische Maßnahmen zur Stützung des Real. Dann wurden andere Optionen diskutiert. Und dabei wurde wieder einmal die Dominanz der USA deutlich. Für sie gab es, im Einvernehmen mit dem Währungsfonds, in Washington Tür an Tür mit der Treasury, allein die Lösung, Wechselkurse stabil zu halten, wenn dem betreffenden Land ein Restriktionsprogramm verordnet wird, so im Falle Brasiliens Realzinsen von 40 %, runter mit den Staatsausgaben. Mir war unbegreiflich, warum die anderen Teilnehmerländer neben Deutschland an diesen Konferenzen gegen eine derartige Roßkur nicht vehement opponierten.

Irgendwann in dieser zweiten Dienstwoche in Bonn, vielleicht am 15. Dezember, erhielt ich eine Einladung von meinem Kollegen im französischen Wirtschafts- und Finanzministerium, Francis Mayer. Er wollte mit mir am 23. Dezember einige Deutschland und Frankreich gemeinsam interessierende Fragen besprechen, so die Initiative Deutschlands zur Senkung der Zinslast aus der Auslandsverschuldung der ärmsten Länder der Welt, Verschuldungsprobleme anderer Länder, auch Währungsfragen. Ich war an einer raschen Kontaktaufnahme sehr interessiert. Denn die Erfahrung der Konferenz bei Washington vom November 1998 hatte mir deutlich werden lassen, daß eine Reform des internationalen Währungssystems nur möglich ist, wenn Koalitionen innerhalb der G 7-Länder mit dem Ziel gebildet werden, die Meinungshegemonie der USA zu brechen.

Der französische Finanzminister Dominique Strauss-Kahn hatte sich kurz zuvor in verschiedenen Zeitungsartikeln dahingehend geäußert, es sei ein wichtiges Anliegen Frankreichs, das internationale Währungssystem zu stabilisieren. Das war ein Ansatzpunkt, um in das Gespräch mit Mayer deutsche Vorstellungen einzubringen. Deshalb war es mir wichtig, bis dahin ein konzeptionelles Papier zu erstellen. Viel Zeit blieb dafür nicht. Ich habe das Papier zunächst in deutscher Sprache verfaßt, dann zum Teil ins Englische übersetzt. Am Freitag, dem 18. Dezember, ließ ich nachfragen, ob eine Übersetzung durch den Fremdsprachendienst des Ministeriums möglich sei. Die Antwort: zu spät. Da saß ich nun. Am 21. Dezember war das Papier fertig: deutsche Vorschläge zur Stärkung der internationalen Finanzarchitektur. Dann machten wir uns an die Übersetzung. Ein Referatsleiter und eine besonders tüchtige Referentin leisteten hierzu den größten Anteil; beide haben mir gegenüber den unschätzbaren Vorteil, einige Jahre beim Internationalen Währungsfonds gearbeitet zu haben. Vor meinem Abschied aus Trier hatte ich mir noch über mein Spendenkonto ein Übersetzungsprogramm gekauft. Es stellte sich bald heraus, daß es völlig unbrauchbar ist. Aber das Papier wurde rechtzeitig fertig: »Remarks on a New Financial Architecture: A German View«.

Am 23. Dezember hieß es um 4.00 Uhr aufstehen, um gegen 6.00 Uhr das Flugzeug nach Paris zu erreichen. Zwei hochrangige und in der Abteilung altgediente Beamte mit großer Erfahrung begleiteten mich. Wir fuhren mit einem Wagen der Botschaft zum Finanzministerium nach Paris-Bercy. Das Ministerium liegt direkt an der Seine, zum Teil in den Fluß hineingebaut, ein riesiger Komplex mit Bootsanleger und Landefläche für den Hubschrauber auf dem Dach. Die Prinzipien derartiger Gespräche wurden mir rasch deutlich. Es spricht der Delegationsleiter. Spricht ein Mitarbeiter, dann nur, wenn er vom Delegationsleiter aufgefordert wird. Das geschieht selten. Francis Mayer war vor allem an dem interessiert, was ihn selbst interessiert, nämlich Verschuldungsprobleme. Francis Mayer ist nicht nur Leiter der internationalen Abteilung im französischen Finanzministerium, sondern auch Präsident des Pariser Clubs. Unsere Hinweise zur Notwendigkeit der Stabilisierung der Währungsbeziehungen nahm er mit freundlichem Desinteresse entgegen. Er bedankte sich für unser Papier, ging auf inhaltliche Fragen nicht ein, kommentierte, wie das seine Art ist, mit einem »We must check it«. Später nahm er in einem freundlichen, aber nichtssagenden Brief Stellung.

Beim Mittagessen fühlte sich einer der Mitreisenden geadelt. Die Hierarchie im französischen Finanzministerium ist noch ausgeprägter als im deutschen Pendant. Dort gibt es verschiedene, wohl vier, Restaurants, von Kantinen sollte man nicht sprechen. Zutritt wird gemäß dem jeweiligen Stand in der Hierarchie gewährt. Der Beamte meinte, wir seien im Restaurant der zweiten Kategorie gewesen, dessen Zugang ihm nur möglich war, weil er mit dem hochrangigen Ministerialdirektor unterwegs war. Immer wieder fand ich es erheiternd, welche große Bedeutung in der Bürokratie den Insignien der Hierarchie beigemessen werden. Das ist der Zugang zu einer Klasse von Restaurants, das ist der schwarze Ministerialpaß, das ist der eigene Dienstwagen mit zugeteiltem Fahrer, das ist die Sprecherlaubnis für einen Ministerialdirigenten oder gar einen Ministerialrat, gewährt vom Ministerialdirektor. All das machte mir immer wieder deutlich, daß im Finanzministerium gemeinsames und gleichberechtigtes konzeptionelles Arbeiten gegenüber dem hierarchischen Prinzip nachrangig eingestuft wird. Viel später meinte Heiner Flassbeck einmal, zu meinen Vorstellungen über die Notwendigkeit, realen Wechselkursen die Möglichkeit des Atmens zu geben, schriftlich Stellung beziehen zu müssen. Er sagte mir, sein persönlicher Referent habe kommentiert, unterschiedliche Sichtweisen würden im Ministerium durch Weisung erledigt, nicht durch inhaltliche Stellungnahmen.

Insgesamt verlief das Gespräch in Paris für mich ernüchternd. Erst später erfuhr ich, daß Francis Mayer, ein Absolvent der Kaderschmiede und Elitehochschule Frankreichs zur Vorbereitung einer Beamtenkarriere »Ecole Nationale d'Administration«, mit großer Erfahrung in der Verhandlungsführung und bei Verwaltungsabläufen, von anderen französischen Ministerialen als wenig kompetent eingeschätzt wird, weil er von Ökonomie kaum etwas versteht. Aber was hilft das, wenn ich darauf angewiesen bin, gerade ihn zu überzeugen? Ich fand ihn sympathisch, war jedoch enttäuscht über sein kaum verdecktes Desinteresse an dem, was mir ein zentrales Anliegen war.

Sonst verlief die Dienstreise harmonisch. Ich hatte den Eindruck gewonnen, daß ich mit den beiden mitgereisten hochrangigen Beamten der Abteilung auch künftig gut zusammenarbeiten können werde.

Dennoch hatte es schon in der zweiten Woche meiner Arbeit in Bonn eine Irritation bei mir gegeben, die ich erst viel später einzuordnen vermochte. Dabei spielten Personen eine zentrale Rolle, die in diesem Bericht mehrfach auftauchen, der Typus des Laufbahnbeamten mit besonderem Engagement bis in die späten Abendstunden, unschlagbar in der Kenntnis von Vorgängen und Verwaltungsabläufen, mit einem nahezu photographischen Gedächtnis über Fakten und Abläufe ausgestattet, selbst wenn sie Jahre zurückliegen, aber auch mit einem manisch anmutenden Ehrgeiz versehen, den nächsten Schritt auf der Karriereleiter eines Ministerialbeamten vollziehen zu können. Hier interessieren nicht die einzelnen Personen, vielmehr die Figuren als Typ. Nennen wir sie also »Prototyp«, kurz P..

Irgendwann gegen Ende dieser Woche kam P. auf mich zu und sagte mir, daß ich unbedingt bis zum 23. Dezember ein Papier für den Sherpa, Herrn Professor Gretschmann, der für den Bundeskanzler den G 7-Gipfel im Juni 1999 vorbereitet, erstellen müsse, also über das kommende Wochenende. Zur Klarstellung: In seiner ursprünglichen Bedeutung als Bezeichnung einheimischer Bergführer im Himalaya geprägt, wird im Kreis der führenden sieben Industrieländer der Welt der Begriff »Sherpa« zur Kennzeichnung eines hochrangigen Beamten angewendet, der für den jeweiligen Regierungschef die Gipfelkonferenzen der G 7-Länder vorbereitet. Ich nannte einen Arbeitstitel: »Makroökonomische Voraussetzungen zur Stabilisierung der Finanzmärkte«. P. insistierte: Der Arbeitstitel reiche nicht aus, das Papier müsse fertiggestellt werden. So machte ich mich beidhändig ans Werk. Mit der einen Hand wurde das Papier für das Gespräch mit Francis Mayer erstellt, mit der anderen das Papier für Herrn Gretschmann. Bei der Vorbereitung dieses Papiers war ich auf einen Aufsatz von Martin Hellwig gestoßen. Hier wurde gezeigt, daß krisenhafte Entwicklungen an Finanzmärkten häufig ihre Ursachen in makroökonomischen Fehlentwicklungen haben. Das entsprach genau meiner Position. Deshalb habe ich guten Gewissens dieses Papier in deutscher Fassung geschrieben und vor meiner Abreise nach Paris in Bonn mit der Maßgabe des Übersetzens in die englische Sprache hinterlassen. Das war notwendig, weil ich von Paris aus nach Trier reiste, um nach Weihnachten bis zum neuen Jahr einige Tage in Spanien zu verbringen.

Später erfuhr ich, daß P. Sous-Sherpa für den Bereich Finanzen war, also einer der Zuarbeiter des Sherpas, und daß bereits am 8. Dezember 1998 in einem Gespräch der Sous-Sherpas der verschiedenen Ministerien mit Herrn Gretschmann der Termin für die Abgabe konzeptioneller Papiere zum Jahresende als Vorbereitung einer Besprechung Anfang 1999 abgesprochen worden war. Erst zehn Tage später wurde ich hierüber von P. informiert. Zudem wurde ich immer wieder, jeden Tag erneut, von P. mit allerlei Kleinkram konfrontiert, der auch zu späterer Zeit hätte erledigt werden können. Für ihn schien alles wichtiger zu sein als die Arbeit an konzeptionellen Fragen zur Stabilisierung des internationalen Finanz- und Währungssystems. Jede Personalfrage wurde als brandeilig deklariert, insbesondere insistierte er, für verschiedene internationale Gremien als Stellvertreter des Staatssekretärs nominiert zu werden, immer wieder kam er zu mir in den »Beichtstuhl«, wie er das nannte, um meine Unterstützung für eine demnächst vielleicht einmal zur Disposition stehende hochrangige Stelle im Ministerium einzufordern. Wie konnte ich ihn in den ersten beiden Wochen nach Aufnahme meiner Arbeit in Bonn beurteilen? Ich fühlte mich mit Kleinigkeiten zugemüllt, empfand das als Blockade meiner konzeptionellen Arbeit, die ich wahrlich im Geschwindschritt absolvieren mußte, weil mir der eine Monat Vorlauf, den Heiner Flassbeck hatte, arg fehlte. Erst später kam mir der Verdacht, daß all das nicht unbedingt Zufall sein, sondern daß dahinter eine Strategie stehen konnte.

Eindrücke am Jahresende

So also ging mein erstes Jahr im Bundesfinanzministerium zu Ende. Was bleibt an Eindrücken? Zunächst einmal großes Interesse von mir an der neuen Aufgabe und Neugier auf das, was kommt, weil jeder Tag erneut Anforderungen mit sich brachte, von denen ich bislang keine Vorstellung hatte, mein Eindruck, daß man die Mitarbeiterinnen und Mitarbeiter motivieren kann, etwas zu tun, das abseits der üblichen Gleise liegt. Ferner die Erkenntnis, daß es an Konzeptionen, basierend auf theoretischen Paradigmen, abgesichert von empirischen Untersuchungen, in der Abteilung mangelt. Ökonometrie, neuere Verfahren der empirischen Wirtschaftsforschung, das Nutzen von Datenbanken – all das war hier nicht zu finden. Da gab es noch viel zu tun. Es mußte ein Analysereferat her. Nur so kann man im internationalen Wettbewerb der Ideen und Konzeptionen erfolgreich sein. Sodann das Empfinden, daß all jene, die von Lafontaine in das Ministerium geholt worden sind, mit überaus unsachlicher Kritik konfrontiert werden, die nicht auf eine Korrektur von Konzeptionen abzielen, sondern allein darauf, dem Minister Schaden zuzufügen. Hierfür gab es immer wieder klare Anzeichen. Einige seien genannt.

Rainer Hübner schrieb in der Dezember-Ausgabe des Magazins »Capital« unter der Überschrift »*Sektenbildung*«:

Bescheidenheit gilt unter Ökonomen als Zier. Nicht so bei den Lafontaine-Helfern Heiner Flassbeck und Claus Noé. Die Finanzstaatssekretäre scheinen davon überzeugt zu sein, die Wahrheit gepachtet zu haben. Diesen Eindruck gewannen Teilnehmer eines Ökonomenzirkels, den Oskar Lafontaine in den letzten Jahren um sich gebildet hatte. Neben Flassbeck und Noé waren mit dabei: Hamburgs Landeszentralbankchef Hans-Jürgen Krupp, Geldprofessor Wolfgang Filc, Rentenfachmann Bernd Rürup, ZEW-Chef Wolfgang Franz und Girozentrale-Chefvolkswirt Hans-Helmut Kotz. Während die gleichfalls anwesende Lafontaine-Gattin Christa Müller sich in dieser Runde stark zurückhielt, waren Flassbeck und Noé nur für Beiträge offen, die ihrer vorgefaßten Meinung entsprachen. »Die traten wie

Politruks auf«, so ein Teilnehmer. Die Anhänger einer mo-
dernen Wirtschaftslehre gingen auf Distanz zur Lafontaine-
Veranstaltung.

Als Teilnehmer dieses Gesprächskreises kann ich diese Einschätzung nicht teilen. Diesem Journalisten verbleibt der zweifelhafte Verdienst, einen Begriff geprägt zu haben: Sektenbildung. Gratulation. Anzumerken ist, daß Rainer Hübner seit Jahren einer meiner Gesprächspartner aus dem Bereich des Journalismus war, sowohl im Arbeitskreis »Geldpolitik« in Freudenberg als auch, wenn es darum ging, Maßnahmen der Geldpolitik zu kommentieren.

In der »ZEIT« war am 16. Dezember 1998 in einem Beitrag von Thomas Hanke, ebenfalls ein Journalist, der seit Jahren von mir bedient worden war, unter der Überschrift »Neue Jobs« zu lesen:

> *»Knapp drei Monate nach der Bundestagswahl ist die*
> *personelle Neubesetzung des Bundesfinanzministeriums*
> *beinahe abgeschlossen. Die jüngsten Neuzugänge sind*
> *Wolfgang Filc, der seit dieser Woche die Abteilung für inter-*
> *nationale Finanzbeziehungen leitet, und Stephan Collignon,*
> *der Anfang Januar Unterabteilungsleiter in der neu ins*
> *BMF integrierten Europaabteilung wird.*
>
> *Filc lehrte bislang Volkswirtschaft mit den Schwerpunk-*
> *ten Geld, Kredit, Währung an der Uni Trier. Er ist Anhän-*
> *ger stabilerer Wechselkurse, setzt aber nicht auf strikte Ziel-*
> *zonen, sondern auf unverbindliche Kursziele, die den Märk-*
> *ten angeben sollen, wo nach Auffassung der Politik die*
> *angemessenen Wechselkurse liegen. Filc hat sich auch inten-*
> *siv mit der Stabilisierung des internationalen Finanzsystems*
> *beschäftigt. Es bleibt abzuwarten, welche Schlußfolgerun-*
> *gen er ziehen will. Kapitalverkehrskontrollen oder eine De-*
> *visenumsatzsteuer, wie der amerikanische Ökonom James*
> *Tobin sie empfohlen hat, lehnt er jedenfalls ab.«*

Soweit, so richtig und auch fair. Der Kommentar des Autors ist ein Foto von mir, das nichts als ein schlimmes Zerrbild ist. Wie das geht, weiß der erfahrene Amateurfotograf: Brennweite 28 mm, Aufnahme von schräg unten, Dauerfeuer und Warten auf ein Grimassieren des Objekts. Den Gipfel aber bildet ein Artikel von Christian Reiermann im »SPIE-GEL«, mit dem Autor habe ich später in Bonn mehrfach gesprochen, über eine Gesprächsnotiz von mir, die Diskussionen auf der Konferenz in Landsdowne Ende November zu Fragen der Stabilisierung des Währungssystems wiedergibt. Heiner Flassbeck hatte mich nach der Konferenz gebeten, die Ergebnisse zusammenzufassen. Das tat ich kurz vor Beendigung meines Dienstes an der Universität Trier. Ich sah meine Mitschriften durch, diktierte meine Eindrücke auf Band in Form einer Spiegelstrich-Notiz und ließ diese Aufzeichnungen, ohne sie noch einmal durchsehen zu können, als Faxbrief an Heiner Flassbeck senden. Dann hörte ich nichts mehr von dem Papier, ich hielt es für unwichtig, hatte es aus meinem Gedächtnis getilgt. Es ist hier in unveränderter Fassung eingefügt, weil es zeigen kann, vor allem jenem Leser, der meine Arbeiten kennt, daß diese Aufzeichnung nicht als fertiges Produkt gedacht war, sondern allein eine knappe Information meiner Einschätzung für Heiner Flassbeck darstellen sollte. Ich hatte noch nicht realisiert, daß ich jetzt als Mitglied der politischen Kaste angesehen werde, als einer jener Spitzenbeamten, die für Oskar Lafontaine tätig sind. Ab nun gab es keine privaten Aufzeichnungen mehr, alles Schriftliche oder Gesagte von mir war jetzt Gegenstand öffentlichen Interesses.

W. Filc
Trier, 30. November 1998

Positionen zum internationalen Währungssystem (G 7-Deputies, 21./22. November 1998)

Bestandsaufnahme:

- sehr unterschiedliche Sichtweisen der verschiedenen Delegationen.
- Stanley Fischer (IMF): Flexible Wechselkurse sind der richtige Weg, wenn in den Ländern eine angemessene Geldpolitik verfolgt wird und es Möglichkeiten gibt, die erforderlichen internationalen Strukturen (?) durchzusetzen
- Flassbeck (Deutschland): Bei unterschiedlichen Inflationsraten bzw. der Lohnstückkosten der Länder ist eine Anpassung von Wechselkursen unvermeidbar; geschieht dies nicht, so kommt es später zu Wechselkursänderungen, die krisenhafte Ausmaße annehmen können
- Summers (USA): Das Festhalten realer Wechselkurse kann zur Inflation führen
- Flassbeck (Deutschland): Feste nominale Wechselkurse sind nur dann möglich, wenn Lohnpolitik und Finanzpolitik am Ziel orientiert sind, Inflation zu vermeiden
- Wicks (Großbritannien): Für den Bereich der Emerging Market Countries sind fixierte nominale Wechselkurse gefährlich, weil nicht sichergestellt ist, daß die Geldpolitik am Ziel der Preisniveaustabilität orientiert ist und dieses Ziel auch durchsetzen kann; vorteilhaft sind currency boards; Frühwarnsystem notwendig, um Krisen in diesen Ländern zu erkennen
- Kanada: Es kann falsche Wechselkurse geben, die Stabilisierung von Wechselkursen auf der Grundlage einer durchgängigen Konzeption ist zu begrüßen, Konzeption wird nicht genannt
- Frankreich: Zinserhöhungen im Falle einer Spekulation auf eine Währungsabwertung ist dann nicht glaubwürdig, wenn damit Rezessionsgefahren entstehen
- Konstante nominale Wechselkurse setzen voraus, daß keine fundamentalen Unterschiede der Entwicklung der Lohnstückkosten und der Inflationsraten der Länder bestehen, das belegen die Beispiele Österreichs und Frankreichs im Vergleich zu Deutschland
- Einwand: Konstante reale Wechselkurse können die Inflationsdynamik fördern; Gegenposition (Flassbeck): Das Festhalten nominaler Wech-

selkurse in Ländern mit hoher Inflationsrate bewirkt zwar Import von Preisstabilität, zugleich aber auch Leistungsbilanzdefizite und eine Senkung der Beschäftigung, letztlich ist eine später um so stärkere Abwertung notwendig; ohne interne Anpassungsmaßnahmen sind bei unterschiedlichen Inflationsraten der Länder fixierte nominale Wechselkurse nicht möglich

- Ist das nicht erreichbar, so ist ein crawling peg vorteilhaft
- Japan: Kapitalverkehrsbeschränkungen werden bevorzugt
- Deutschland: Weites Band um vernünftig definierte gleichgewichtige reale Wechselkurse
- Initiative zur Neugestaltung internationaler Währungs- und Finanzbeziehungen: USA: Viele Länder, wichtige Rolle des IMF hervorgehoben, keine Meinungsführerschaft der großen Länder, kleinere Länder sind einzubinden, so etwa in G 22
- Dagegen Italien, Frankreich, Japan und Deutschland: Die G 7 haben den Prozeß der Gestaltung der neuen Architektur des Finanzsystems voranzutreiben, kleinere Länder sind einzubinden, Initiative aber hat nicht vom IMF auszugehen, sondern von G 7
- USA: Hinweis auf notwendige Abstimmung mit einer größeren Gruppe von Ländern
- Deutschland (Flassbeck): Es ist mehr zu reden über Wechselkursmechanismen, nicht über strukturelle Probleme der Länder, dagegen mehr über Fehlentwicklungen von Wechselkursen, über überbewertete und unterbewertete Währungen, über überschießende Wechselkurse bei Flexibilität und dadurch verursachte Fehlentwicklungen
- Gefordert wird eine kontrollierte Flexibilität: Wechselkurse sollten sich so verhalten, wie das in Lehrbüchern dargestellt wird, Wechselkursentwicklungen sollten konjunkturneutral sein, neutral für den internationalen Kapitalverkehr und den Leistungsverkehr zwischen Ländern, wird das realisiert, so gibt es keinen Anlaß für Kapitalverkehrskontrollen
- Dagegen USA: Gegen einen Konsens über Konstanz realer Wechselkurse, weil es keinen vernünftigen Maßstab hierfür gibt, weil nicht klar ist, was bei Fehlbewertungen von Währungen zu tun sein sollte
- Dagegen Japan: Es sollte akzeptiert werden, daß es Fehlbewertungen

von Währungen gibt, sie sind zu vermeiden durch Maßnahmen der Geldpolitik oder durch einen crawling peg, favorisiert werden bewegliche Zielzonen, jedenfalls ist es notwendig, sich von der Orthodoxie zu trennen, die allein auf flexible Wechselkurse vertraut

- USA: Klarer Widerstand gegenüber den Vorstellungen von Flassbeck und Japan
- Italien: Das Konstanthalten realer Wechselkurse ergab Inflationsraten von mehr als 20 % in Italien
- Flassbeck: Das geht nur, wenn Lohnpolitik und Finanzpolitik ihrer Verantwortung für Preisstabilität nachkommen
- USA: Was geschieht, wenn es bei gegebenen und konstanten realen Wechselkursen zu einem erheblichen Kapitalzufluß kommt? Soll interveniert werden?
- Flassbeck: Schweizer Beispiele in den siebziger Jahren: Negative Zinssätze, hierfür muß es ein Mindestmaß geben
- Frankreich: Unterstützung, Wechselkursänderungen aus Wettbewerbsgründen müssen vermieden werden, das geht nur im internationalen Rahmen
- Experiment Deutschland, Österreich, Frankreich: Konstante reale Wechselkurse waren extrem erfolgreich, sie führten zur Europäischen Währungsunion
- USA (Summers): Auf diese Weise hat Frankreich 1995 innerhalb von vier Tagen die Hälfte der zentralen Währungsreserven verloren; Frankreich: Aber die Wechselkurse blieben stabil; Anmerkung: Auslösung war der abrupte Fall des US-Dollars

Bewertung:

- USA: Klare Neigung für flexible Wechselkurse, bei Reformdiskussion Ausweitung über G 7 hinaus, Einschaltung des IMF, größere Ländergruppen
- Japan scheint vor allem auf Kapitalverkehrskontrollen zu setzen
- Großbritannien hält sich zu Fragen der Reform des Währungssystems sehr bedeckt

- Klare übereinstimmende Position von Frankreich und Deutschland: Konstanz der realen Wechselkurse ist erforderlich
- Die Position Italiens ist unklar: Auf der einen Seite wird gesehen, daß Veränderungen realer Wechselkurse wohlfahrtsmindernd sein können, auf der anderen Seite zeigen die italienischen Erfahrungen auch, daß bei ungenügender Integration der Lohnpolitik und der Finanzpolitik in einen Stabilitätspakt konstante reale Wechselkurse die Inflationsdynamik beschleunigen können.

Schlußfolgerungen:

- Es wird ein schwieriger Weg sein, das beabsichtigtete Ziel zu erreichen
- Es sollte in Gesprächen mit den Vertretern Frankreichs versucht werden, einen Konsens zu erzielen
- Danach sollte an Italien herangetreten werden
- Die japanischen Vertreter sollten davon überzeugt werden, daß Kapitalverkehrskontrollen langfristig keine Lösung bieten
- Großbritannien steht abseits, gegenwärtig und wohl auch in der Zukunft
- Der größte Gegner für eine vernünftige Reform des Währungssystems scheinen die USA zu sein.

Der Journalist betitelt seinen Beitrag mit: »*Abstruse Idee*«. Was ist abstrus daran, wenn angeregt wird, Fehlentwicklungen von Wechselkursen und dadurch verursachte Verwerfungen an anderen Märkten zu vermeiden? Genau das ist Auftrag der Völkergemeinschaft. So ist es nachzulesen in den Articles of Agreement des Internationalen Währungsfonds. Dort steht in Artikel 4, es sei Aufgabe, Volatilitäten von Wechselkursen und Fehlbewertungen von Währungen zu vermeiden. Der Verfasser des Beitrags nennt mich Protokollant. Der Protokollant hält fest: »*Es wird ein schwieriger Weg sein, das beabsichtigte Ziel zu erreichen.*« Genauso ist es. Aber was ist an der Vorstellung abstrus, Wege zu erkunden, um Finanzmarktkrisen wie in Südostasien seit 1997 künftig zu vermeiden, alles zu versuchen, daß nicht wieder erneut Millionen Menschen in große soziale Not geraten, weil nicht genügend auf stabilere Bedingungen an Finanzmärkten geachtet wird? Der Artikel im »SPIEGEL« ist hier eingefügt.

Abstruse Idee

Ein internes Protokoll enthüllt: Mit seinem Plädoyer für eine staatliche Kontrolle der Devisenmärkte sorgt Oskar Lafontaine weltweit für Irritationen.

Scheinbar zufrieden kehrte der Bundesfinanzminister von seinem Antrittsbesuch in Amerika zurück. Große Übereinstimmung mit seinen Gesprächspartnern, Notenbank-Präsident Alan Greenspan und Finanzminister Robert Rubin, habe er feststellen können.

»Zum erstenmal«, lobte sich Oskar Lafontaine, »hat die amerikanische Regierung einen Ansprechpartner, der ihre Forderungen aufgreift und exakt denselben Politikansatz hat.«

Die Realität sieht deutlich anders aus. Gerade die Amerikaner halten nichts von der deutschen Idee eines staatlich regulierten Devisenmarktes. Sie lehnen Interventionen, mit denen Wechselkurse stabilisiert werden sollen, rundweg ab. Die können Millarden kosten und treiben die Inflation, so ihre Argumente. Ein internes Verhandlungsprotokoll enthüllt: Was Lafontaine »exakt denselben Politikansatz« nennt, ist in Wahrheit ein unüberbrückbarer Gegensatz.

Das von deutscher Seite verfaßte Protokoll resümiert den Diskussionsverlauf der letzten G 7-Beratungen. Ende November trafen sich die stellvertretenden Finanzminister der großen Industrieländer, kurz die Großen Sieben (G 7) genannt, begleitet von engsten Mitarbeitern, zu einer zweitägigen Klausur vor den Toren Washingtons. Das Thema: die künftige Architektur der Weltfinanzmärkte.

Lafontaines Staatssekretär Heiner Flassbeck führte sich laut Protokoll gleich mit einer Belehrung ein. »*Es ist mehr zu reden über Wechselkursmechanismen, nicht über strukturelle Probleme der Länder.*« *Man solle vielmehr sprechen über* »*Fehlentwicklungen von Wechselkursen, über überbewertete und unterbewertete Währungen, über überschießende Wechselkurse bei Flexibilität und dadurch verursachte Fehlentwicklungen*«.

Zur Seite stand dem ehemaligen Konjunkturforscher Flassbeck ein weiterer Wissenschaftler, der Trierer Volkswirtschaftsprofessor Wolfgang Filc, der das interne Papier für das Finanzministerium verfaßte. Seit kurzem leitet er dort die Abteilung für internationale Währungspolitik.

Mit Flassbeck verbindet ihn die Abneigung gegen flexible Wechselkurse. Beide halten, anders als die meisten Wirtschaftswissenschaftler, Währungsschwankungen für die wesentliche Ursache wirtschaftlicher Störungen und damit auch für die Arbeitslosigkeit.

Überzeugen konnte das deutsche Duo seine Kollegen nicht, obwohl es ein ganzes Wochenende Zeit hatte. Vor allem die Amerikaner blieben erkennbar auf Distanz. Der Protokollant notierte: »*Der größte Gegner für eine vernünftige Reform des Währungssytems scheinen die USA zu sein.*«

Immer wieder hielt der amerikanische Vize-Finanzminister Lawrence Summers dagegen. Ob sein Land etwa mit Dollar an den Devisenmärkten intervenieren müsse, wenn es in der schönen neuen Finanzwelt der Deutschen doch einmal zu Wechselkursschwankungen komme, wollte Rubins Stellvertreter wissen.

Die Einwände der Großmacht ließ Flassbeck nicht gelten. Auch er habe nichts gegen Schwankungen, wenn sie nur nicht zu stark ausfielen. Eine »*kontrollierte Flexibilität*« *der Wechselkurse müsse her, schlug er vor.*

Was man sich denn darunter vorzustellen habe, wollten die stellvertretenden Finanzminister aus den USA, Kanada, Japan, Großbritannien, Italien und Frankreich wissen. »Wechselkurse«, dozierten daraufhin die Deutschen, »sollten sich so verhalten, wie das in Lehrbüchern dargestellt wird.« Das Wörtchen »gefälligst« verkniff sich der Protokollant.

Unterstützung bekamen die deutschen Theoretiker nur aus Frankreich. Das Experiment fester Wechselkurse zwischen Deutschland, Frankreich und Österreich habe bewiesen, daß dieses Konzept »extrem erfolgreich« sei. Schließlich habe es zur Europäischen Währungsunion geführt, erklärten die französischen Abgesandten.

Wieder wagte US-Vize-Finanzminister Summers Widerworte. Frankreich habe doch 1995 binnen vier Tagen die Hälfte seiner Währungsreserven verloren, weil es den trudelnden Franc verteidigen mußte.

Auch die Italiener gelten den neuen deutschen Regierungsstrategen als unsichere Kantonisten. »Die Position Italiens ist unklar«, rügt Filc in seiner Niederschrift. Dabei hatten die Italiener bei dem Treffen ziemlich klar ihre Bedenken geäußert. Feste Wechselkurse gegenüber ausländischen Devisen, so argumentierten sie, führten oft zur Geldentwertung im Inland. Unter dem Festkurssystem von Bretton Woods, das von 1944 bis 1973 galt, habe Italien Inflationsraten bis zu 20 Prozent hinnehmen müssen.

Unzufrieden sind die beiden Deutschen auch mit den Briten. »Großbritannien steht abseits, gegenwärtig und wohl auch in Zukunft«, registriert das Protokoll. Und immer wieder die Amerikaner mit ihrer Totalverweigerung: »Klarer Widerstand gegenüber den Vorstellungen von Flassbeck und Japan.«

Die Asiaten sind bei Summers und Rubin ähnlich unbeliebt wie der Deutsche. Sie setzen auf eine – nach dem Ge-

schmack der Amerikaner – ebenfalls abstruse Idee: Sie wollen staatliche Kapitalverkehrskontrollen einführen, um die Ausschläge der Wechselkurse zu dämpfen.

Lafontaines Chefideologe Flassbeck und sein Gehilfe waren sich nach dem Treffen offenbar über den Mißerfolg klar. Der Protokollant hielt fest: »Es wird ein schwieriger Weg sein, das beabsichtigte Ziel zu erreichen.«

(Christian Reiermann, aus: SPIEGEL 52./1998, S. 27)

Dieser Artikel belegt, daß es zu dieser Zeit einigen Journalisten nicht um Information der Leser über Konzeptionen des Ministeriums oder Sachverhalte ging, sondern darum, den Minister zu demontieren. Dazu wurden offenbar interne Papiere erworben, Mitarbeiter des Ministeriums ließen sich auf ein Komplott mit dieser Presse gegen den Minister ein. Das war unglaublich. Wo war das Leck im Finanzministerium? Ich hatte den Bericht als Faxbrief an das Sekretariat der internationalen Abteilung des Ministeriums geschickt, versehen mit der Bitte, ihn Heiner Flassbeck vorzulegen. P. wurde der Vorgang vorgelegt. Von seinem Schreibtisch aus ging das Protokoll unmittelbar zum Sekretariat des Staatssekretärs. Es waren also nur wenige, die Gelegenheit hatten, das Papier herauszufischen und zu vermarkten.

Mit dem Ziel, dem Minister Schaden zuzufügen, wurden von einem Teil der Presse immer wieder Mitarbeiter des Ministers angegriffen, die nach dem Regierungswechsel Einzug in das Finanzministerium genommen hatten und, völlig zu Recht, mit dem Gedankengut des Bundesfinanzministers als verschwistert galten. Richtiger ist es, daß der Minister in einem langwierigen Prozeß die von seinen neuen Mitarbeitern, vor allem von Heiner Flassbeck, auf der Grundlage wirtschaftstheoretischer Paradigmen formulierten Konzeptionen übernommen hatte. Freilich überzeichnete der Minister gelegentlich; seine Brillanz in der Diskussion ging ein wenig verloren, wenn er allzu holzschnittartig über Ungereimtheiten an Finanzmärkten sprach. Das war seine gelernte Sache nicht. Das erschien angestrengt. Und das war immer wieder willkommene Gelegenheit für die Presse, den Minister zu attackieren.

Die »Frankfurter Allgemeine Zeitung« kommentierte am 18. Dezember 1998 unter der Überschrift »Neuer Abteilungsleiter im Bundesfinanzministerium«:

> »Die Zuständigkeit für Währungspolitik und internationale Finanzbeziehungen hat Wolfgang Filc erhalten. Filc lehrte bisher Volkswirtschaft mit Schwerpunkt Geld und Währungspolitik an der Universität Trier. Er hatte in einer jüngst von Lafontaine ausgelösten Diskussion um die Unabhängigkeit der Bundesbank die Position des Ministers unterstützt. Es müsse offensiv diskutiert werden, wie die Bundesbank dem Arbeitsmarkt helfen könne, forderte er. Zentralbankiers müßten sich auch ihrer Verantwortung für Wachstum und Beschäftigung bewußt werden.«

Hier wird auf ein Streitgespräch Bezug genommen, das ich mit Manfred J. M. Neumann im November 1998 für »DIE ZEIT« geführt hatte. Dabei ging es gar nicht um die Unabhängigkeit der Bundesbank. Es ging um Wirkungsmechanismen zinspolitischer Maßnahmen. Die »FAZ« dreht das um, behauptet, Lafontaine und Filc würden die Autonomie der Bundesbank, allein über Zinsänderungen zu entscheiden, in Frage stellen. Das war niemals der Fall, wurde aber so interpretiert, nicht der Sache wegen, sondern eindeutig ausschließlich daran orientiert, dem vermeintlich starken Mann der SPD, Lafontaine, Glaubwürdigkeit zu nehmen und Schaden zuzufügen.

Mit Freiheit der Presse hat es wenig zu tun, wenn aus eigener Erfahrung festzustellen ist, daß von drei Meldungen über das Finanzministerium eine richtig ist, eine zweite falsch, eine dritte genau den Gegensatz dessen darstellt, was dem zuständigen Redakteur in einem persönlichen Gespräch unter Beisein des Pressesprechers des Finanzministeriums tags zuvor genannt worden war. Es hat auch keinen Sinn, dagegen aufbegehren zu wollen. Die Freiheit der Presse wird zunehmend zu einem Tollhaus bewußter Irreführung der Öffentlichkeit. Wer hat daran Interesse?

Abstimmungsprobleme im Ministerium

1999 begann, wie das alte Jahr geendet hatte. Der Zug verließ am Montag, dem 4. Januar, den Trierer Hauptbahnhof um 7.17 Uhr. Dann Aufarbeitung eines Stapels liegengebliebener Vorgänge der letzten Woche. Arbeitsende gegen 22.00 Uhr, die übliche Scheibe Brot statt Abendessen, eine halbe Stunde Fernsehen, Bettzeit. Nach und nach erhöhte sich die Frequenz von Besuchern. Botschafter verschiedener Länder wünschten ein Gespräch mit mir, so Israels, Brasiliens, Süd-Koreas, Frankreichs, der USA und Australiens. Immer wieder gab es Pressegespräche, weil man neugierig war, den neuen Abteilungsleiter kennenzulernen.

Die Abteilung hieß zuvor »Europäische und Internationale Finanzbeziehungen«. Mit dieser Bezeichnung konnte ich nichts anfangen. Denn ist Luxemburg nicht auch »international«? So war die Frage zu klären, wie die Abteilung bezeichnet werden soll. Ich entschied mich für »Internationale Finanz- und Währungsbeziehungen«, eine Bezeichnung, die nicht bei allen Angehörigen der Abteilung Zustimmung fand. Ich war auch erstaunt darüber, daß weder Staatssekretär noch Minister danach fragten, wie denn die künftige Bezeichnung sein soll. Bemerkenswert fand ich ferner, daß es während meiner Tätigkeit im Finanzministerium nur ein einziges Mal eine Besprechung zwischen den Abteilungsleitern gab. Staatssekretäre oder gar der Minister haben daran nicht teilgenommen. Da paßte wenig zusammen. Keiner wußte von dem anderen, es gab keine gegenseitige Information zwischen den Abteilungen, was getan wurde, war von dem jeweiligen Abteilungsleiter zu verantworten, Abstimmungen auf höherer Ebene fanden kaum statt.

Ich konnte bei konzeptionellen Fragen zur Stabilisierung des Finanzsystems machen, was ich wollte. Und das tat ich denn auch, alles auf der Grundlage meiner Publikationen zu Fragen der Gestaltung des internationalen Währungs- und Finanzsystems. Der Minister fragte nicht ein einziges Mal danach. Es gab mit ihm keine inhaltlichen Gespräche. Hierfür blieb dem Minister wohl keine Zeit, zudem mag es ein Vertrauensbeleg gewesen sein, wenn er nicht das Gespräch über konzeptionelle Fragen suchte. Ich betrat das Büro des Finanzministers erstmals, und das zum letzten Mal, zu einem kurzen Gespräch mit dem Nachfolger von Oskar Lafontaine als Bundesfinanzminister, in dem mir meine bevorstehende Entlassung mitgeteilt wurde. Die Anzahl der Gespräche über konzeptionelle Fragen mit Heiner Flassbeck als für den internationalen Bereich zuständigen Staatssekretär sind an den Fingern einer Hand abzuzählen. Heiner Flassbeck war ständig unterwegs. Er war Verkünder seiner Konzeption, die von Lafontaine übernommen worden war, von der Richtigkeit eines jeden seiner Gedanken überzeugt. Und die anfängliche Publizität seiner Ideen schien auch auf seinen Erfolg hinzudeuten. Zu Beginn wurde er von der Presse gefeiert, dargestellt als ökonomischer Überflieger, der auf der Grundlage seiner Konzeption vieles richten wird, was in Unordnung geraten war.

Das war fraglos eine Überbewertung der Möglichkeiten eines Finanzstaatssekretärs. Heiner Flassbeck ist Makroökonom. Und das ausschließlich. Wann immer es zu Debatten über mikroökonomische Hemmnisse eines kräftigen Wirtschaftsaufschwungs kam, schaltete er ab. Auch bei Fragen im Zusammenhang mit der Gestaltung der internationalen Währungs- und Finanzbeziehungen war diese Sichtweise manchmal ein Hindernis. Reale Wechselkursänderungen, wie immer verursacht, worauf auch zurückzuführen, waren ihm ein Greuel. Er war nicht davon zu überzeugen, daß, zumindest in Ausnahmefällen, reale Wechselkursänderungen einen Beitrag zur Lösung gesamtwirtschaftlicher Probleme zu leisten vermögen, etwa zum Abbau außenwirtschaftlicher Ungleichgewichte oder für die Angleichung unterschiedlicher konjunktureller Entwicklungen verschiedener Länder. Einmal meinte er gar, seinen Abteilungsleiter für internationale Beziehungen mit einem schriftlichen Kommentar auf die von David Ricardo vorgezeichnete Spur bringen zu müssen. Aber die Dinge liegen heute eben anders als vor Hunderten von Jahren.

Die Erfahrungen aus der Zusammenarbeit mit Heiner Flassbeck als dem für meinen Bereich zuständigen Staatssekretär sind deshalb nicht eindeutig klar. Ich schätzte seine klare, offene und unmißverständliche Argumentation, seine kollegiale Umgangsweise mit Mitarbeitern, die auf Weisungen verzichtete und auf Überzeugungsarbeit setzte. Ich fand es immer richtig, wenn er auf einen angemessenen makroökonomischen Policy-Mix hinwies, um die Arbeitslosigkeit zu senken, Finanzmärkte zu stabilisieren, um zu erreichen, daß die Devisenmärkte nicht aus dem Ruder laufen. Andererseits wurde auch deutlich, daß notwendige Strukturreformen, was immer das im einzelnen beinhalten mag, von ihm als vom makroökonomischen Hauptproblem ablenkendes Ausweichmanöver abgetan wurden. Diese einseitige Orientierung war wohl einer der hauptsächlichen Gründe, warum die klare und überhaupt nicht exotische oder extravagante Konzeption Flassbecks für die Wirtschaftspolitik, dargelegt im Jahreswirtschaftsbericht der Bundesregierung 1999, weder bei vielen Fachkollegen des Wirtschaftswissenschaftlers noch des Staatssekretärs Heiner Flassbeck im Kreis der Länder der G 7 oder der EU 11 oder der EU 15 positive Aufnahme gefunden hat.

Schade drum. Es wäre mehr zu erreichen gewesen. Das auch in der kurzen Zeit, die bis zum Rücktritt des Finanzministers verblieb. Aber dennoch habe ich keinen Grund, meinen Respekt vor den Leistungen von Heiner Flassbeck zu verhehlen. Er war für kurze Zeit eine herausragende Figur der deutschen Wirtschaftspolitik. Das wird ihm niemand nehmen können.

Ausweitung der internationalen Kontakte

Der Januar war mit vielerlei Alltagsarbeit angefüllt. Immer wieder kam es zu Gesprächen mit Mitarbeitern der Abteilung über Personalien, auch mit jenen, die außerhalb Deutschlands tätig sind, es waren Personalentscheidungen zu treffen, Diskussionen mit Vertretern internationaler Organisationen zu führen, es wurden mehrfach internationale Telefonkonferenzen im Kreis der G 7-Länder durchgeführt, in der Regel von den USA ausgehend und von dort auch arrangiert. Stets zu angenehmen Bürozeiten nach Washingtoner Zeit, am Nachmittag in Europa, mitten in der Nacht in Japan. »Stand by for a telephone conference« begann es, und es dauerte einige Zeit, bis alle sieben Länder an der Leitung waren. Gegenstand der Gespräche war stets die Finanzkrise, in die Brasilien geraten war. Und immer wieder wurden unterschiedliche Sichtweisen Deutschlands auf der einen Seite sowie der USA und des Internationalen Währungsfonds auf der anderen deutlich, was zur Krisenbewältigung zu tun ist.

Unsere Besorgnis, das bei einer erfolgreichen Attacke auf eine Währung vom Internationalen Währungsfonds regelmäßig verordnete scharfe Restriktionsprogramm, gleich ob in Ländern Südostasiens 1997 und nun, ab Beginn des Jahres 1999, in Brasilien, würde mehr Schaden denn Nutzen stiften, haben Heiner Flassbeck oder ich immer wieder in Telefonkonferenzen mit Kollegen der G 7-Länder geäußert, zum Mißfallen von Stanley Fischer, der USA, gelegentlich auch Großbritanniens. Wir hielten es für falsch, Länder mit drastischen Abwertungen ihrer Währung Realzinssätze von 40 % und höher zu verordnen, egal, wie die makroökonomischen Daten aussehen, ganz nach dem Motto, daß eine einzige Medizin jede Krankheit zu kurieren vermag. So fährt man ein Land an die Wand. Diese Kritik an Stabilisierungsprogrammen des IWF, Voraussetzung für seine Kredithilfen, äußerte ich auch immer wieder in Gesprächen mit Botschaftern von Ländern, die in eine Finanzmarktkrise geraten waren, so auch am 18. Januar 1999 bei einem Besuch des Botschafters Brasiliens, Herrn Roberto Abdenur.

Am 22. Januar sandte der Finanzminister Brasiliens, Pedro Sampaio Malan, ein Schreiben an den deutschen Finanzminister. Ich kann mich daran erinnern, daß es dort sinngemäß unter anderem hieß, daß der Finanzminister während seines Aufenthalts in den USA vom brasilianischen Botschafter in Bonn, Herrn Roberto Abdenur, über das sehr interessante Gespräch informiert wurde, das er mit mir am Montag zuvor geführt hatte. Bezugnehmend auf diese Unterredung versicherte Herr Malan dem deutschen Finanzminister, daß die brasilianische Geldpolitik auf die starke Abwertung ihrer Währung reagieren und für niedrige Inflationsraten sorgen werde, zugleich die Regierung Brasiliens für finanzpolitische Rahmenbedingungen, die eine baldige Rückführung der hohen brasilianischen Zinssätze ermöglichen solle.

Auch stimmte der Minister mit der deutschen Bundesregierung darin überein, daß es an der Zeit sei für eine Neubewertung einiger Aspekte zur Funktionsweise des internationalen Finanzsystems und der wesentlichen multinationalen Organisationen. Auch Präsident Cardoso weise schon seit längerer Zeit darauf hin, daß ein intensiverer Dialog über Wege zur besseren Krisenprävention und Reduzierung der Finanzmarktvolatilität unerläßlich sei.

Das entsprach ganz unserer dem Botschafter Brasiliens mitgeteilten Sichtweise: Zinssenkung sobald wie möglich, nämlich bei Anzeichen der Rückführung des Staatsdefizits in Höhe von damals etwa 9 vH des Bruttoinlandsprodukts, Reform der internationalen Währungsbeziehungen mit dem Ziel größerer Stabilität von Wechselkursen. Diese Reaktion des Finanzministers Brasiliens war ein Erfolg unserer Argumentation.

Am 26. Januar nahm ich an einem Treffen des Bundesfinanzministers mit dem Präsidenten der Weltbank, James D. Wolfensohn, teil. Wolfensohn stimmte mit uns überein, daß es nicht gelingen kann, mit zinspolitischen Maßnahmen einer Abwertungsspekulation, kommt sie erst einmal ins Rollen, erfolgreich zu begegnen. Denn, so seine Argumentation aus der Erfahrung jahrzehntelanger Tätigkeit als Investment-Banker, wie kann man mit einer Zinsanhebung von vielleicht zehn Prozentpunkten die Profitaussichten kompensieren, welche die erwartete Abwertung einer Währung um ein Prozent zum nächsten Tag verheißt?

Tags darauf sprach ich mit Herrn Larrado, wichtiger Finanzmann aus Venezuela, über eine Gruppe von Entwicklungs- und Schwellenländern, die sich als G 24 zusammengefunden haben. Herr Larrado lud mich ein, an einer Sitzung der Technical Group der G 24 Anfang März in Colombo teilzunehmen, um die Position des Bundesfinanzministeriums zur Reform der internationalen Finanzarchitektur zu erläutern. Ich akzeptierte die Einladung. Am selben Tag war ich an einem Gespräch von Heiner Flassbeck mit dem stellvertretenden Finanzminister Rußlands, Michail Kasjanov, beteiligt. Der Mann hat mich beeindruckt. Trotz der immensen und kaum zu bedienenden Auslandsschulden Rußlands trat er nicht als Bittsteller auf, sondern als Dominator, der Forderungen stellte. Kasjanov ist nun Finanzminister Rußlands. Das ist eine gute Entscheidung. Aber seine Verweildauer in diesem Amt ist nicht hoch einzuschätzen.

Wenige Tag später, am 28. Januar, fuhren ein Referatsleiter und ich nach einem langen Arbeitstag gegen 19.00 Uhr nach Frankfurt, um im Sheraton-Hotel eine Sitzung der Stellvertreter der Finanzstaatssekretäre der G 7-Länder zu leiten. Das ging bis nach Mitternacht. Diskutiert wurde vornehmlich über prozedurale Vorgänge, über Länder, die für das von Deutschland zu organisierende Seminar zur Reform der internationalen Finanzarchitektur einzuladen sind, über Termine, die von den Finanzstaatssekretären der Länder vielleicht einzuhalten sind oder auch nicht, über die weitere Vorgehensweise zur Vorbereitung des Treffens der Staatschefs der G 7-Länder im Juni in Köln. Lange wurde abgewogen, ob die von Deutschland ausgehende Entschuldungsinitiative für die ärmsten Länder der Welt »Cologne-Initiative« oder »Köln-Initiative« heißen soll. Viel Zeit ging drauf zur Klärung der Frage, ob 32 oder 33 Länder zum ersten Seminar über Finanzarchitektur einzuladen sind. Ich war verärgert, ich machte das auch deutlich. Ich kritisierte, daß sich die Arbeit zu sehr auf prozedurale Fragen konzentriert, während konzeptionelle Aspekte stabiler Finanzmärkte zu kurz kommen. Meine Kollegen schien dies zu überraschen. Dabei ist zu erwähnen, daß neben mir allein ein zweiter Stellvertreter der Finanzstaatssekretäre der G 7-Länder ausgebildeter Ökonom ist, mit einer Promotion in Chicago. Ein anderer Teilnehmer dieses Kreises zum Beispiel hat ein Examen in asiatischen Studien vorzuweisen. Was das im einzelnen beinhaltet, vermag ich nicht einzuschätzen. Zur Diskussion ökonomischer Fragen reicht dieser Abschluß aber gewiß nicht. Und so diskutierte man mit Vorliebe das, wozu es keiner Sachkenntnis bedarf, Abläufe, Termine, Gliederungen, Vorhaben, technische Details, alles mögliche und das sehr ausgiebig, nur nicht substantielle Fragen.

Die ASEM-Konferenz

Zwei Wochen zuvor fand Mitte Januar in Gravenbruch in der Nähe Frankfurts das zweite ASEM-Treffen statt. Das ist eine Zusammenkunft (M für Meeting) der Finanzminister der EU-Länder (E) und von zehn asiatischen Ländern (AS). Lafontaine präsidierte die Konferenz, daneben saß als Stichwortgeber Heiner Flassbeck, ich daneben, allein als Staffage. Man mußte mich wohl irgendwo unterbringen. Lafontaine trug vor, was ihm Mitarbeiterinnen und Mitarbeiter meiner Abteilung aufgeschrieben hatten. Inhaltlich war das wenig, wie das so ist bei diesen internationalen Konferenzen. Da geht es mehr um Kennenlernen, um soziale Kontakte, um bilaterale Gespräche, weniger um die Diskussion von Konzepten in einem größeren Kreis.

Welche Funktion ich bei diesem Treffen zu übernehmen hatte, war mir nicht gesagt worden. So kam es, daß mich ein Mitarbeiter des Leitungsstabs des Ministeriums am Freitagmorgen anrief und fragte, warum ich nicht bei dem ersten Gespräch des Bundesfinanzministers mit einer Delegation eines asiatischen Landes zugegen gewesen war. Ich konnte nur erwidern, ich hätte keine Kenntnis gehabt, daß meine Anwesenheit erwünscht war. An den folgenden Gesprächen des Finanzministers mit Delegationen anderer asiatischer Länder habe ich teilgenommen. Dabei haben mich die brillante Intelligenz und die rasche Reaktionsfähigkeit des Ministers auch bei komplexen ökonomischen Fragen erneut fasziniert. Am Abend saß ich mit Oskar Lafontaine und Heiner Flassbeck zusammen. Wir tranken Bier und unterhielten uns. Einmal mehr war ich im Banne der Persönlichkeit von Oskar Lafontaine.

Dieses Treffen der Finanzminister war ein hochrangiges Ereignis. Das Hotel war von rund eintausend Sicherheitskräften abgeriegelt. Niemand außer den Delegationen konnte das Hotel erreichen, wir tagten in einer Festung. Die japanische Delegation war mit 30 Leuten in einem Jumbo-Jet angereist, obgleich nur zwei Teilnehmer für die Konferenz zugelassen waren. Mein japanischer Kollege war nicht einmal im Konferenzraum. Ich fragte ihn nebenbei, was er denn in der Zwischenzeit tun würde. Seine Antwort: »Ich warte auf den Rückflug.«

Am Freitagabend wurden wir zu einem Empfang in das Schloßhotel Kronberg gefahren, etwa 40 km vom Tagungshotel entfernt. Vor dem Tagungshotel warteten eine Armada von vielleicht achtzig Audi A 8 in Silbermetallic, viele Kleinbusse, einige große Busse der Firma mit dem Stern, Werbeshow der deutschen Automobilindustrie. Ich bestieg einen Kleinbus, stellte mich den Mitfahrern vor. Neben mir saß ein kleinwüchsiger Asiate, der sich sehr einsilbig verhielt. Später bemerkte ich, daß es der Finanzminister Malaysias war, der es wohl als degradierend empfunden hatte, neben einer Nummer drei der Hierarchie eines Ministeriums sitzen zu müssen. Dann ging es im Konvoi los, vorn, hinten, rechts und links Polizei auf Motorrädern, zwischendurch immer mal wieder ein Krankenwagen für den Notfall, die Ampeln an allen Kreuzungen auf Grün gestellt, auf der Autobahn alle Zufahrten von der Polizei gesperrt. Was für ein Schauspiel.

Am Tag nach der ASEM-Konferenz, also am 16. Januar 1999, kam es in Frankfurt zu einem Treffen der Finanzstaatssekretäre der G 7-Länder. Als Schriftführer für Heiner Flassbeck, der die Sitzung leitete, war ein sehr tüchtiger Referatsleiter der Abteilung hinzugezogen worden. Er saß an einem gesonderten Tisch. Gelegentlich schaltete er sich in die Diskussion ein, um einige Hinweise zu Fakten und Sachverhalten zu geben, schließlich kennt er seit Jahren das Geschäft. Ein Teilnehmer der Gesprächsrunde, der seinen Staatssekretär vertrat, kritisierte das und kündigte an, bei dem nächsten Wortbeitrag dieses Beamten den Konferenzraum zu verlassen. Ich erwähne diese Episode, weil ich vor Beginn des Treffens der Stellvertreter der Finanzstaatssekretäre der G 7-Länder am 28. Januar 1999 eben diesen Kritiker darauf hingewiesen hatte, daß ich selbstverständlich jeden Wortbeitrag dieses auch diesmal teilnehmenden Referatsleiters zulassen und den Raum verlassen würde, wenn er, also der Kritiker, hiergegen Einwände erheben würde. Das wurde akzeptiert. Dieser Mann war neben Jon Cunliffe, Vertreter des britischen Schatzamtes, der einzige aus dem Kreis der Stellvertreter der Finanzstaatssekretäre der G 7-Länder, mit dem ich über die Dienstgeschäfte hinaus hin und wieder persönliche Gespräche geführt habe. Wir wurden gute Kollegen.

Weitere Eindrücke

Dann kam der Februar. Es ging los, wie der Januar geendet hatte. Freitags Ankunft gegen 20.00 Uhr in Trier, montags Abfahrt 7.17 Uhr Richtung Bonn. Privates Leben war kaum noch vorhanden. Die Wochenenden angefüllt mit dem Ausfüllen von Banküberweisungen und allerlei sonstigem Krimskrams, selten die Möglichkeit, mich mit Freunden zu treffen. Mit der Tochter, die in Bayreuth studiert, wurden kaum Worte gewechselt, ich war vollständig von der Aufgabe in Bonn vereinnahmt. Das hieß rund zwölf Stunden Arbeit im Ministerium, an den Wochenenden, wenn denn Zeit über war, Durchsicht und Bewertung von Diplom-Klausuren, hin und wieder mündliche Prüfungen im Schwerpunkt, sonst Büroalltag, abends Anfertigen von Papieren zur Verdeutlichung unserer Konzeption zur Stabilisierung der Finanzmärkte, so für G 7, G 24, EU 11, EU 15. Da blieb nichts übrig zum Durchatmen. Das Leben war nahezu ausschließlich Arbeit geworden. Teilweise waren die Aufgaben faszinierend und interessant, zum größeren Teil jedoch eher sorgfältiger Buchführung zuzurechnen. Aber mir war schnell klar geworden, daß auch das wichtig ist. Denn die hierfür verantwortlichen Mitarbeiterinnen und Mitarbeiter erwarteten zu Recht, daß ihre Arbeit angemessen gewürdigt wird.

Der Februar begann mit Gesprächen mit Journalisten, einem Mitarbeiter der russischen Botschaft, mit dem Botschafter Israels. Für Freitag, den 5. Februar, war ein Gespräch im Finanzministerium mit einer hochrangigen Delegation der Deutschen Bundesbank vereinbart worden. Der Gesprächswunsch war von der Bundesbank ausgegangen. Wir hielten es für sehr nützlich, in einem Gedankenaustausch über Zinspolitik, Wechselkursfragen und die Zusammenarbeit von Bundesbank und Finanzministerium, etwa zur gegenseitigen Information, Gemeinsamkeiten und Unterschiede abzuklopfen. Nach alledem, was vorausgegangen war – Diskussion über stabile Wechselkurse, die Rolle der Geldpolitik nicht allein für Preisstabilität, auch für Wirtschaftswachstum und Beschäftigung –, war das ein pikantes Aufeinandertreffen. Die Delegationen saßen sich in gespannter Aufmerksamkeit gegenüber, hier eine Persönlichkeit aus der Leitungsebene der Bundesbank mit drei Mitarbeitern, da Heiner Flassbeck, ich und zwei weitere hochrangige Ministerialbeamte. Kontroversen gab es, wie nicht anders zu erwarten, zur Zinspolitik. Die Repräsentanten der Bundesbank bestritten jeden Spielraum für Zinssenkungen. Bei Heiner Flassbeck und mir kam das gut an, jedenfalls als Vorlage. Man fand vor allem in Heiner Flassbeck, aber auch in mir Widersacher mit kräftigen, theoretisch und empirisch gestützten Argumenten. Die Diskussion verlief, solange ich daran teilnehmen konnte, für die Bundesbank nicht besonders erfreulich. Die Position des Finanzministeriums, vor allem von Heiner Flassbeck vorgetragen und bereits Anfang Januar vom Internationalen Währungsfonds unterstützt, war kaum zu widerlegen, und das gilt auch heute noch: Bei Preisstabilität und nicht erkennbarem künftigen Preisauftrieb muß es die Aufgabe einer Zentralbank sein, auch einen Beitrag für Wirtschaftswachstum und Beschäftigung zu leisten. Wie man inzwischen weiß, hat sich wenige Wochen später die Europäische Zentralbank mit einer kräftigen Zinssenkung der an diesem Tag von den Repräsentanten der Bundesbank vehement vertretenen Position nicht angeschlossen. Nützlich war das Gespräch mit den Vertretern der Bundesbank allemal, schon deshalb, um unterschiedliche Sichtweisen abzugrenzen.

Ich konnte an der Diskussion nicht bis zum Ende teilnehmen, weil ich einen Flug nach München erreichen mußte, um tags darauf an der Konferenz »Inventing the Organizations of the 21. Century, Global Economy – Local Societies«, organisiert von den Firmen BMW, Deutsche Bank und Siemens, in Gmund am Tegernsee teilzunehmen. Abflug in Köln: 18.05 Uhr, Ankunft in Gmund sieben Stunden später um 1.00 Uhr des nächsten Tages. Der Grund: Schneefall in Bayern, das Abendessen fiel aus, Aufstehen um 6.00 Uhr, weil die Konferenz um 7.30 Uhr in irgendeinem anderen Ort am Tegernsee begann. Zunächst referierte Professor Courtis, Kanadier und Chefvolkswirt der Deutschen Bank in Tokio. Sein Thema: Finanzmarktkrisen und Konsequenzen für die Zukunft. Ich fand den Vortrag äußerst materialreich, abgewogen und konsistent. Einiges davon habe ich später für meine eigene Argumentation übernommen. Dann war ich dran. Thema: Deutsche Vorschläge zur Stabilisierung der internationalen Finanzarchitektur. Ich trug das vor, was ich in den Wochen zuvor konzipiert hatte: Maßnahmen zur Stabilisierung der Devisenmärkte als Voraussetzung einer stabilen internationalen Finanzarchitektur. Die Resonanz war nicht besonders erhebend. Allein Dr. Rolf Breuer, Vorstandssprecher der Deutschen Bank, meldete sich, äußerte jedenfalls Sympathie. Danach kam Rüdiger Dornbusch zu Wort, direkt aus Boston eingeflogen, unter Ökonomen bekannt als Star, wenn es um das Einfangen von Meinungen geht. Er sprach über alles. Und das in einer die Teilnehmer, Manager jener drei Konzerne, welche die Veranstaltung organisiert hatten, fesselnden Weise. Rüdiger Dornbusch machte seine Sache gut. Er war wie immer launig, witzig, wenig konzentriert, charmant, in seinen Ausführungen wenn auch nicht durchweg erleuchtend, so doch stets erheiternd. In der folgenden Podiumsdiskussion machte ich einige Punkte. Ich hatte den Eindruck, daß die Teilnehmer verstehen würden, worum es mir geht. Rüdiger Dornbusch und ich fuhren zusammen nach München zurück. Er flog nach Boston, ich nach Luxemburg. Ich hatte Rüdiger Dornbusch vor vielen Jahren bei einer Konferenz in der Nähe von Boston kennengelernt. Wir hatten auch damals erhitzte Diskussionen, sehr zur Erheiterung der Teilnehmer an der Konferenz. Er konnte sich daran sehr gut erinnern. Es war nett, ihn wiedergesehen zu haben.

Am 8. Februar war eine Mitarbeiterin des amerikanischen Finanzstaatssekretärs Summers in ihrer Eigenschaft als Mitglied der Gruppe der Finanzexperten in Bonn. Sie hatte ein Gespräch mit ihren Kollegen aus den anderen G 7-Ländern im Finanzministerium. Danach ging ich mit ihr in ein Bonner Café, diskutierte mit ihr Optionen zur Vertretung der Zone der EU 11-Länder im Kreis der G 7, warb für die Einbeziehung der EU 11. Das war wichtig, weil diese Frage zwischen den USA und Deutschland sehr umstritten war.

Tags darauf, am 9. Februar, meldete sich ein Redakteur der »Welt am Sonntag«, um mich zu Vorstellungen der Bundesregierung hinsichtlich der Reform der internationalen Finanzarchitektur und der für das übernächste Wochenende anstehenden Konferenz der Finanzminister und Notenbankchefs der G 7-Länder zu befragen. Ich gab Auskunft. Er schrieb das auf, schickte mir sein Ergebnis zwei Tage später, also am Donnerstag, dem 11. Februar. Das war der Tag der Weiberfastnacht. Der ist in Bonn heilig, da arbeitet niemand, es sei denn, er muß. Das gilt auch für das Finanzministerium. Ich hatte für 11.11 Uhr eine kleine Geselligkeit für meine Abteilung vorbereiten lassen. Es gab Sekt, kleine Häppchen. Ich stellte mich als inzwischen inthronisierter Abteilungsleiter vor.

Hier ist ein Rückblick notwendig. Am 19. Januar 1999 wurde mir die

Leitung der Abteilung IX »Internationale Finanz- und Währungsbeziehungen« von Staatssekretär Claus Noé formell übertragen, am 29. Januar erhielt ich die vom Bundespräsidenten unterzeichnete Ernennungsurkunde zum Ministerialdirektor und Bundesbeamten auf Probe. Was »Bundesbeamter auf Probe« ist, war mir nicht geläufig, das hatte mich auch nicht interessiert. Denn in meinem Berufsleben war ich es gewohnt, in jeder Gruppe, deren Teil ich war, zumindest zu den ersten Drei zu gehören. »Probe« war für mich deshalb eine juristische Bezeichnung ohne inhaltliche Bedeutung. Wie sich herausstellen sollte, war das eine grobe Fehleinschätzung. Am selben Abend dinierte ich mit den Staatssekretären Flassbeck und Noé im Chinarestaurant »Guten Appetit« in Bonn. Das Essen war toll, ich habe bezahlt, auch den Champagner. Niemals zuvor hatte ich in einem Restaurant Champagner bestellt.

Zurück zur Weiberfastnacht am 11. Februar 1999. Am Nachmittag gab es im Kasino des Ministeriums eine Karnevals-Veranstaltung. Ich nahm daran nicht teil. Ich war damit beschäftigt, die überaus mäßige Mitschrift des Redakteurs der »Welt am Sonntag« zu überarbeiten. Daraus wurde ein völlig neuer Beitrag. Der wurde gegen 20.00 Uhr fertig. Ich schickte ihn dem Redakteur, auch dem stellvertretenden Chefredakteur in Hamburg, Herrn Dr. Blohm, den ich seit vielen Jahren kenne. Danach trank ich noch ein Glas Sekt. Ich fand, meine Aufgaben im Sinne des Dienstherrn, des Bundesfinanzministers, gut verrichtet zu haben.

Mein Hauptanliegen: Stabilisierung der Finanzmärkte

Die Aufgaben

Ich war nicht in das Finanzministerium gewechselt, um von nun an Akten abzuarbeiten, sie durchzusehen, Korrekturen anzubringen, abzuzeichnen, auf Ausgang zu legen. Ich war mit dem Ziel angetreten, einen Beitrag zur Stabilisierung der Finanz- und Währungbeziehungen zu leisten. Finanzmärkte, so mein Credo, sind in den Dienst eines stabilen und inflationsfreien Wirtschaftswachstums zu stellen. Sie tun dies nur dann, wenn sie zumindest Informationen stets angemessen verarbeiten. Schon vor langem war ich auf der Grundlage eigener Untersuchungen und Beiträgen anderer Verfasser zu dem Ergebnis gekommen, daß hiervon nicht immer auszugehen ist. Bestehen Informationsasymmetrien, werden dadurch sonst vorgenommene Transaktionen blockiert, so muß es zu Fehlbewertungen von Vermögenswerten kommen. Das gilt für Devisen, auch für Anleihen. Und in diesem Fall müssen von Finanzmärkten Fehlentwicklungen an anderen Märkten erzeugt werden, an Gütermärkten, an Arbeitsmärkten. Dann sind gesamtwirtschaftliche Verwerfungen die Folge, Inflationierung, Rezession mit steigender Arbeitslosigkeit, außenwirtschaftliche Ungleichgewichte. Dann bedarf es nicht nur angemessener Designs für Wertpapiere, sondern auch institutioneller Designs für Märkte, die dazu beitragen sollen, Fehlentwicklungen an Finanzmärkten nicht entstehen zu lassen. Das war der hauptsächliche Anreiz für mich, die Aufgabe im Finanzministerium zu übernehmen.

Und das sah auch die Vereinbarung mit der Leitung vor. Ich sollte auf der Grundlage meiner früheren Arbeiten Konzeptionen vorbereiten, die es ermöglichen, ein entsprechendes internationales Design für Finanzmärkte, vor allem für Devisenmärkte, zu entwickeln. Klar gemacht wurde auch, daß ich nicht entgegen meiner über viele Jahre gewachsenen Einsicht tätig werden könne. Ein Ausdruck dieses Konsenses war es, daß meine Beurlaubung aus dem Dienst an der Universität Trier mit der

Möglichkeit einer vorzeitigen Beendigung vor Ablauf von drei Jahren vereinbart wurde. Für mich wäre es Zeit gewesen, den Rückweg anzutreten, hätte man von mir verlangt, entgegen meiner Überzeugung zu arbeiten. Das jedoch ist nie geschehen.

So machte ich mich also an die Arbeit. Sie bestand aus drei Bereichen. Zum ersten mußte ich mir selbst klar sein, was ich wollte. Zielzonen für Wechselkurse waren abgehakt. So vernünftig das Konzept auch ist, so war zu akzeptieren, daß es in der öffentlichen Diskussion allein zu gehässigen Kommentaren führt, einfach deshalb, weil der Begriff negativ besetzt war. Das Vertrauen in die Richtigkeit von Preissignalen ist insbesondere bei Journalisten kaum zu überbieten, egal was sie auch von Ökonomie verstehen. Was immer in Südostasien geschehen war, wie viele Millionen Menschen dort als Folge des Zusammenbruchs von Finanzmärkten in die Armut gefallen sind, all das kann das Vertrauen der Mehrheit der Zunft der Zeilenschreiber nicht erschüttern. Was geht uns das an, wenn dagegen steht, daß Maßnahmen von Zentralbanken gegen Fehlentwicklungen an Finanzmärkten, so am Devisenmarkt, vielleicht einmal Devisenmarktinterventionen erforderlich werden lassen könnten? Und steht nicht in den Büchern, daß dies Inflation verursachen kann? Es bedarf keiner besonderen Betonung, daß dies eine sehr eingeschränkte Sicht ist, meist falsch obendrein. Aber was nutzt dieser Einwand schon, wenn das die Mehrheitsmeinung ist, die unkundigen Bürgern von ebenso unkundigen Journalisten eingeträufelt wird? Also mußte ein anderer Begriff her. Unsere Lösung hieß »Gestaltete Flexibilität der Wechselkurse«, also Flexibilität mit irgendwelchen Regeln. Zum zweiten war es wichtig, Mitarbeiterinnen und Mitarbeiter der Abteilung IX, aber auch anderer Abteilungen des Ministeriums, zu integrieren. Ich mußte Aufgaben übertragen, auch deshalb, weil es mir wichtig war, Mitstreiter zu gewinnen, die sich mit der Sache identifizieren. Das fällt mir nicht leicht, weil ich gewohnt bin, meine Shows selbst zu gestalten. Drittens war es notwendig, die Stimmung im Kreis der G 7 auszuloten, um Wege zu erkunden, wie ein Einstieg in eine intensivere Kooperation in Finanz- und Währungsfragen der großen Industrieländer und zur Überwachung der Kursentwicklung an den Devisenmärkten erreicht werden kann.

Meine inhaltliche Konzeption war schlicht. Die Erfahrungen in Europa – flexible Wechselkurse, Währungsschlange, Europäisches Währungssystem, jetzt Einheitswährung – legten es nahe, diesen europäischen Ansatz auf einen interkontinentalen Rahmen zu übertragen. Ohne die positiven Erfahrungen mit dem Europäischen Währungssystem wäre die Einheitliche Europäische Akte nicht möglich gewesen, weder der Einheitliche Europäische Binnenmarkt noch das Schengener Abkommen, erst recht nicht die Einführung einer einheitlichen Europawährung. Der Einstieg in die wirtschaftliche Integration Europas mit dem Festkurssystem erzwang Integrationsbemühungen in anderen Bereichen, sollte die Integration dauerhaft sein. Integration ist ein Prozeß, kein Zustand. Hieraus sind Lehren zu ziehen.

Ich war davon überzeugt, daß sich nach einem Einstieg in eine stärkere währungspolitische Kooperation zwischen den großen Wirtschafts- und Währungsräumen der Welt später Defizite herausstellen würden, die zu Fortschritten der internationalen Zusammenarbeit auch auf anderen Feldern zwingen würden. Fernziel, während meiner Tätigkeit im Finanzministerium von mir niemals genannt, war es, irgendwann einmal zu einem tripolaren Festkurssystem nach dem Muster des EWS überzugehen. Die Währungswelt sollte dann aus drei Leitwährungen bestehen, US-Dollar, Euro und Yen, die Währungen anderer Länder sollten sich in irgendeiner Form an diese drei Leitwährungen ankoppeln, die Kursentwicklung dieser drei Weltwährungen gegeneinander sollte ausschließlich von gesamtwirtschaftlichen Daten, von volkswirtschaftlichen Notwendigkeiten bestimmt sein, nicht aber geprägt werden von irregulären Ereignissen, von Erwartungen, losgelöst von tatsächlichen oder absehbaren ökonomischen Fundamentalfaktoren, von irgendwelchen Zufallseinflüssen. Das, so meinte ich, könnte ein Weg sein, Finanzmärkte, vor allem den Devisenmarkt, in den Dienst eines stabilen und inflationsfreien Wirtschaftswachstums zu stellen. Finanzmarktkrisen, wie in Südostasien, könnten dadurch vielleicht vermieden werden. Ziel war es also, einen Beitrag zur Krisenprävention zu leisten. Und das ist nur möglich bei intensiverer Kooperation im Bereich der G 7. Hierzu wollte ich einen Einstieg erreichen.

Man mag fragen, was uns Finanzmarktkrisen in fernen Ländern, in Fernost, Südostasien, Brasilien überhaupt angehen. Probleme und Krisen sind allein vor Ort zu lösen, könnte man meinen. Und was hat das internationale Währungssystem damit zu tun, was die Kursentwicklung an den Devisenmärkten, scharfe Aufwertungen oder Abwertungen der Währungen der großen Industrieländer gegeneinander? Wie soll das zu krisenhaften Entwicklungen in Schwellenländern führen, in Indonesien, Thailand oder Korea, wenn die Wechselkurse der Währungen dieser Länder gegenüber dem US-Dollar als wichtigste Weltwährung stabil gehalten werden? Und wenn schon, was geht uns das an?

1997 wurden nacheinander einige asiatische Länder in einer wahren Epidemie von Finanzmarktkrisen heimgesucht. Die Folgen für diese Länder 1998: Rückgang des Bruttoinlandsprodukts in Indonesien um 13 %, in Süd-Korea um 6%, in Malaysia um 8%, in Thailand um gut 9%. Die Folgen für den deutschen Export in Schwellenländer Südostasiens 1998: Rückgang um 25%. Schon deshalb sind krisenhafte Erscheinungen an Finanzmärkten weit entfernter Länder für die Wirtschaftspolitik und für die wirtschaftliche Entwicklung auch in den großen Industrieländern von erheblicher Bedeutung.

Finanzmarktkrisen folgen keinem stets gleichen Drehbuch. Aber fast immer spielen Fehlentwicklungen von Wechselkursen an den Devisenmärkten eine Rolle, gelegentlich auch der Währungen von Ländern, die später von Finanzmarktkrisen verschont bleiben. Das wirtschaftliche Debakel, in das Thailand 1997 geraten war, ist hierfür ein Beispiel. Ihm ging die dramatische Verschärfung der wirtschaftlichen Krise Japans ab 1995 voran. Damals kam es in Japan zu ersten Bankenzusammenbrüchen, andere Institute hatten zunehmende Schwierigkeiten, Vorschriften für Eigenkapital und Liquidität einzuhalten. Dieser krisenhaften Entwicklung des Bankensystems Japans war eine scharfe reale Aufwertung des japanischen Yen vorausgegangen, so gegenüber dem US-Dollar, der Währung des Landes, das den größten Teil japanischer Exportgüter aufnimmt, um rund 50% innerhalb eines Jahres. Das verteuert Exportprodukte Japans auf Absatzmärkten im Ausland um den gleichen Prozentsatz, werden Wechselkursänderungen in vollem Umfang in Exportpreise einkalkuliert.

Das muß den Export gravierend beschneiden. Aber der hohe Exportüberschuß Japans ging kaum zurück. Das war nur möglich, weil Verluste im Exportgeschäft mit dem Ziel hingenommen wurden, Marktanteile auf Auslandsmärkten zu halten. Aber nicht nur die großen Exportunternehmen Japans schrieben als Folge der abrupten Aufwertung des Yen rote Zahlen, auch viele inländische Zulieferer der Exportwirtschaft, meist kleine und mittlere Unternehmen. Gedrückte Gewinne oder gar Verluste vieler Unternehmen hatten zur Folge, daß die Kreditgewährung japanischer Banken an die Wirtschaft zurückging. Vor allem kleine und mittlere Unternehmen mußten das spüren, ihre Investitionen schrumpften drastisch, Japan fiel in eine Rezession. Zugleich wurde wegen unsicherer Zukunftsaussicht der private Verbrauch eingeschränkt, die Sparquote der privaten Haushalte stieg auf den höchsten Wert seit den sechziger Jahren. Japanische Banken wurden mit privaten Ersparnissen geradezu überschwemmt, während ihre Ausleihungen an die inländische Wirtschaft weiter zurückgeführt wurden. Statt dessen verstärkten sie die Kreditgewährung an Unternehmen in südostasiatischen Ländern, die seit vielen Jahren hohes und ungebrochenes Wirtschaftswachstum aufgewiesen hatten. Das schien auf hohe Unternehmensgewinne hinzudeuten, mithin auf die Möglichkeit risikoloser Kreditgewährung. Die Banken versandten Kreditvergabeteams in diese Länder, die japanische Ausleihemaschine kam auf höchste Touren. Denn es wurde nach Investitionsprojekten in Volkswirtschaften mit guten Fundamentalfaktoren Ausschau gehalten, um auf diese Weise die eigene Ertragsschwäche zu beheben.

Das Kreditengagement japanischer Banken in Ländern dieser Region wurde dadurch unterstützt, daß die Zentralbank Japans den inländischen Geschäftsbanken nahezu unbegrenzt Kredite zu einem eher symbolischen Zinssatz von 0,5 % bereitstellte, um Liquiditätsengpässe des Bankensystems zu vermeiden. So konnten japanische Banken nahezu jeden Kreditwunsch thailändischer Unternehmen zu sehr niedrigen Zinssätzen erfüllen. Das war eine Konstellation, der potentielle Kreditnehmer in Thailand kaum widerstehen konnten, zumal bei festen Wechselkursen des Baht, der Währung Thailands, gegenüber dem US-Dollar angenommen werden konnte, daß bei einem absehbaren Abbau der Überbewertung des Yen gegenüber dem Dollar der Baht gegenüber dem Yen künftig aufwertet, mit der Folge einer weiteren Verringerung der Kosten von in Yen aufgenommenen Bankkrediten. Deshalb wurden Kredite für Projekte beantragt und gewährt, deren Ertragsaussichten bei genauerem Hinsehen höchst zweifelhaft waren. Dies wurde lange Zeit unterlassen. Als es später nachgeholt wurde, kam es zu einem abrupten Abzug von Mitteln japanischer Banken aus dem Finanzsystem Thailands. Banken gingen reihenweise in den Konkurs, Krisen einzelner Geschäftsbanken wurden zu einer Finanzmarktkrise, der Baht stürzte an den Devisenmärkten ab, Finanzsysteme und Währungen anderer Länder wurden angesteckt, es kam zu Abwertungen von Währungen in dieser Region um 50, 60 oder gar 70%. Die Wirtschaftskrise war da.

Abwertungen von Währungen dieser Größenordnung verteuern den Import entsprechend. Insbesondere für die Industrien der aufstrebenden Schwellenländer war das verheerend, die Produktion kam in vielen Bereichen zum Stillstand, weil zu importierende Vorleistungen, so Rohstoffe, aber auch Maschinen und Ausrüstungsgüter weder bezahlbar noch mittels Bankkrediten finanzierbar waren. Viele Millionen Menschen gerieten in existentielle Not, durch Arbeitslosigkeit, Vermögensverluste, Überschuldung, Absinken des Einkommens unter die in südostasiatischen Ländern gewiß nicht hohe Armutsgrenze. Es wird viele Jahre dauern, die Folgen der Wirtschaftskrise dieser Region zu überwinden.

Finanzmarktkrisen haben stets mehrere Ursachen. Ein auslösender Faktor der Krisen des Jahres 1997 aber war die scharfe Aufwertung des japanischen Yen, die jeden Bezug zu ökonomischen Größen verloren hatte. Das künftig zu vermeiden helfen, hatte ich mir vorgenommen.

Die Mitarbeiterinnen und Mitarbeiter meiner Abteilung mußten für dieses Ziel gewonnen und in die inhaltliche Arbeit eingebunden werden. Anlaß hierfür gab die Vereinbarung zwischen den Stellvertretern der Finanzstaatssekretäre der G 7-Länder, konzeptionelle Papiere zu sechs Problemfeldern im Zusammenhang mit der angestrebten Reform der internationalen Finanzarchitektur zu erstellen. Grundlage hierfür war die Entscheidung der Regierungschefs der G 7-Länder vom 30. Oktober 1998 in Manchester. Das wurde unter dem Vorsitz der britischen Regierung beschlossen und an den Nachfolger weitergegeben, also die Regierung der Bundesrepublik Deutschland. Aus der Vielzahl der dort aufgeworfenen Fragen, die bei der Reform der internationalen Finanzarchitektur zu lösen sind, wurden sechs zentrale Bereiche herausdestilliert:

- Mechanismen, um den privaten Sektor bei einer Krisenlösung stärker einzubinden.
- Währungssysteme und damit zu vereinbarende makroökonomische Politik.
- Stärkung des Interim- und Development-Commitee.
- Vorschläge zur Stärkung des Internationalen Währungsfonds.
- Maßnahmen der Wirtschaftspolitik, um die besonders Verletzlichen einer Gesellschaft im Falle einer Finanzmarktkrise zu schützen.
- Notwendige Regulierungen von Finanzmärkten in Industrieländern.

Wir hatten das Thema »Währungssysteme und angemessene Makropolitik« übernommen. Die Inhalte des zu erstellenden Papiers wurden von mir vorgegeben. Mir war klar, was darin zu stehen haben sollte. Aber es war notwendig, andere in der Abteilung hierfür zu motivieren. So gab ich in einer Besprechung Vorgaben. Etwa die Hälfte des zu erstellenden Beitrags hatte ich für mich reserviert. Andere Bereiche sollten von Mitarbeiterinnen und Mitarbeitern übernommen werden. Für den 12. Februar war vorgesehen, daß die Stellvertreter der Finanzstaatssekretäre der G 7-Länder die verabredeten Papiere zur Reform der internationalen Finanzstruktur abgeben. Das war für uns ein wichtiger Termin. Und es war mein Anliegen, ihn exakt einzuhalten. Deshalb hatte ich in mehreren Gesprächen mit Interessierten meiner Abteilung und anderer Abteilungen meine Vorstellungen hinsichtlich des deutschen Papiers zur Stabilisierung des Währungssystems präzisiert und kleinere Aufgaben hierzu verteilt. Ende Januar kam es zu einer ersten Redaktionssitzung. Die eingereichten Beiträge waren teilweise unbrauchbar. Ich schrieb sie neu. Es kam zu einer neuen Redaktionskonferenz. Hierbei war es mein Ziel, vor allem jene Schreiber von Teilen des konzeptionellen Papiers, die mich nicht überzeugt hatten, dafür einzunehmen, meine Neufassungen als Ergebnis ihres eigenen Nachdenkens akzeptieren zu können. Mir scheint, daß dies gelang. Jedenfalls gab es keine Einwände. Abgabetermin für die überarbeiteten Fassungen der Teile war Freitag, der 5. Februar. Am Wochenende wollte ich die Teile zusammenfügen, danach das Ergebnis in einer letzten Redaktionskonferenz besprechen und den Beitrag zur Übersetzung geben.

Es war vereinbart worden, daß ich vor meinem Abflug am späten Nachmittag nach München zur Teilnahme an der Konferenz in Gmund am Tegernsee die einzelnen Beiträge als Teile des konzeptionellen Papiers zur Stabilisierung des Währungssystems erhalten sollte. Nachdem ich die Diskussion zwischen Delegationen der Bundesbank und des Finanzministeriums hatte verlassen müssen, raffte ich in aller Eile zusammen, was mir von meinem Sekretariat vorgelegt wurde. Später, nämlich in Trier, bemerkte ich, daß mir vor allem jene Teile mitgegeben wurden, die von mir verfaßt worden waren. Niemand hatte den Termin zur Abgabe von Teilen des von mir zu erstellenden Papiers eingehalten. Später stellte sich heraus, daß sie bei P. gelandet waren und er sie nicht an mich weitergegeben hatte. Ein bedauerlicher Zufall? Wieder einmal Schusseligkeit? Ich habe da meine Zweifel.

Dennoch gelang es mir, in den ersten Tagen der folgenden Woche das konzeptionelle Papier zur Stabilisierung des Währungssystems abzuschließen. Es wurde in die englische Sprache übersetzt, von mir noch einmal durchgesehen, danach am 12. Februar, wie vereinbart, an die Kollegen der G 7-Länder gefaxt. Ich war froh darüber. Zum ersten Mal seit Beginn meiner Tätigkeit im Bundesfinanzministerium hatte ich ein Gefühl der inhaltlichen Befriedigung mit meiner Arbeit. Hier war etwas gelungen. Mir gefällt das Papier. Es zeigt klar Probleme falscher Wechselkurse und Konsequenzen für die Wirtschaftspolitik auf. Im übrigen waren wir das einzige Ministerium, das den vereinbarten Termin zur Abgabe konzeptioneller Papiere eingehalten hatte. Alle anderen warteten auf unsere Vorgabe, wohl deshalb, um sich daran zu orientieren. Es war wohl neu, sich zu Fragen der Konzeption des internationalen Finanzsystems in schriftlicher und deshalb angreifbarer Form zu äußern.

Der dritte Problembereich im Zusammenhang mit Fragen zur Stabilisierung der Finanzarchitektur war die Umgangsweise im Kreis der Stellvertreter der Staatssekretäre der Finanzministerien der G 7-Länder. Sieben Länder, zwei Wirtschaftswissenschaftler, einer davon mit einer Ausbildung in Chicago. Die anderen hatten irgendeine andere Hochschulausbildung hinter sich gebracht. Einer hat, wie bereits erwähnt, einen Abschluß in »Asian Studies« vorzuweisen. Ein anderer ist als Absolvent einer Elitehochschule für künftige Verwaltungsbeamte in Ministerien mit der Ökonomie von Finanzmärkten nicht vertraut und daran auch nicht interessiert. Ein dritter ist wohl Biologe, ein meist zurückhaltender Mann mit der Gabe, Argumente anzuhören und sich ein Urteil zu bilden, aber eben kein Fachkollege und deshalb allzu häufig dem unbestreitbaren Charme des Vertreters der USA erlegen. Ein vierter Kollege saß vor allem dabei, äußerte sich fast nie, jedenfalls nicht zu inhaltlichen Fragen. Schließlich hatte sich ein Teilnehmer der Gruppe als stiller Zuhörer von Diskussionen definiert. Nickte er einmal bei meinen Diskussionsbeiträgen in zustimmender Weise mit dem Kopf, so sackte er sofort in sich zusammen, wenn jemand Widerspruch anmeldete. Und das war fast immer der Fall. So blieb allein ein Mitglied des Kreises der Stellvertreter der Finanzstaatssekretäre als fachlich ernstzunehmender Diskussionspartner der G 7-Länder übrig. Aber der hatte halt in Chicago promoviert, war deshalb Anhänger einer marktradikalen wirtschaftspolitischen Sichtweise, die dem kontinentaleuropäischen Verständnis nicht entspricht. Zudem war er an inhaltlichen Fragen wenig interessiert, er machte seinen Job mit dem Ziel, sich ja nicht zu exponieren, um sich keiner Kritik aussetzen zu müssen. Die anderen Teilnehmer dieser Runde waren von fachlichen Kenntnissen über Instabilitätspotentiale an Finanzmärkten weitgehend unberührt. Aber einige äußerten sich hierzu dennoch in überaus bestimmter Manier. Das also waren meine Arbeitsbedingungen in diesem Kreis. Es hätte wirklich besser kommen können.

Die Konferenz der Finanzminister und Notenbankgouverneure der G 7-Länder

Ich war zu dieser Zeit auf zwei Termine fixiert, auf die Konferenz der Finanzminister und Notenbankgouverneure der G 7-Länder am 20. Februar im Gästehaus der Bundesregierung auf dem Petersberg bei Bonn und auf den 11. März, das Seminar von 33 Ländern zur Diskussion von drei Themen zur Stärkung der internationalen Finanzarchitektur, ebenfalls auf dem Petersberg. Ich war auf beide Treffen sehr gespannt. Am 20. Februar hatte ich zudem ein Treffen der Stellvertreter der Finanzstaatssekretäre der G 7-Länder zu leiten. Dabei sollten auch Konzeptionen zur Gestaltung stabilerer Wechselkurse diskutiert werden.

Die G 7-Konferenz war ein eindrucksvolles Ereignis. Der Aufwand zur Sicherung dieser Veranstaltung übertraf noch jenen der ASEM-Konferenz von Ende Januar, wenngleich die Sicherungsmaßnahmen in einem Hotel auf einem Berggipfel in der Nähe Bonns weniger stark bemerkbar waren als im Einzugsbereich des Frankfurter Flughafens. Die Organisation der Veranstaltung war glänzend. Der Veranstaltungsort war toll, oberhalb des Rheins, prächtiger Blick, schönes Wetter, großes Buffet, das war alles beeindruckend. Aber die Ergebnisse waren es nicht. Das gilt für die Konferenz der Finanzminister und Zentralbankchefs, auch für das Treffen der Stellvertreter der Finanzstaatssekretäre. Ein Kollege warf mir in der Diskussion meiner Vorschläge zur Stabilisierung der Devisenmärkte vor, ich würde die Kooperation zwischen den G 7-Ländern stören. Wie kam ich zu dieser grenzenlosen Überschätzung? Was konnte damit gemeint sein? Wohl nur, daß jeder konzeptionelle Vorschlag stört, weil das Aktivitäten anderer Länder erzwingt. Und dieser Kritiker gehört gewiß nicht zu jenen, die es lieben, sich in der Arbeit und in kontroversen Diskussionen aufzureiben. Das habe ich allerdings erst später so interpretiert. Ein anderer Kollege zeigte sich während meines Vortrags über Möglichkeiten zur Stabilisierung des Währungssystems amüsiert. Immer wieder murmelte er »No confidence«. Andere nickten daraufhin, das waren die Kommentare. Francis Mayer ergänzte, wie das seine Art ist, wenn er etwas nicht versteht oder ihn die Diskussion nicht interessiert: »We must check it« und wollte fortan allein über internationale Verschuldung und vor allem über den Pariser Club reden, schließlich ist er sein Präsident. Das Ergebnis war für mich enttäuschend, weil es mir nicht gelungen war, ein inhaltliches Verständnis zur Notwendigkeit stabilerer Wechselkurse zu erzeugen. Hinterher wurde ich vor dem Konferenzraum ungewollt Zuhörer eines Gesprächs zwischen einem Teilnehmer an dem Meinungsaustausch und einem Mitglied der Delegation dieses Landes, in dem berichtet wurde. Man war amüsiert. Man fand es witzig, wenn plädiert wird, für stabilere Wechselkurse zu sorgen. Für mich war das nicht sehr erheiternd.

An dem Gespräch der Stellvertreter der Staatssekretäre der Finanzminister der G 7-Länder hatte ein Referatsleiter der Abteilung als Protokollführer teilgenommen. P. hatte versucht, wenigstens zuhören zu dürfen. Immer wieder kam er vor Beginn der Sitzung auf mich zu, sagte mir, Francis Mayer oder irgend jemand sonst aus dem Kreis meiner Diskussionspartner würde keinen Einwand erheben, wenn er als stummer Beobachter teilnähme. Das war lästig. Francis Mayer fragte mich, ob es hier üblich sei, daß an derartigen Gesprächen auch untergeordnete Beamte teilnehmen könnten. Mir war das alles peinlich. Ich konnte die Teilnahme von P. an dem Gespräch nicht zulassen. Das erinnert mich an einen Aufzug in dem Theaterstück »Ein Sommernachtstraum« von William Shakespeare. Aus einer Sektlaune heraus beschließt man, nachts im Wald Tiere zu imitieren, und jeder will einmal Löwe sein. Aber P. ist in der Hierarchie eines Ministeriums nun einmal kein Löwe.

Zu verstehen ist das nur, wenn bedacht wird, daß sich P. als nahezu selbstverständlicher Nachfolger des im Zuge des Regierungswechsels entlassenen Leiters der Abteilung gesehen hatte. Schließlich ist er Mitglied der SPD. Es war ihm nicht möglich zu akzeptieren, daß die Übernahme eines Amtes auch die Fähigkeit verlangt, zu inhaltlichen Fragen Stellung beziehen zu können. Das kann er nicht. Er hat während meiner Tätigkeit im Bundesfinanzministerium ein einziges Mal ein inhaltliches Gespräch mit mir versucht, zu Fragen der Zinswirkungen öffentlicher Verschuldung, zu »crowding out«. Er ist für seinen Diskussionspartner bei wirtschaftlichen Fragen geradezu entwaffnend ahnungslos, kennt allein Begriffe und Schlagworte, ist an konzeptionellen Fragen aber nicht interessiert, politischer Manager, von Ökonomie versteht er nichts. Dieser Mangel ist auch nicht dadurch zu übertünchen, daß er der Auffassung ist, sich ständig zu Wort melden zu müssen. Wird es ihm nicht erteilt, so begleitet er Beiträge anderer mit unüberhörbaren Grunzlauten. Er kann es eben nicht.

Das erinnert an Frage und Antwort des Obergauners in dem Fernsehfilm »Der Schattenmann«, dargestellt von Mario Adorf: »Warum leckt sich ein Rüde die Eier? Weil er's kann.« Was man nicht kann und niemals können wird, soll man nicht versuchen. Das gilt auch für Beamte. Für mich war klar, daß P. künftig mit ökonomischen Fragen nicht mehr betraut werden darf. Die Abteilung sollte demnächst zwei Unterabteilungen aufweisen, eine, die sich mit internationalen Finanz- und Verschuldungsfragen befaßt, die andere mit Währungsthemen und internationaler Zusammenarbeit. P. sollte sich künftig um die Buchhaltung der internationalen Verschuldung und der Kreditgewährung des Bundes an das Ausland kümmern.

Dem Treffen der Finanzminister und Notenbankgouverneure der G 7-Länder folgte eine Pressekonferenz. Ich habe mir das angehört. Oskar Lafontaine wirkte wenig souverän. Heiner Flassbeck sagte mir später, der Minister habe auf der Pressekonferenz die Möglichkeit verschenkt, Punkte für ein stabileres Finanzsystem der Welt zu machen, die Diskussion sei besser gelaufen, als es der Presse vermittelt wurde. Im nachhinein kann ich das nur so interpretieren, daß Oskar Lafontaine bereits zu dieser Zeit einen Schlußstrich unter sein politisches Leben gezogen hatte.

So waren dann auch die Kommentare der Presse zum Treffen der G 7-Finanzminister und Notenbankpräsidenten: enttäuschend, neben dem Tietmeyer-Forum mit dem Ziel des Austauschs von Informationen zur Mikrostruktur der Finanzmärkte keine Ergebnisse, viel Lärm um fast nichts. In »The Wall Street Journal Europe« war von einer verpaßten Gelegenheit die Rede, sich auf einen Politikansatz zur Förderung dringend notwendiger Preisstabilität nach innen und Wechselkursstabilität nach außen zu verständigen. Weiter heißt es, jeder Fortschritt auf dem Weg zu einer stabileren internationalen Finanzarchitektur wird davon bestimmt, den Geldwert stabil zu halten, national wie zwischen Währungen verschiedener Länder. Der Beitrag schließt ab mit dem enttäuschten Fazit:

> *Die Finanzminister hatten in Bonn Gelegenheit, ihren großen Einfluß zu nutzen, um ihre Vision für die Zukunft des Weltfinanzsystems zu entwerfen, solide gegründet auf einem vom privaten Sektor getragenen Wirtschaftswachstum, Währungsstabilität, geringeren Staatseingriffen und steigenden Einkommen. Leider – und vorhersehbar – wurde diese Chance vertan.*

Dieser Kommentar entspricht meiner Einschätzung des Ergebnisses. Wozu dieser gewaltige Aufwand mit x-maligen vorbereitenden Konferenzen der Finanzstaatssekretäre, ihrer Stellvertreter, der Finanzexperten der G 7-Länder, warum das Anfertigen konzeptioneller Papiere, um Wege für größere Stabilität der Finanzmärkte aufzuzeigen, weshalb das qualvolle und nahezu endlos anmutende wochenlange Ringen um das Abschlußkommuniqué, erst einige Zeit nach Beendigung des Treffens abgeschlossen und garantiert nahezu inhaltslos, deshalb auch kaum gelesen, wenn von Anfang an feststeht, daß nichts beschlossen wird? Es war deprimierend, erkennen zu müssen, daß gegen die Hohepriester radikalen Wirtschaftsliberalismus nicht anzukommen ist. Dann aber war es auf absehbare Zeit nahezu aussichtslos, im Kreis der G 7-Länder zu Beschlüssen zu gelangen, die dazu führen könnten, neuerliche Finanzmarktkrisen im Ansatz zu vermeiden und im Krisenfall nicht stereotyp mit einem Politikansatz zu reagieren, der allein auf die vermeintlich heilsame Medizin der Rezession setzt. Deshalb sind neue Wege zu erkunden. Das für Mitte März vorgesehene Seminar von 33 Ländern könnte hierzu einen Ansatz bilden. Vielleicht gelingt es ja, in diesem größeren Länderkreis mehr Verständnis für eine Konzeption zu finden, die statt auf Krisenbewältigung mit einem Restriktionsprogramm auf Krisenprävention setzt.

Neuerliche Irritationen

Aber zurück zur Diskussion im Kreis der Stellvertreter der Staatsse-kretäre der Finanzministerien der G 7-Länder. Warum versuchte P., auf nahezu unanständige und sich herabwürdigende Weise Zutritt zur Dis-kussion zu erlangen. Reines Interesse? Oder gab es einen anderen An-reiz? Wenn ja, welcher? Im Finanzministerium war zumindest ein U-Boot tätig, das gegen den Finanzminister arbeitete. Das belieferte die Presse mit internen Aufzeichnungen, Gesprächsfetzen, Mutmaßungen. All das allein, um dem Minister Schaden zuzufügen. Vor allem der »SPIEGEL« war hierfür immer wieder aufnahmebereit. Wie kann sich ein Beamter dafür hergeben, systematisch gegen seinen Dienstherrn zu intrigieren? Vielleicht aus gekränkter Eitelkeit. Vielleicht deshalb, weil der Beamte meinte, bei einem Regierungswechsel eine von ihm angestrebte herausra-gende Position im Ministerium als sein Lebensziel übernehmen zu kön-nen und dann enttäuscht wurde. Vielleicht war das so. Und möglicher-weise erklärt das ein Leck in der Abteilung, vielleicht auch ein geradezu gierig anmutendes Interesse, an möglichst allen Gesprächen teilzuneh-men. Aber vielleicht war alles auch ganz anders, zudem ist all das inzwi-schen Geschichte.

Wie erwähnt, lieferte ich zum Jahresende den von P. angemahnten Bei-trag über makroökonomische Voraussetzungen zur Stabilisierung der internationalen Finanzarchitektur für den Sherpa des Bundeskanzlers zur Vorbereitung des G 7-Gipfels im Juni 1999, Herrn Professor Gretschmann, Abteilungsleiter im Bundeskanzleramt. Das Papier ist hier eingefügt.

---

23. Dezember 1998

Makroökonomische Voraussetzungen stabiler Finanzmärkte

Wenn sich Liquiditäts- oder Insolvenzprobleme einzelner Banken auf das Bankensystem eines Landes ausweiten, können sie bei globalisierten Finanzbeziehungen in einem Domino-Effekt andere Länder infizieren. Derartige systemische Risiken stellen eine Gefahr für die Weltwirtschaft dar.

Immer wieder wird darauf verwiesen, daß Bankeninsolvenzen und die Illiquidität von Banken maßgeblich zurückzuführen sei auf Fehldispositionen und fehlendes Risikomanagement einzelner Banken. Folglich sei die Bankenaufsicht aufgerufen, derartige Fehler durch Regulierungen des Bankwesens auszuschalten.

Aber systemische Risiken sind dadurch allein nicht zu vermeiden. Denn Bankenkrisen, erfassen sie ein Bankensystem, haben nicht nur mikroökonomische Ursachen, sondern auch eine makroökonomische Dimension. Bankensystemkrisen sind eine Erscheinung der letzten zwei Jahrzehnte. Bis in die Mitte der siebziger Jahre kamen Bankenzusammenbrüche nur sehr vereinzelt vor. Bankenkrisen als Krisen ganzer Bankensysteme gab es überhaupt nicht. Diese Phase der Stabilität der Bankensysteme ist Ergebnis einer besonderen historischen Konstellation der Rahmenbedingungen des Finanzsektors. Dabei sind folgende Umstände von Bedeutung:

- Im System von Bretton Woods, also bei festen Wechselkursen, spielen Währungsrisiken und Fehldisposition aus unvorhersehbaren Wechselkursänderungen keine Rolle.
- Die Variabilität von Zinssätzen war dadurch begrenzt, daß die meisten Zentralbanken eine Konzeption der Zinsfixierung verfolgten.
- Zudem gab es staatliche Regulierungen, welche drastische Zinsanpassungen in beide Richtungen weitgehend ausschlossen.
- Weil Zinsänderungs- und Wechselkursänderungsrisiken kaum bestanden, gab es auch keinen Bedarf für Disintermediation, also für die Verlagerung von Kreditbeziehungen zwischen Geschäftsbanken und Nichtbanken zu Direktkreditbeziehungen zwischen Nichtbanken.
- Und schließlich war all das zusammengenommen auch Ursache dafür, daß ein Bedarf an Finanzderivaten mit dem Ziel der Trennung des finanziellen Grundgeschäfts von dem damit verbundenen Risiko nicht bestand.

Man sieht: Das sind makroökonomische Rahmenbedingungen für das Handeln einzelner Finanzierungsinstitute. Sind makroökonomische Bedingungen stabil, sind sie vorhersehbar, so verringern sich auch die Gefahren, an Finanzmärkten eine besondere Risikoposition einzugehen. Die Makroökonomie ist also nicht die Summe des mikroökonomischen Handelns vieler Akteure allein, und das einzelwirtschaftliche Handeln wird entscheidend bestimmt von makroökonomischen Vorgaben.

Diese Voraussetzungen für die Stabilität des Finanzsektors sind seit der ersten Hälfte der siebziger Jahre ausgehöhlt worden. Hierfür gibt es folgende Gründe:

– Zinsschwankungen nahmen Ausmaße an, die zuvor unvorstellbar waren. Sie reflektieren Experimente der Geld- und Finanzpolitik, Ölpreisschocks, Unwägbarkeiten der Kursentwicklung an den Devisenmärkten.
– Unwägbarkeiten der Zinsentwicklung boten Anreize zur Disintermediation, d.h. Umgehung der Banken, wo in vielen Fällen die Zinsen noch staatlich reglementiert waren.
– Seit dem Ende des Festkurssystems von Bretton Woods spielen Währungsrisiken eine erhebliche Rolle.
– Die Freigabe von Wechselkursen suggerierte zudem den Marktteilnehmern den falschen Eindruck, daß jedes beliebige Leistungsbilanzdefizit friktionsfrei, also bei gegebenen Zinssätzen und Wechselkursen finanzierbar sei.
– In vielen Ländern lief die Lohnpolitik aus dem Ruder. Das hatte hohe und stark schwankende Inflationsraten zur Folge, die mit wachsender Unsicherheit bei der Einschätzung der Zins- und Wechselkursentwicklung einhergingen.
– Hohe Leistungsbilanzsalden und steigende Staatsdefizite vieler Industrieländer machten Portfolios privater Anleger geldvermögenslastig. Seitdem genügt das geringste Rumoren, um drastische Umschichtungen der Währungsstruktur von Vermögen auszulösen.
– Die Kursentwicklung bei flexiblen Wechselkursen zeigt häufig hohe

Volatilität und löst sich auch für längere Zeit von als zentral erachteten Wechselkursdeterminanten – der relativen Preis- und Zinsentwicklung und dem Konjunktur- und Wachstumsgefälle zwischen Ländern.

– Die Deregulierung nationaler Finanzmärkte und das Aufheben von Kapitalverkehrsbeschränkungen begünstigte die Globalisierung des Finanzsystems. Diese Globalisierung ging aber nicht einher mit einer neuen Struktur des Weltfinanzsystems, daran orientiert, Unwägbarkeiten der Zins- und Wechselkursentwicklung und sich daraus ergebende Risiken zu begrenzen.

Unmittelbare Folge dieser Entwicklungen waren die Bankensystemkrisen der letzten zwei Jahrzehnte, die nun zu systemischen Risiken für die Weltwirtschaft geworden sind.

Damit zeigt sich: Krisen des Finanzsektors sind nicht schon dann ausgeschlossen, wenn die einzelnen Geschäftsbanken ein modernes Risikomanagement befolgen. Die makroökonomischen Risiken werden damit nicht ausgeräumt. Diese Makrorisiken verbleiben als systemische Risiken, das gilt für das Finanzsystem eines jeden Landes, ebenso aber auch für Finanzsektoren anderer Länder, wenn Dominoeffekte auftreten, wie in Südostasien zu beobachten.

Notwendig ist eine grundlegende Neuorientierung des Weltfinanzsystems. Es genügt nicht, im Bereich nationaler Bankenaufsicht auf die Risikovorsorge der einzelnen Banken zu achten. Die Bankenaufsicht setzt bei den einzelnen Banken an, weil dahinter die Vorstellung steht, daß ein Finanzsystem gesund ist, wenn jede einzelne Bank keine Liquiditätsschwierigkeiten hat. Makroökonomische Risiken werden nicht ausgeschaltet oder verringert, auch nicht durch Verwendung von Finanzderivaten. Kann die das Risiko übernehmende Partei der Zahlungsverpflichtung im Falle des Eintretens einer Verlustposition nicht nachkommen, so gelingt es auch der Gegenpartei nicht, sich von Finanzmarktrisiken zu befreien. Es besteht eine positive Korrelation zwischen Makrorisiken und den (mikroökonomischen) Risiken der einzelnen Finanzinstitute. Stets bestehen Abhängigkeiten der Geschäfte von Finanzinstituten von makroökonomischen Faktoren, wie Zinssätzen, Wechselkursen, der Konjunktur. Eine Konzeption, die vor allem darauf setzt, durch Regulierung einzelner Institute die Risikoposition des Finanzsektors zu senken, wird die tatsächliche Risikosituation kaum begrenzen können. Deshalb ist es notwendig, die mikroökonomischen und makroökonomischen Aspekte systemischer Risiken des Finanzsektors und die Zusammenhänge zwischen ihnen besser zu erfassen, systemische Risiken des Finanzsektors als ein im Kern makroökonomisches Problem zu erkennen.

Folglich sind makroökonomische Risiken zu senken. Das geht nicht aus der Sicht eines einzelnen Landes allein. Wir brauchen eine stabilere Entwicklung von Zinssätzen, eine größere Vorhersehbarkeit von Wechselkursänderungen, systematische Zusammenhänge zwischen Fundamentalfaktoren und Finanzmarktpreisen sowie Finanzmarktrenditen. Das erfordert eine Zinspolitik, die in den einzelnen Ländern auf die Verstetigung der Zinsentwicklung achtet, auf der Ebene der Weltwirtschaft eine bessere Abstimmung zinspolitischer Maßnahmen. Das erfordert ferner eine erkennbare Systematik fundamentaler ökonomischer Größen für die Wechselkursentwicklung. Erforderlich sind von außermarktmäßigen Instanzen gestaltete Wechselkurse, nicht aber Wechselkurse, die phasenweise ausschließlich von Erwartungen bestimmt werden, ganz gleich, ob sie fundamental begründet sind oder nicht, unabhängig davon, ob Erwartungen später von der Realität bestätigt oder widerlegt werden. Erst bei einer stabileren Wechselkurs- und Zinsentwicklung, abgestimmt zwischen den großen Währungsräumen der Welt, wird es gelingen, systemische Risiken im Finanzsektor zurückzudrängen.

Der »SPIEGEL« notierte dazu in Heft 6/1999:

Verwundert registrierten Amerikaner und Briten, daß Klaus Gretschmann, Abteilungsleiter Wirtschaft im Kanzleramt, sich schämte, ein Konzept des Finanzministeriums zu präsentieren. Darin plädierten Lafontaines Währungs-

experten für eine verstärkte internationale Zusammenarbeit
und stabile Wechselkurse.

Er habe das Papier zwar in seiner Aktentasche dabei, be-
richtete Kanzlerberater Gretschmann der verblüfften Run-
de. Es sei aber so schlecht, daß er es niemandem zumuten
wolle.

Später wurde versucht, den Urheber dieses beleidigenden Unsinns zu
ermitteln. Klaus Gretschmann versicherte Heiner Flassbeck, daß er nicht
Quelle dieser Meldung sei. An einem Gespräch im Bundeskanzleramt
über den Beitrag hatten nur einige wenige Ministerialbeamte teilgenommen. Darunter war P.. Heiner Flassbeck entschied später, P. mit Aufgaben außerhalb des Ministeriums zu betrauen.

Das Interview mit der »Welt am Sonntag« am 14. Februar 1999
schlug hohe Wellen. Am Donnerstag – Weiberfastnacht – zuvor hatte ich
versucht, jemanden in der Leitung des Ministeriums zu erreichen, um
meine Interview-Absichten anzumelden. Das gelang nicht. Der persönliche Referent von Heiner Flassbeck sagte mir, nichts würde dagegen sprechen, daß ein Abteilungsleiter ein Zeitungsinterview gibt. Etwas anderes
hätte ich auch nicht akzeptiert. Schließlich hatte ich mich seit vielen Jahren immer wieder auf diese Weise zu aktuellen Fragen der Wirtschaftspolitik geäußert.

Das hier eingefügte Interview fand ich gelungen. Es war nichts zu lesen, was nicht bereits zuvor in dem akzeptierten Positionspapier des Ministeriums zur Stabilisierung des Währungssystems zu finden war.

»Wir brauchen Regeln«

In immer kürzeren Abständen stürzen Währungsturbulenzen Volkswirtschaften in eine Krise.
Dieser Irrsinn muß beendet werden, meint Wolfgang Filc

Welt am Sonntag: Herr Filc, in knapp einer Woche treffen sich in Bonn die Finanzminister und Notenbankpräsidenten der G 7-Länder. Welche Rolle spielt der Gastgeber Deutschland?

Wolfgang Filc: Wir wollen mit den G 7-Ländern ein weltumspannendes, stabiles Finanzsystem schaffen, um zu verhindern, daß Spekulanten ganze Volkswirtschaften in die Armut stürzen und die schwächsten Bevölkerungsschichten größeres Leid ertragen müssen.

Welt am Sonntag: Die deutsche Regierung wirbt beim G 7-Treffen für mehr Menschlichkeit?

Filc: Das wirtschaftliche Elend in der Welt ist eine wichtige ethische Frage. Unsere Vorstellung zur Finanzarchitektur zielt deshalb darauf ab, daß es den Menschen überall in der Welt besser geht. Denn ineffiziente Finanzmärkte führen zu Rezession, Arbeitslosigkeit oder Inflation. Zudem kann man eine Finanzkrise nicht auf ein Land begrenzen. Die Krise schwappt wegen der Globalisierung auf die ganze Welt über, und das Management von Krisen des Finanzsystems kann nicht immer wieder zu Lasten der Steuerzahler gehen, während Spekulanten die Krisengewinner sind.

Welt am Sonntag: Muß man nicht zwischen guten und schlechten Spekulanten unterscheiden?

Filc: Deshalb wollen wir ja auch Regeln schaffen, also Leitplanken, keinen Käfig. Malaysia hat zum Beispiel Kapitalverkehrskontrollen eingeführt, um zu verhindern, daß die Währung abstürzt und das gesamte Finanzsystem des Landes infiziert wird. Dadurch werden aber nicht nur schlechte, sondern auch gute Kapitalimporte abgeblockt. Das wollen wir nicht. Wir brauchen Regeln, damit die Wechselkurse nicht plötzlich verrückt spielen, wie zum Beispiel in Süd-Korea, wo die Währung zunächst um 70 Prozent abgewertet und dann um 30 Prozent aufgewertet wurde.

Welt am Sonntag: Was schlagen die Deutschen konkret vor?

Filc: Wir schlagen die Gründung einer Institution vor, einen sogenannten »Informations-Broker«, bestehend aus den Finanzministern und Notenbankchefs der G 7-Länder. Aufgabe dieses Gremiums ist es, Finanzmarkt-Daten zu analysieren und daraus wirtschaftspolitische Schlußfolgerungen zu ziehen. Das gilt vor allem für die Wechselkurse. Bei starken Kursänderungen, vielleicht ab zehn Prozent, tritt dieses Gremium zusammen, erläutert die Situation und erklärt, ob wirtschaftspolitische Korrekturmaßnahmen geboten sind. Werden instabile Verhältnisse und Fehlentwicklungen diagnostiziert, so muß gegengesteuert werden.

Welt am Sonntag: Wie macht man das?

Filc: Indem man Spekulanten Verluste zufügt. Da gibt es eine Vielzahl möglicher Maßnahmen.

Welt am Sonntag: Welche denn?

Filc: Man könnte zum Beispiel bei Devisenkassa-Geschäften den Zeitraum zwischen Auftrag und Auftragserfüllung von zwei auf vier oder mehr Werktage erhöhen. Das kostet die Notenbank keinen Pfennig, ist aber sehr wirksam. Denn je länger der Zeitraum zwischen Auftrag und Erfüllung, desto größer das Verlustrisiko aus einer Devisenspekulation.

Welt am Sonntag: Im Ausland spricht man von »Lafontaines Machenschaften«. Er wolle die Finanzmärkte an die Kandare nehmen, heißt es.

Filc: Ich kenne solche Sprüche. Wir haben nichts vor, was die Finanzmärkte behindert, einschnürt oder knebelt. Ganz im Gegenteil. Die Finanzmärkte sollen ausschließlich in den Dienst der Beschäftigung und eines hohen wirtschaftlichen Wachstums gestellt werden. Dabei haben die G 7-Länder eine besondere weltwirtschaftliche Verantwortung. Fast die Hälfte des Weltsozialprodukts entsteht in den G 7-Ländern, und rund 80 Prozent der weltweiten Finanztransaktionen werden in Dollar, Euro und Yen abgewickelt. Wir müssen uns zunächst fragen, wie wir Stabilität zwischen diesen drei Währungen erreichen, und dann, wie wir andere Länder daran ankoppeln. Wir wollen stabilere Wechselkurse – und das weltweit.

Welt am Sonntag: Hat die erfolgreiche Einführung des Euro diesen Gedanken beflügelt?

Filc: Ich denke schon. Es gibt Auswüchse an Devisenmärkten, die dazu führen, daß die Zinsentwicklung in einem Land von der Zentralbank überhaupt nicht mehr beeinflußt werden kann. Die Bank wird dann zu einem Spielball der Devisenmärkte. Das kann doch nicht sein. Früher glaubte man, daß sich selbst überlassene Finanzmärkte stets zu effizienten Lösungen kommen. Das ist widerlegt worden. Heute fragt man, was ist zu tun, damit gelegentliche Ineffizienzen ausgeglichen werden.

Welt am Sonntag: Der deutsche Vorstoß könnte an den US-Amerikanern scheitern. Die plädieren für freie Märkte.

Filc: Warten Sie doch ab. Aber übernehmen wir mal die amerikanische Perspektive. Die USA sind der größte Wirtschaftsraum der Welt. Überall in der Welt gilt der Dollar. Europäische Sorgen mit den Wechselkursen finden bei Amerikanern deshalb wenig Verständnis. Dieses Denken überrascht mich auch deshalb nicht, weil der US-Dollar trotz des starken Euros die eindeutig dominierende Weltwährung ist. Das muß freilich so nicht bleiben. Es ist durchaus möglich, daß der Euro über kurz oder lang in die Domäne des Dollars eindringt. Wird das auch in den USA erkannt, so wird auch dort das Interesse an einer Stabilisierung des Währungssystems sprunghaft steigen. Deshalb teile ich Ihren Pessimismus nicht.

Ich meinte, mit diesem Interview im Sinne meines Dienstherrn gehandelt zu haben. Welche Fehleinschätzung. Am Montag danach, kaum war ich im Büro, klingelte pausenlos das Telefon. Das Interview war in vielen Zeitungen kommentiert worden. So schrieb die »FAZ« unter der Überschrift *»Regierung ohne neue Pläne für G 7-Treffen«*:

BONN, 14. Februar. Das Bundesfinanzministerium dämpft die Erwartungen an das Treffen der Finanzminister und Notenbankpräsidenten der führenden sieben Industrieländer (G 7), das am nächsten Wochenende in Bonn stattfinden wird. Grundsätzliche Beschlüsse seien nicht zu erwarten, sagte ein Ministeriumssprecher am Sonntag. Die Bundesregierung plane auch keine neue Initiative. Der zuständige Abteilungsleiter, Wolfgang Filc, hatte in einem Zeitungsinterview angekündigt, die Bundesregierung werde vorschlagen, ein Gremium zur Überwachung der Kursschwankungen zwischen Dollar, Euro und Yen einzurichten. Diese »Informations-Broker« sollten bei starken Kursänderungen von »vielleicht 10 Prozent« zusammenkommen, die Situation erläutern und erklären, ob wirtschaftspolitische

Korrekturen geboten seien, sagte er der »Welt am Sonntag«.
Man könne zum Beispiel bei Devisenkassa-Geschäften den
Zeitraum zwischen Auftrag und Auftragserfüllung erhöhen.
Im Finanzministerium hieß es lediglich, das Interview sei
nicht abgestimmt gewesen. Es gebe nicht unbedingt die Li-
nie des Hauses wieder.

Und Hans Barbier von derselben Zeitung kommentierte:

Der Abteilungsleiter Währung des Finanzministeriums
geht mit der hingetupften Skizze einer Weltwährungslen-
kungsgruppe an die Öffentlichkeit. Das Finanzministerium
gibt daraufhin kaum mehr verschlüsselt zu erkennen, wer
ernsthaft und auf eigenes Risiko arbeitend mit Währungen
zu tun habe, der müsse sich um solche Einfälle nicht küm-
mern.

Die gehässige Diktion dieses Kommentars sollte nicht sonderlich irri-
tieren. Das ist die Regel. So schreibt nun einmal dieser Journalist, wenn
er zu wirtschaftspolitischen Konzeptionen Stellung nimmt, die nicht aus
der Sicht des rechten Randes formuliert werden. Aber ärgerlich war, daß
der Pressesprecher des Ministeriums sich in einer Weise zu dem Interview
geäußert haben mußte, die den Eindruck eines Dementis hervorgerufen
hatte. So jedenfalls war ganz überwiegend das Presseecho, im »Handelsblatt«, in der »Süddeutschen Zeitung«, in »DIE WELT« und in der »Ber-
liner Zeitung«.

Der Kommentar nach einem Telefongespräch mit der zuständigen
Redakteurin der »WELT« unter dem Titel »G 7-Gipfel: Bonn fordert
Wechselkurs-Schranken« lautet:

Die Bundesregierung wird auf der G 7-Konferenz trotz
Bedenken der Amerikaner erneut für stärkere staatliche
Eingriffe in die Wechselkurse werben. Es sei eine dauerhaf-

te Kooperation der großen Industriestaaten notwendig, um künftige Krisen im Welt-Finanzsystem zu verhindern, sagt der Leiter der Abteilung Internationale Finanz- und Währungsbeziehungen im Bundesfinanzministerium, Wolfgang Filc, im Gespräch mit der WELT. Ziel müsse es sein, die Wechselkurse zwischen den großen Währungen zu stabilisieren. Dazu müßten die Notenbanken notfalls auch zu Interventionen an den Devisenmärkten bereit sein. Dies sei die Position, mit der das Finanzministerium in die G 7-Gespräche gehe. ...

Finanzminister Oskar Lafontaine sagte in Brüssel, das Ziel, die Wechselkurse zu stabilisieren, werde von niemandem in Frage gestellt. Es gebe lediglich eine Debatte, wie dies zu erreichen sei. Dabei sollte auch diskutiert werden, wie hochspekulative Hedge-Funds besser kontrolliert werden könnten. Filc sagte, Deutschland wolle vorschlagen, einen sogenannten »Informations-Broker« zu schaffen. In diesem Gremium sollten die Finanzminister und Notenbankchefs der G 7-Länder vertreten sein. Sie sollten regelmäßig die Finanzmarkt-Daten analysieren, daraus wirtschaftspolitische Schlußfolgerungen ziehen und diese öffentlich machen. »Wir müssen übergehen von der derzeitigen Ad-hoc-Kooperation zum dauerhaften Gespräch«, sagte Filc. ...

Als Ultimo ratio würden selbstverständlich auch Devisenmarktinterventionen der Zentralbanken eine wichtige Rolle spielen«. Ausgangspunkt für die Bestimmung des »idealen Kurses« muß nach Ansicht von Filc der aktuelle Kurs einer Währung sein. Wenn dieser bestimmte Schwankungsbänder verlasse und dies nicht durch eine »Veränderung der ökonomischen Fundamentalfaktoren« eines Landes gerechtfertigt sei, dann sei es Zeit einzugreifen. Das

Wort »Zielzonen« benutzte Filc nicht. Das Konzept liefe je-
doch genau darauf hinaus, zu versuchen, die Kurse von
Dollar, Euro und Yen in bestimmten Bandbreiten zu halten.
Dies haben die Amerikaner vehement abgelehnt. Sie sind
der Meinung, daß übermäßige Währungsschwankungen
am besten durch eine stabilitätsorientierte Wirtschaftspoli-
tik bekämpft werden können.

Andere Tageszeitungen berichteten abgewogener über das Interview
und enthielten sich eines einseitig negativen Kommentars, so die »Frankfurter Rundschau«, der Bonner »Generalanzeiger« und »The Wall Street
Journal Europe«.
Besonders peinlich für das Finanzministerium war ein Kommentar am
16. Februar 1999 in der »Financial Times«:

Deutschlands Mitte-Links-Regierung wird das G 7-Tref-
fen nutzen, ihre Sichtweise durchzusetzen, die internationa-
len Finanzmärkte strenger zu kontrollieren und abzuschir-
men, um Wirtschaftswachstum und Beschäftigung anzure-
gen.

Jedoch distanzierte sich gestern das Finanzministerium
in Bonn von kontrovers diskutierten Vorschlägen, die von
Wolfgang Filc, dem Leiter der internationalen monetären
Abteilung des Ministeriums, kürzlich eingebracht worden
waren, um der internationalen »Spekulation« am Devisen-
markt Einhalt zu gebieten.

Gemäß Herrn Filc besteht ein Vorschlag darin, die Zeit-
spanne zwischen dem Abschluß eines Devisenkassage-
schäfts und seiner Abwicklung zu verlängern. Dies könnte
Spekulanten abschrecken, in großem Umfang Wetten auf
Wechselkursänderungen abzuschließen.

Herr Filc sagte, Deutschland wolle die Wechselkurse nicht »einkerkern«, vielmehr in eine verantwortungsbewußte Richtung führen, das mit Maßnahmen, die er »Leitplanken« nannte. Er fügte jedoch hinzu: »Wir haben nichts vor, was die Finanzmärkte behindert, einschnürt oder knebelt.«

Die Regierung von Bundeskanzler Gerhard Schröder, die erstmals seit 1982 unter sozialdemokratischer Führung Deutschland wieder bei einem G 7-Treffen repräsentiert, schlägt außerdem die Schaffung einer internationalen Institution vor, die größere Schwankungen an den Devisen- und anderen Finanzmärkten überwachen soll.

Ärgerlich ist dieser Kommentar, weil der Eindruck erweckt wird, das Finanzministerium würde sich von der Absicht distanzieren, Finanzmärkte streng regulieren zu wollen. Für die Anti-Lafontaine-Stimmung vor allem in Großbritannien war das Wasser auf die Mühlen. Dabei ist in meinem Interview nichts angesprochen worden, was von der überwältigenden Mehrheit der Ökonomen nicht geteilt werden könnte.

Eine Woche später war in einem Beitrag von Christian Reiermann, der offenbar seine Lebensaufgabe zeitweilig darauf konzentriert hatte, dem Bundesminister Lafontaine Schaden zuzufügen, im »SPIEGEL« zu lesen:

Ausgerechnet der Welt-Ökonom Lafontaine, der am liebsten die globalen Finanzmärkte zähmen würde, bekommt sein Ministerium nicht in den Griff. Nach mehr als vier Monaten hegen die neuen Herren an der Amtsspitze noch immer tiefes Mißtrauen gegenüber den alteingesessenen Beamten, und die neue, unerfahrene Truppe leistet sich Fehler über Fehler.

Erst in der vergangenen Woche sorgte Lafontaines Abteilungsleiter für internationale Währungspolitik, Wolfgang Filc, mit einem Interview über stabile Wechselkurse für

Aufregung. Prompt wurde er von der Pressestelle demen-
tiert: Das Interview sei nicht von der Spitze des Hauses ge-
nehmigt worden. Zwei Tage später konnte nur mit Mühe
ein weiteres Interview des gelernten Hochschulprofessors
verhindert werden.

Niemals hat jemand von mir verlangt, Interviews genehmigen zu lassen. Niemand hat jemals versucht, zu verhindern, daß ich Interviews
gebe. Ganz im Gegenteil war es das Anliegen der Leitung des Ministeriums, größere Transparenz herzustellen, um zu verhindern, daß in die
Welt gesetzte falsche Gerüchte Schaden anrichten. Wenige Tage vor der
Konferenz der G 7-Finanzmininister und Notenbankgouverneure gab
Heiner Flassbeck im Bundesfinanzministerium hierzu eine Pressekonferenz. Ich saß als Zuhörer in der letzten Reihe. Heiner Flassbeck wurde
gefragt, ob der Inhalt meines Interviews im Gegensatz zur Auffassung
des Ministeriums stehe, stellte sich voll hinter mich, sprach irgend etwas
über »wording«, eine vielleicht nicht immer passende Wortwahl, bekräf-
tigte aber das Ziel, unsere Position zur Stabilisierung des Finanzsystems
zu verdeutlichen.

Diese angestrebte verstärkte Öffentlichkeitsarbeit wird auch darin
ausgedrückt, daß ich am 19. Februar, nach Ankündigung bei der Pressestelle des Ministeriums, im Vorfeld des tags darauf stattfindenden G 7-
Finanzministertreffens in der »Börsen-Zeitung« einen Beitrag unter dem
Titel »Leitplanken für Finanzmärkte« veröffentlichte. Der Beitrag ist eingefügt. Und selbstverständlich ist auch, daß es keine Redaktionskonferenz im Finanzministerium gab, bevor ich einen Beitrag veröffentlichte.
Ich hatte die Freiheit, die ich reklamiert hatte und die ich brauchte.

Leitplanken für die Finanzmärkte
Börsen-Zeitung, 19.2.1999

Die Erfahrungen aus den jüngsten Finanzmarktkrisen haben die Gefährdungspotentiale instabiler nationaler Finanzmärkte sowie internatio-

naler Finanzbeziehungen drastisch aufgezeigt. Finanzmarktkrisen lassen breite Kreise der Bevölkerung schlagartig verarmen, und sie gefährden die politischen und sozialen Grundlagen in den betroffenen Ländern. Zudem wirken regionale Finanzmarktkrisen im Zuge der Globalisierung der Märkte weltweit. Darum ist es eine zentrale wirtschaftspolitische Aufgabe, Schwächen nationaler Finanzmärkte und der internationalen Finanzbeziehungen aufzudecken und zu beheben. Insbesondere muß es darum gehen, das institutionelle Rahmenwerk den Bedingungen globalisierter Finanzmärkte anzupassen.

Gegenwärtig konzentrieren sich Bestrebungen zur Reform der internationalen Finanzarchitektur maßgeblich auf eine verbesserte Transparenz der nationalen Wirtschafts- und Währungspolitik, eine intensivere Finanzmarktaufsicht mit länderübergreifenden Standards, die Einbeziehung des privaten Sektors bei der Bewältigung von Finanzmarktkrisen und die Stärkung internationaler Organisationen – etwa IWF und Weltbank – mit dem Ziel der Krisenvermeidung.

Die Notwendigkeit dieser Reformansätze ist unbestritten. Auf diesem Felde sind in den letzten Jahren Fortschritte erzielt worden, weitere Maßnahmen werden bald umgesetzt werden. Die Erfahrungen der letzten Jahre zeigen allerdings auch, daß sie nicht ausreichen, die Stabilität der Finanzmärkte zu sichern. Denn allein mikroökonomisch orientierte Maßnahmen sind nicht geeignet, systemische Risiken auszuschalten, die auf dem Nährboden starker und nicht einschätzbarer Volatilität von Zinssätzen und Wechselkursen wuchern. Deshalb sind die unerläßlichen strukturellen Reformen der Finanzarchitektur durch ein stabiles makroökonomisches Rahmenwerk zu ergänzen, passend zu den Bedingungen der Freizügigkeit der internationalen Wirtschaftsbeziehungen.

Nationale Maßnahmen genügen nicht

Gewiß, Stabilität beginnt zu Haus. Das gilt für hohes Wirtschaftswachstum bei Preisstabilität und einem hohen Beschäftigungsgrad, ebenso wie für das Verhindern von Bankenzusammenbrüchen, die zu einem Kollaps des Finanzsystems eines Landes führen können. Gewiß ist aber auch, daß Stabilität im Zeitalter der Globalisierung durch nationale Maßnahmen allein nicht erreicht werden kann. Denn kein Land kann sich wirksam vor Infekten schützen, die in einer anderen Region der Welt ihren Ausgang nehmen. Der Rückgang des Wirtschaftswachstums in Europa ist hierfür Beleg. Zur Stabilisierung der weltweiten Wirtschaftsentwicklung ist deshalb eine enge internationale Abstimmung des makroökonomischen Policy-Mix unerläßlich.

Durch Wechselkursänderungen als Reaktion auf international nicht abgestimmte wirtschaftspolitische Maßnahmen, die eine sehr ungleichmäßige gesamtwirtschaftliche Entwicklung nach sich ziehen, sorgen die Märkte häufig für Disziplin, wenn sie wirtschaftspolitisches Fehlverhalten sanktionieren. Die Erfahrungen zeigen aber auch, daß die Einschätzung, Devisenmärkte würden stets und gleichsam automatisch zu einer stabilen Kursentwicklung entlang den Fundamentalfaktoren führen, illusionär ist. Bei hohen Unsicherheiten über die künftige wirtschaftliche Entwicklung kommt es immer wieder zu erratischen Kursschwankungen oder zu längere Zeit andauernden Fehlentwicklungen von Wechselkursen. Insbesondere wenn verschiedene Marktteilnehmer unterschiedliche Informationen nutzten oder wenn aus Informationen diffuse Folgerungen für die Preisbildung gezogen wurden, besteht die Möglichkeit, daß Wechselkurse dem Prinzip sich selbst rechtfertigender Erwartungen folgen.

Autopiloten können versagen

Geschieht dies, so sind gesamtwirtschaftliche Fehlentwicklungen die Folge, und andere Segmente der Finanzmärkte können in den Sog der Devisenmärkte geraten. So können Zinssätze in einem Land in die Höhe schießen oder drastisch fallen, beides im Gegensatz zu gesamtwirtschaftlichen Anforderungen und entgegen dem geldpolitischen Kurs. Es ist deshalb überaus riskant, unter allen Umständen Preise und Renditen an den Finanzmärkten einem »Autopiloten« zu überlassen, da dieser die Zukunft der Weltwirtschaft nicht unter allen Umständen zuverlässig steuern kann. Für die Zinsentwicklung wird das auch so gesehen, weil die Zentralbanken durch das Festsetzen von Zinssätzen für die Zentralbankgeldversorgung wesentliche Impulse auf das gesamte Zinsspektrum ausüben. Was die Kursentwicklung an den Devisenmärkten angeht, so wird überwiegend kaum Handlungsbedarf gesehen. Vielleicht auch aus der Erkenntnis heraus, daß währungspolitische Alleingänge zum Scheitern verurteilt sind. Aber die großen Industrieländer dürfen sich im wohlverstandenen eigenen Interesse an weltweiter wirtschaftlicher Stabilität ihrer gemeinsamen Verantwortlichkeit nicht entziehen, bei erkennbaren und krassen Fehlentwicklungen an den Devisenmärkten gegenzusteuern. Das ist der Kern einer »gestalteten Flexibilität der Wechselkurse«, die in einigen Ländern, so auch in Deutschland, seit einiger Zeit diskutiert wird. Die Finanzmärkte einschließlich der Devisenmärkte sind in den Dienst eines nachhaltigen Wirtschaftswachstums bei hoher Beschäftigung zu stellen. Und ohne enge internationale Kooperation der Träger der Stabilisierungspolitik, mithin auch der Währungspolitik, ist dieses Ziel nicht zu erreichen.

Hierzu sind in erster Linie die G 7-Länder in die Verantwortung zu nehmen. Fast die Hälfte des Weltsozialprodukts entfällt auf diese Ländergruppe, und 80 % der weltweiten Finanztransaktionen werden in Dollar, Euro und Yen abgewickelt. Eine wichtige Vorbedingung für größere weltweite wirtschaftliche Stabilität sind deshalb Fähigkeit und Bereitschaft Europas, der USA und Japans zur Kooperation der Wirtschaftspolitik, auch der Währungspolitik. Es sollte darauf abgezielt werden, exzessive Volatilitäten sowie verschiedene Formen von »Misalignments« der Wechselkurse zu vermeiden. Hierzu gibt es zwei Ansatzpunkte.

Orientierungen für den Devisenmarkt

Erstens sollten mögliche Auswirkungen zinspolitischer Maßnahmen der Zentralbanken auf die Wechselkursentwicklung bedacht werden. Hierzu besteht internationaler Diskussionsbedarf. Zweitens sollten den Devisenmarktteilnehmern Orientierungen für eine mit dem gesamtwirtschaftlichen Umfeld der großen Währungsräume verträgliche Kursentwicklung an den Devisenmärkten gegeben werden. Diese Aufgabe könnte von den Finanzministern und Notenbankgouverneuren der G 7-Länder, möglicherweise ergänzt um internationale Institutionen wie den IWF, wahrgenommen werden. Dieses internationale Gremium sollte wechselkursrelevante Informationen sammeln, auswerten und öffentlich interpretieren, also die Aufgabe eines »Informations-Brokers« übernehmen.

Bei scharfen Änderungen nominaler oder realer Wechselkurse sollte dieses Gremium in öffentlichen Stellungnahmen die vollzogene Kursentwicklung kommentieren und, soweit erforderlich, mögliche Reaktionen der Wirtschaftspolitik erläutern. Fehlt es an klaren Orientierungen für das Herausbilden von Markterwartungen, so bedarf es Leitplanken zur Stabilisierung von Erwartungen. Vor allem bei unklarer Informationslage können glaubwürdige Erläuterungen eines internationalen Gremiums mit hoher Reputation eine wichtige Orientierungshilfe für Wechselkurserwartungen und zur Stabilisierung der Devisenmärkte bilden.

Unter außergewöhnlichen Umständen kann es auch geboten sein, als Ultima ratio konzertierte sterilisierte oder nichtsterilisierte Interventionen am Devisenmarkt anzukündigen oder durchzuführen, soweit dadurch Preisstabilität nicht gefährdet wird. Dabei dienen Devisenmarktinterventionen vor allem dem Ziel, über Signalwirkungen Wechselkurserwartungen stärker an ökonomischen Fundamentalfaktoren zu orientieren.

Die bereits vollzogene marktmäßige Globalisierung ist durch eine Internationalisierung außermarktmäßiger Institutionen zu festigen und abzusichern. Das ist der beste Weg, um künftigen Finanzmarktkrisen vorzubeugen. Ein derartiges institutionelles Rahmenwerk für größere Wechselkursstabilität knüpft an bestehende währungspolitische Konsultationen der G 7-Länder an, intensiviert sie jedoch. Ein verpflichtender Konsultationsmechanismus auf der Grundlage einer ständigen Überwachung der Kursentwicklung zwischen den drei großen Währungsräumen sollte erhebliche Fehlentwicklungen der Wechselkurse bereits im Ansatz verhindern. Mehr Wechselkursstabilität zwischen den »Großen Drei« ist auch eine Voraussetzung für größere Stabilität der Finanzmärkte in den Schwellenländern. Zudem kann über geeignete stabile Währungssysteme für diese Länder erst dann fundiert entschieden werden, wenn der Kern hinreichend stabil ist.

Dienstreisen nach Washington und Colombo

Am Sonntag, einen Tag nach dem Treffen der Finanzminister und Notenbankchefs der G 7-Länder am 20. Februar 1999, flogen ein Referatsleiter und ich nach Washington. Es war an der Zeit, mich und die von uns entwickelten Vorstellungen zur Reform des internationalen Finanzsystems vorzustellen. Es war eine Reihe von Gesprächen vereinbart worden, mit dem für Währungsfragen zuständigen Gouvernor des Federal Reserve Board, Laurence C. Meyer, mit dem Chef-Ökonomen der Weltbank, Joseph E. Stiglitz, mit ihrem Vizepräsidenten, Masood Ahmed, zuständig für Fragen der internationalen Finanzarchitektur, mit dem Leiter der Forschungsabteilung dieses Instituts, John T. Boorman, mit dem Leiter der Forschungsabteilung des Internationalen Währungsfonds, Michael Mussa, sowie seinem Stellvertreter, Fleming Larsen, mit dem Leiter der Europaabteilung des Internationalen Währungsfonds, Michael C. Deppler, schließlich auch mit den Exekutivdirektoren Deutschlands bei der Weltbank und im Internationalen Währungsfonds.

Ich hatte den Eindruck, daß es uns in vielen Gesprächen gelang, verbreitete aber unbegründete Besorgnisse über die vermeintliche Regulierungswut des Bundesfinanzministeriums an Finanzmärkten zu dementieren. Ich hatte in einer der Gesprächsrunden angeboten, in einem größeren Kreis die im Finanzministerium angestellten Überlegungen zur Neugestaltung der internationalen Finanzarchitektur, vor allem zur Reform der Währungsbeziehungen zwischen den großen Industrieländern, darzulegen. So kam es zu einer spontan organisierten Diskussionsrunde mit etwa 30 Beteiligten aus dem Internationalen Währungsfonds und der Weltbank. Das von mir gewählte Motto lautete: »Let's talk about exchange rates«. Ich habe die Diskussion meines Beitrags als ergebnisorientiert und entspannt empfunden sowie als Beleg dafür, daß es gelingen könnte, einen Weg zur Stabilisierung der Währungsbeziehungen zu finden, wenn nicht auf der Grundlage ungerechtfertigter Verdächtigungen diskutiert wird, sondern auf der Ebene zu erläuternder Konzeptionen. Diese Diskussion war hilfreich, und sie stützte die deutsche Position.

Ein besonderer Höhepunkt dieser Dienstreise war ein Gespräch mit Joseph Stiglitz, einem der Stars unter den Ökonomen der Welt, das mehr als doppelt so lange dauerte, wie ursprünglich vorgesehen war. Ich war von Stiglitz begeistert. Um den in einem anderen Zusammenhang früher geprägten Aphorismus anzuwenden, kann festgestellt werden, daß zwischen Joseph Stiglitz und mir kein Blatt Papier paßt, soweit es die Sichtweise angeht, das internationale Finanzsystem durch stärkere Überwachung der Kursentwicklung der Währungen großer Industrieländer und eine besser aufeinander abgestimmte makroökonomische Politik zu stabilisieren. Schade, daß Stiglitz nicht Chef-Ökonom des Internationalen Währungsfonds ist.

Ganz anders verlief das Gespräch mit dem für den internationalen Bereich zuständigen Gouvernor des Federal Reserve Board, Herrn Meyer, früher Professor der Volkswirtschaftslehre an einer Universität in Kalifornien. Wieder einmal wurde deutlich, wie sich eine Diskussion verengen kann, wenn sie ausschließlich auf der Grundlage einer extremen Ecklösung geführt wird und Gegenargumente keinerlei Beachtung finden, weil sie mit marktwirtschaftlichen Prinzipien als nicht vereinbar erachtet werden. Meyer ist überzeugter Anhänger völlig freier Preisbildung an allen Finanzmärkten. Er verficht ohne jede Einschränkung die völlige Liberalisierung des Kapitalverkehrs in allen Ländern, unabhängig von ihren ökonomischen Bedingungen, davon überzeugt, daß Marktkräfte dafür sorgen werden, in jedem Land das notwendige institutionelle Arrangement zu schaffen, das zur Liberalisierung des Kapitalverkehrs und zu völlig unreglementierten Devisenmärkten paßt. Die erschreckenden Erfahrungen in Südostasien konnten ihn nicht dazu bewegen, auch einmal über Zwischenlösungen nachzudenken. Damit reiht sich Meyer konturlos in die Reihe jener führenden politischen Akteure in Washington ein, die stets auf nichts anderes setzen als auf die Weisheit völlig freier Preisbildung an jedem Markt, so auch an spekulativen Auktionsmärkten, etwa am Devisenmarkt. Es ist wohl so, daß Alan Greenspan, Robert Rubin, Larry Summers und auch Laurence Meyer sich als Verbündete von Wall Street empfinden, sich im internationalen Dialog vor allem als Sachwalter der Interessen der USA verstehen, dabei auch gewaltige Fehlentwicklungen an Finanzmärkten mit verheerenden gesamtwirtschaftlichen Folgen, wie in den zurückliegenden Jahren in Südostasien, billigend in Kauf nehmen, solange sie die wirtschaftliche Entwicklung in den USA nicht über Gebühr beeinträchtigen.

Anzumerken ist, daß Turbulenzen an Finanzmärkten jenen Finanzzentren hohe Gewinne bescheren, an denen der Handel von Finanzderivaten mit dem Ziel der Absicherung vor unübersehbaren Kurs-, Zins- und Wechselkursschwankungen konzentriert ist. Nach New York ist hierbei an zweiter Stelle London zu nennen. Vielleicht erklärt das auch die ablehnende Allianz zwischen den USA und Großbritannien bei einigen Vorschlägen, die auf eine größere Stabilität der internationalen Finanzarchitektur abzielen. Sollte das die Sachlage treffen, dann allerdings wird ein Einvernehmen mit den USA über Konzeptionen zur Stabilisierung der internationalen Finanzmärkte, wer immer sie präsentiert, auf absehbare Zeit nicht zu erreichen sein. Dann werden auch künftig Krisen an Finanzmärkten mit verheerenden Wirkungen für die wirtschaftliche Wohlfahrt der betroffenen Länder nicht zu vermeiden sein, sie werden mit dem Einsatz hoher Beträge des Internationalen Währungsfonds und damit der internationalen Gemeinschaft überwunden werden, ohne daß die Einsicht reifen wird, daß es nicht damit getan sein kann, im Krisenfall die Feuerwehr zu rufen, um den Brand zu löschen, sondern daß es Aufgabe sein muß, eine Krisenprophylaxe einzurichten. Und eine Voraussetzung hierfür sind stabilere Währungsrelationen in der Welt. Solange Finanzmarktkrisen die USA aber weitgehend unberührt lassen, wird es wohl so bleiben, wie es bislang war und gegenwärtig ist. Ein Kollege im Kreis der Stellvertreter der Finanzstaatssekretäre der G 7-Länder definierte einmal als optimale Finanzkrise eine Krise der Finanzmärkte der USA, die dort das Land unter Wasser setzt, den Rest der Welt dagegen unbehelligt läßt. Erst dann, so mein Kollege, sei damit zu rechnen, daß europäische Initiativen zur Stabilisierung der Finanzmärkte auch in den USA Beifall finden werden.

Gegenwärtig ist hierzu keine politische Bereitschaft in den USA zu erkennen. In besonderer Deutlichkeit wird das in einem Titelbeitrag des amerikanischen Magazins »Time« vom Februar 1999 erkennbar, in dem das amerikanische Dreigestirn der Finanzmärkte, Alan Greenspan, Robert Rubin und Larry Summers, als »Komitee zur Rettung der Welt« bezeichnet und mit dem Politbüro der marktradikalen wirtschaftlichen Sicht der Welt gleichgesetzt wird. Was auch vermögen die Europäer dem US-amerikanischen ökonomischen Triumphalismus entgegenzusetzen? Wo sind die wirtschaftlichen Erfolge, wo die Defizite, wenn es allein darauf ankommt, Wirtschaftswachstum und Beschäftigungsentwicklung zu vergleichen? Dann heißt es von den USA zu lernen, zu vernachlässigen, daß sich das wirtschaftliche und soziale Verständnis von Wohlfahrt in angelsächsischen Ländern und in Kontinentaleuropa unterscheidet. Auf dem europäischen Kontinent zählt eben nicht allein der in Prozentpunkten gemessene Fortschritt des Sozialprodukts oder der Gewinn, sondern auch Inhalte wie »Gerechtigkeit«, »Solidarität«, »soziale Verträglichkeit« oder »Fairneß«, also die sozialen Komponenten eines marktwirtschaftlichen Systems, über die sich trefflich streiten läßt, weil sie sich einer exakten Messung entziehen, und die vor allem in den USA auf Unverständnis stoßen.

Am Montag, dem 1. März 1999, waren wieder einmal einige Pressegespräche zu führen, danach kam der Botschafter Brasiliens erneut zu mir, um die aktuelle Entwicklung an den Finanzmärkten Brasiliens zu erläutern sowie um Unterstützung Deutschlands im Internationalen Währungsfonds zur Senkung der extrem hohen Zinssätze in Brasilien zu werben. Tags darauf flog ich zur Sitzung der Technical Group der G 24 nach Colombo. Der Abflug in Frankfurt verzögerte sich immer wieder, kurz vor Mitternacht ging es los, Ankunft in Colombo im Hotel, in dem auch die Tagung stattfand, gegen 15.00 Uhr. Für 14.00 Uhr war mein Vortrag vorgesehen, der die deutsche Sichtweise zur Stabilisierung der internationalen Finanzarchitektur zum Inhalt hatte. Man verschob meinen Beitrag auf 16.00 Uhr. Die dort diskutierten schriftlichen Beiträge anderer Delegationen waren nach meinem Eindruck erster Klasse. Mein Beitrag stieß auf große Resonanz. Seine Botschaft, auch die großen Industrieländer hätten einen Beitrag für eine stabilere Entwicklung an den Finanzmärkten von Entwicklungs- und Schwellenländern zu leisten, wurde geteilt. Es darf nicht sein, daß sich Politiker in Industrieländern zurücklehnen, das

Spektakel an Finanzmärkten kleinerer Länder beobachten und es vom Internationalen Währungsfonds begutachten lassen, Anpassungslasten im Gefolge einer Finanzmarktkrise aber den betroffenen Ländern aufbürden und die internationale Gemeinschaft über Beistandskredite des Internationalen Währungsfonds zur Kasse zwingen. Erneut warb ich für einen international abgestimmten Policy-Mix der Fiskal-, Geld- und Lohnpolitik und eine stärkere Kooperation in Währungsfragen der Industrieländer zur Stabilisierung der Wechselkurse als eine wichtige Voraussetzung, damit sich die Finanzmarktturbulenzen der letzten beiden Jahre in Südostasien nicht dort oder in anderen Ländern wiederholen.

Nach meinem Beitrag bedachte mich der Präsident der Zentralbank Sri Lankas mit kleinen Geschenken, die wohl vor allem als Dank gemeint waren, daß ein Offizieller eines G 7-Landes bereit war, an der Sitzung teilzunehmen. Es schloß sich ein Abendessen an. Es dauerte bis eine Stunde vor Mitternacht. Als ich ins Bett fiel, war ich 38 Stunden auf den Beinen gewesen.

Am nächsten Morgen hatte ich etwas Zeit, um durch Colombo zu fahren. Die Zentralbank stellte ein Fahrzeug, einen Fahrer, einen Begleiter als Reiseführer. Colombo sah aus wie im Belagerungszustand. Überall patrouillierte Militär, an jeder zweiten Ecke im Zentrum waren Sandsackbarrieren mit Posten und Maschinengewehren aufgebaut. Wir fuhren an dem Stahlskelett der ehemaligen Zentralbank vorbei, die vor einigen Jahren durch einen Bombenanschlag zerstört worden war. Ich besuchte mit meiner Begleitung das Landeskundliche Museum Colombos, dann bat ich darum, ein wenig am Strand spazieren gehen zu dürfen. Widerstrebend wurde mir dies gestattet. Das Fahrzeug blieb bei Fuß. Das rechte Vorderrad entfernte sich nicht mehr als höchstens einen halben Meter von meinem linken Knöchel. Die Furcht war groß, daß etwas passieren könnte. Mein Begleiter hatte auch den Auftrag, mich zum Mittagessen zu begleiten. Ich hätte es vorgezogen, die knappe Zeit anders zu verwenden, aber mein Begleiter hielt mir mahnend die ihm für das Mittagessen mitgegebenen Geldscheine vor. Er hätte wohl Schwierigkeiten bekommen, hätte ich die Einladung ausgeschlagen. So gab ich nach, bat aber darum, keines der großen Hotels mit internationalem Standard aufzusuchen, die überall in der Welt nahezu austauschbar sind, und statt dessen ein Restaurant aufzusuchen, das auch von der Bevölkerung Colombos frequentiert wird. Mein Begleiter kam dieser Bitte nach. Er überraschte mich mit einem Mittagessen bei McDonald's.

Nach meiner Rückkehr aus Washington, rund eine Woche zuvor, hatte mich in Bonn eine Überraschung anderer Art erwartet. Am 20. Februar hatte Professor Neumann, Vorsitzender des Wissenschaftlichen Beirats beim Bundesministerium für Wirtschaft und Technologie, einen Brief an den Bundeswirtschaftsminister geschrieben, in dem er die Sorge des Beirats äußerte, mit Zielzonen für Wechselkurse zwischen den führenden Währungen der Welt, also Dollar, Euro und Yen, einen Beitrag zu mehr Wechselkursstabilität weltweit zu leisten. Seine Argumente sind gewiß nicht neu, sie sind seit Jahrzehnten bekannt, werden immer wieder erneut wiederholt. Kritisiert wird, es gebe kein Verfahren, um ein angemessenes Niveau und die erforderliche Anpassung der Zielkurse mit hinreichender Sicherheit zu bestimmen, daß die Bereitschaft zur Anpassung der Zielkurse unter den Einfluß sachfremder politischer Erwägungen geraten könne, daß die Europäische Zentralbank die Fähigkeit verliere, ihre vorrangige gesetzliche Aufgabe, für Preisstabilität zu sorgen, zu erfüllen. Ferner wird ausgeführt, ein Zielzonenkonzept verlange, daß andere wirtschafts- und sozialpolitischen Ziele vernachlässigt werden müßten. Das Fazit: »*Realistisch betrachtet gibt es für die währungspolitischen Beziehungen zwischen den großen Währungsgebieten des Dollar, des Euro und des Yen keine tragfähige Alternative zu flexiblen Wechselkursen. ... Wir bitten Sie, unsere Bedenken gegen die Einrichtung von Zielzonen zwischen Dollar, Yen und Euro in die politische Diskussion einzubringen.*«

Es ist hier nicht der Ort, diese in dem Brief verwendeten Argumente zu bewerten. Aber deutlich wird das ungetrübte Vertrauen in die Effizienz vollständig deregulierter Finanzmärkte. Diese Sichtweise steht in krassem Widerspruch zu neueren Erkenntnissen der theoretischen und empirischen Wirtschaftsforschung. Die neue Finanzierungslehre hat sich längst vom Kapitalmarktmodell verabschiedet, es ist jetzt nicht mehr zu klären, ob Finanzmärkte zu effizienten oder ineffizienten Lösungen gelangen, vielmehr wird der Frage nachgegangen, wie beobachtbare Ineffizienzen für profitable Transaktionen genutzt werden können. Das widerspricht offenbar Sichtweise, Aufnahmebereitschaft und Kenntnisstand des Wissenschaftlichen Beirats. Ergebnisse neuerer Forschungsarbeiten werden mißachtet, wenn sie nicht seinem urzeitlich liberalen ökonomischen Weltbild entsprechen.

Besonders bemerkenswert ist es, daß der Vorsitzende des Wissenschaftlichen Beirats beim Bundeswirtschaftsministerium sich aufgerufen fühlte, die Bundesregierung vor einem Zielzonenkonzept warnen zu müssen, obgleich sich die Bundesregierung im Jahreswirtschaftsbericht 1999 hierzu geäußert hatte und ein Zielzonenkonzept ablehnt. In der Stellungnahme zum Jahresgutachten des Sachverständigenrats zur Begutachtung der gesamtwirtschaftlichen Entwicklung heißt es im Zusammenhang mit den Anmerkungen des Sachverständigenrats zur Reform des Weltfinanzsystems: »*Die Finanz- und Währungskrisen der letzten Jahre hatten stets auch eine verfehlte Wechselkurspolitik zur Ursache. Die Frage des angemessenen Wechselkursregimes für Schwellen- und Transformationsländer ist daher von zentraler Bedeutung für die Krisenvermeidung. Unbestritten ist dabei, daß es keine allgemeingültigen Empfehlungen gibt. Vielmehr muß die Wechselkurspolitik in Einklang stehen mit der Bereitschaft und Befähigung eines Landes, die unter Umständen erforderlichen harten realen Anpassungen vorzunehmen.*

Der Rat spricht sich gegen Vorschläge zur Einführung von Wechselkurszielzonen aus. ... Die Bundesregierung strebt solche auch nicht an. Sie ist aber der Auffassung, daß Wechselkurse, die die Unterschiede in den Fundamentaldaten der Volkswirtschaften angemessen reflektieren, dem Wachstum, der Schaffung von Arbeitsplätzen und auch der Preisstabilität nützen. Die Bundesregierung wird daher ihre Bemühungen auf internationaler Ebene fortsetzen mit dem Ziel, die realwirtschaftliche Konvergenz und damit die Wechselkursstabilität zu verstärken.«

Wozu also warnende Worte, wenn im Jahreswirtschaftsbericht dargelegt ist, daß die Bundesregierung kein Zielzonenkonzept anstrebt? Warum all das, wenn in der vorangegangenen Diskussion zur Stabilisierung des Weltfinanzsystems zumindest seit Dezember 1998 nicht ein einziges Mal von deutscher Seite ein Zielzonenkonzept ins Spiel gebracht worden war? Weshalb meint der Vorsitzende des Wissenschaftlichen Beirats, ein Phantom zur Strecke bringen zu müssen? Ist das wirklich allein Sorge um eine Geldpolitik in Europa, die der Preisstabilität verantwortlich ist? Sollte das so sein, dann ist ein Währungsarrangement mit begrenzter Schwankungsbreite von Wechselkursen der Währungen der großen Währungszonen der Welt möglich, ohne Preisstabilität aufs Spiel zu setzen. Aber vielleicht ging es dem Vorsitzenden des Beirats gar nicht darum. Neumann hatte noch im Frühjahr 1998 einen letzten Versuch unternommen, den Start der Europäischen Währungsunion zu vereiteln. Sein Manifest »Der Euro kommt zu früh« fand zwar viele Unterzeichner, aber nicht die von ihm erhoffte Resonanz in der Öffentlichkeit. Neumann war stets gegen Kooperation der Träger der Stabilitätspolitik in einem Land, der Regierungen und Zentralbanken international, setzte immer allein auf richtige Preissignale sich selbst überlassener Märkte. Sein Brief an den Bundeswirtschaftsminister ist hierfür erneuter Ausdruck. Auch der Termin des Schreibens war gut gewählt. Am 20. Februar fand das Treffen der Finanzminister und der Notenbankgouverneure der G 7-Länder statt. Danach war ich bis zum 24. Februar in Washington. In dieser Zeit mußte von der von mir geleiteten Abteilung eine Stellungnahme zu diesem Brief verfaßt werden. Weder der hierfür zuständige Referatsleiter noch ich waren verfügbar. Die Stellungnahme der Abteilung war inhaltlich fundiert und abgewogen formuliert. In der Öffentlichkeit wurde der Brief des Wissenschaftlichen Beirats an den Bundeswirtschaftsminister kaum zur Kenntnis genommen. Das Störfeuer war umsonst.

Im Vorfeld des Rücktritts von Oskar Lafontaine

Die folgende Woche war für uns wichtig: internationales Seminar zur Architektur des Weltfinanzsystems. Zunächst war es so, wie es fast immer gewesen war: Gespräche mit Botschaftern, in diesem Fall Brasiliens und Süd-Koreas, Verwaltungsarbeit, Durchsicht von Vorlagen, Personalangelegenheiten. Am 10. März fuhr ich nach Frankfurt, um bei der Bundesvereinigung Deutscher Arbeitgeberverbände anläßlich des jährlichen Volkswirtschaftlichen Kolloquiums einen Vortrag zu halten. Das Generalthema des Kolloquiums lautete: »Globalisierung der Märkte und ihrer Ordnungen«. Es trug ein Unternehmer vor, der Strategien eines mittelständischen Unternehmens im Zeitalter der Globalisierung präsentierte, ich sprach über die Vorstellungen des Bundesfinanzministeriums zur internationalen Finanzarchitektur, Prof. Remsperger, Mitglied des Direktoriums und Chefvolkswirt der Deutschen Bundesbank, redete über das Thema »Stabilität, Wachstum und Beschäftigung«. Ich fand, daß mein Vortrag ganz gut ankam, die vom Präsidenten der BDA geleitete Diskussion war offen, kontrovers vor allem, als Herr Kollege Starbatty, einer der drei erfolglosen Kläger vor dem Bundesverfassungsgericht gegen den Euro, sich mit mir anzulegen versuchte. Erfolgreich war er gewiß nicht, seine Vorlagen habe ich mit Freude aufgenommen, es war ein vergnüglicher Nachmittag.

Am Tag danach, also am 11. März 1999, wurde in den Presseauszügen des Internationalen Währungsfonds hierüber berichtet. Es wurde objektiv und kommentarlos dargelegt, wie das System kontrollierter Flexibilität gestaltet werden sollte, die Rolle des »Informations-Broker« wurde erläutert, man bezog sich auf die Nachrichtenagentur Reuters. Zu Recht wurde berichtet, daß Deutschland keine Zielzonen zu installieren beabsichtigt, daß es aber gefährlich sein kann, in jedem Fall die Kursentwicklung an den Devisenmärkten einem Autopiloten zu überlassen.

Am Samstag, einen Tag nach dem Rücktritt des Bundesfinanzministers, wurde das Volkswirtschaftliche Kolloquium der BDA von der »FAZ« zu einem Spektakel umgedeutet. Unter der Überschrift *»Die Zu-*

ständigkeit für die Beschäftigung ist umstritten – Eine Kontroverse zwischen Finanzministerium und Bundesbank auf dem Parkett der Arbeitgeberverbände« wird fälschlicherweise suggeriert, es habe einen Schlagabtausch zwischen Herrn Remsperger und mir gegeben.

Wer ist für die Beschäftigung zuständig? Die Tarifpartner, Anbieter und Nachfrager, welche die Preise am Arbeitsmarkt festsetzen, so lautet die traditionelle Lehre. Die Bundesvereinigung der Deutschen Arbeitgeberverbände (BDA) hat geahnt, daß die Bundesregierung neue Akteure ins Spiel bringt: die Zentralbanken mit ihrer Geldpolitik oder die Finanzminister mit einer koordinierten Wechselkurspolitik. Als Verteidiger der klassischen Politik schickte die BDA bei ihrem diesjährigen Volkswirtschaftlichen Kolloquium Hermann Remsperger, Direktoriumsmitglied der Bundesbank und zugleich deren Chefökonom, in den Ring. Als Angreifer schlug sich wacker Wolfgang Filc, Leiter der Abteilung Internationale Finanz- und Währungsbeziehungen im Bonner Finanzministerium.

Filc wehrte sich gegen den Vorwurf, »Leitplanken« für die Kapitalmärkte und der Entwurf eines neuen Finanzsystems seien altmodisches sozialdemokratisches Gepäck. Der Ökonom warb für eine »ökonomische Theorie mit humanistischem Anspruch«. Schließlich seien auch Menschen von Armut und Arbeitslosigkeit betroffen, wenn, wie in Asien, die Finanzmärkte aus dem Ruder liefen. Spekulative Übertreibungen mit bösen Wirkungen für Inflation, Rezession und Arbeitsmärkte will die Regierung in den Griff bekommen. Denn Unsicherheiten hemmten die Risikobereitschaft der Investoren.

Filc bot die Lafontainsche Therapie der »gestalteten Flexibilität« der Wechselkurse. Makropolitische Gestaltung sei so ungewohnt nicht, meinte er, schließlich habe man den Zentralbanken auch die Zinspolitik übereignet. Auch die

98

Wechselkurse dürften kein »Autopilot« sein. Keinen Zwei-
fel ließ der Ökonom an der Auffassung des Finanzministeri-
ums, daß das von Bundesbankpräsident Hans Tietmeyer er-
arbeitete und beim G 7-Treffen Ende Februar beschlossene
Modell eines »Stabilitäts-Forums« nicht ausreichend sei.
Denn die Teilnehmer des Forums (Finanzminister, Noten-
bankchefs und internationale Institutionen) sollen nach
dem Tietmeyer-Modell nur mikroökonomische Daten sam-
meln und öffentlich interpretieren. Das Gremium müsse
aber auch einen makroökonomischen Auftrag erhalten.
Dieser soll die Basis bilden, um Referenzwerte für reale
Wechselkursschwankungsbreiten festzulegen. Das wieder-
um könnte das Stabilitäts-Forum nach Auffassung von Filc
in die Lage versetzen, Fehlentwicklungen zu verhindern
und die Zentralbanken veranlassen, mit Interventionen an
den Devisenmärkten Signale zu geben und Korrekturen zu
bewirken. In der kontroversen Diskussion wehrte sich Filc
gegen den Verdacht, er wolle ein neues Bretton Woods zim-
mern. Auf die Frage, was das Stabilitäts-Forum besser wis-
se als die Märkte, fiel ihm keine Antwort ein.

Immerhin wird attestiert, daß ich mich wacker geschlagen hätte.
Noch heute weiß ich nicht, was der Redakteur damit gemeint hat. Denn
es kam zu keiner Diskussion zwischen Herrn Remsperger und mir, deshalb konnte es auch keine Kontroverse geben, ich habe mich mit keiner
Silbe über die Zuständigkeit für die Beschäftigung ausgelassen. Die Diskussion meines Vortrags wurde vorgezogen, weil ich zur Vorbereitung
des Seminars zur Finanzarchitektur der G 33 tags darauf nach Bonn zu-
rückfahren mußte, an der Diskussion des Beitrags von Herrn Remsperger
habe ich nicht mehr teilnehmen können.

In einem Brief an Hans Barbier nach dem Rücktritt von Oskar Lafontaine bemängelte ich den irreführenden Eindruck einer Kontroverse zwischen Finanzministerium und Bundesbank und die zum Teil falsche Berichterstattung:

Kontroverse zwischen Finanzministerium und Bundesbank über irgend etwas auf dem diesjährigen Volkswirtschaftlichen Kolloquium der BDA? Nicht, daß ich oder irgendein anderer Teilnehmer davon wüßte. Warum wird nicht berichtet, daß drei Vorträge zum Themenbereich »Globalisierung« präsentiert wurden, warum wird der Eindruck erweckt, es hätte eine kontroverse Diskussion zwischen Herrn Remsperger und mir oder auch nur über von uns vertretene gegensätzliche Thesen stattgefunden, die es nicht gab, was veranlaßt einen Journalisten, einen der Vorträge nicht zu erwähnen, einen zweiten zu bewerten, über einen dritten wertungslos zu berichten? Wozu diese selektive Vorgehensweise?

Es mag sein, daß sich ein Vortragender wacker geschlagen haben soll. Nehmen wir an, daß dies den Leser interessiert. Dann aber sind doch wohl auch die beiden anderen Beiträge eine Benotung wert. Was, so kann sich der Leser fragen, ist die Absicht, wenn das unterbleibt?

Es mag auch sein, daß einem der Vortragenden nicht allein eine einzige Antwort auf eine wichtige Frage eingefallen ist, weil ein Spektrum von Antworten geboten wurde. Ich nehme an, die Teilnehmer des Kolloquiums werden diese zumindest eigenwillige journalistische Interpretation mit Erstaunen, vielleicht auch mit Heiterkeit zur Kenntnis nehmen. Bei mir überwiegt das Erstaunen. Dieses Erstaunen könnte sich möglicherweise auflösen, wenn nicht gänzlich ausgeschlossen wird, daß die Kombination aus unvollständiger Information, objektiver Berichterstattung und partieller Bewertung nicht zufällig entstanden ist. Darauf deutet auch hin, daß Devisenmarktinterventionen, in meinem Beitrag gerade einmal am Rande und als unbedeutend erwähnt, im Bericht als einziges Instrument genannt werden.

In diesem Fall gilt einmal, wie wir inzwischen wissen: über-
flüssige Anstrengung. Zum anderen: Gratulation, Volltref-
fer, Beschädigung ist gelungen.

Die Antworten auf meine Eingabe, zunächst von Herrn Barbier, dann
des zuständigen Redakteurs, waren lapidar. So ist diese Zeitung nun einmal. Die Grenze zwischen Information und Bewertung wird nicht ge-
wahrt, wenn das Gelegenheit bietet, einem mißliebigen Politiker Schaden
zufügen zu können.

Das G 33-Seminar zur internationalen Finanzarchitektur

Nach dem Treffen der Finanzminister und Zentralbankpräsidenten der G 7-Länder am 20. Februar 1999 war das Seminar zur internationalen Finanzarchitektur am 11. März 1999 das herausragende Ereignis während meiner Tätigkeit im Finanzministerium. Im Vorfeld gab es Unstimmigkeiten über die Teilnehmerländer. Heiner Flassbeck und ich präferierten im Gegensatz zu den USA zunächst, ein erstes Seminar allein mit den G 7-Ländern zu veranstalten. Wir meinten, daß es in einem kleinen Kreis leichter möglich sein werde, Koalitionen zu finden, um die amerikanische Meinungsdominanz hinsichtlich der Finanzarchitektur aushebeln zu können. Wir interpretierten entsprechende Äußerungen des französischen Finanzministers Dominique Strauss-Kahn und des japanischen Finanzministers Kiichi Miyazawa als klare Zustimmung zu unserer Konzeption. Dabei nahmen wir nicht genügend zur Kenntnis, daß beide Finanzminister sofort den Rückzug anzutreten bereit sind, wenn sie registrieren, daß keine Zustimmung der USA und Großbritanniens zu gewinnen ist. Alles versteckte sich hinter Oskar Lafontaine, seine Mitstreiter aus anderen Ländern gingen bei jedem Gegenwind sofort von der Fahne. Deshalb stimmten wir schließlich zu, Fragen zur Reform des internationalen Finanzsystems in einem größeren Länderkreis zu diskutieren. Basis für die Auswahl der Länder war es, daß alle Ländergruppen, die im Internationalen Währungsfonds vertreten sind, zu Wort kommen sollten. Man einigte sich auf 33 Länder. Mein italienischer Kollege als Stellvertreter des Staatssekretärs des italienischen Schatzamts monierte, damit sei nicht sichergestellt, daß die Delegationen aller Teilnehmerländer zu Wort kommen könnten. Man kann es eben nicht allen recht machen. Wir hatten aber abgesprochen, daß sich die Delegationen der G 7-Länder, die allein schriftliche Beiträge zur Vorbereitung des Seminars erstellen konnten, bei der Diskussion möglichst zurückhalten und nur bei Fragen zu den konzeptionellen Papieren das Wort ergreifen sollten.

Jedes Land war vom Vizepräsidenten seiner Zentralbank und einem Finanzstaatssekretär vertreten. Weil Heiner Flassbeck das Seminar leitete, kam ich in den Genuß, zusammen mit Dr. Stark die deutsche Delegation zu bilden. Unser Konzeptionspapier zur Reform des internationalen Währungssystems, das wir bereits am 12. Februar, wie vereinbart, an die G 7-Länder versandt hatten, lag in einer leicht überarbeiteten Fassung aus. Unser Thema: »Makroökonomische Politik und angemessene Währungssysteme«. Andere Länder lieferten erst viel später ihre Beiträge. Es war wohl abgewartet worden, wie Anlage und Vorgehensweise unseres Papiers ist. Das Schlußlicht bildeten zusammen Großbritannien und die USA. Erinnerungen an den längst verstrichenen Abgabetermin wurden mit Gleichmut und ganz so hingenommen, als sei es selbstverständlich, daß Finanzgroßmächte ihre eigenen und besonderen Termine bestimmen.

Der 11. März war ein schöner Tag, Sonnenschein, klarer Blick vom Petersberg über den Rhein, weit in den Rheingau hinein. Der Konferenzraum war der Bankettsaal des Gästehauses der Bundesregierung. Alle Delegationen hatten einen Raum zugewiesen erhalten, versehen mit allen Kommunikationsmöglichkeiten. Das Mittagessen wurde in der Rotunde eingenommen, einem kreisförmigen Saal im Zentrum des Gästehauses, davor eine große Terrasse. Für gute Voraussetzungen der Konferenz war also gesorgt worden. Vorbereitung der Veranstaltung und Organisation ihrer Durchführung waren exzellent. Da lief alles wie geschmiert. Wieviel Arbeit dahinter stecken mag, kann nur geschätzt werden.

Ich war angespannt. Das war ein wichtiger Tag für unsere Konzeption und für mich persönlich. Kommen wir hier voran, können wir für unseren Ansatz werben, dann kann das der Durchbruch werden. Unterliegen unsere Vorstellungen aber, dann ist es für lange Zeit das inhaltliche Ende. Insbesondere war ich gespannt auf Stellungnahmen des Internationalen Währungsfonds, vertreten durch Michael Mussa, und der Weltbank, repräsentiert von Joseph Stiglitz. Mit beiden hatte ich in den Pausen freundliche Gespräche, die mich an meinen Aufenthalt in Washington erinnerten.

Schon im Vorfeld wurde diese Konferenz, ebenso wie das Treffen der Finanzminister und Zentralbankgouverneure der G 7-Länder vom 20.

Februar, als Nagelprobe für die von Oskar Lafontaine vertretene und weitgehend von mir formulierte Konzeption zum internationalen Währungssystem verstanden.

Thomas Hanke hatte am 18. Februar 1999 unter der Überschrift *»Regeln für das Spielkasino«* in »DIE ZEIT« geschrieben:

> *Man hört sie förmlich stöhnen, die deutschen Reformer der Weltfinanzen um Finanzminister Oskar Lafontaine und den Staatssekretär Heiner Flassbeck. Sie wollen dem »weltweiten Spielkasino« einen Ordnungsrahmen verpassen. Beim G 7-Finanzministertreffen am kommenden Wochenende sollten schon die ersten Schritte festgelegt werden. Doch daraus wird möglicherweise nichts: »In gewissen Finanzzentren werden unsere Vorstellungen nicht mit Begeisterung aufgenommen«, ärgert sich ein hoher Beamter aus dem Finanzministerium. Gemeint sind London und New York.*
>
> *Dabei gilt die Absicht längst nicht mehr als verwerflich, aus dem Kasino einen transparenten und geordneten Markt zu machen.... So zieht die Deutsche Bank Research aus der Asienkrise die Lehre, daß »die Finanzmärkte keine wohlfahrtsoptimalen Lösungen produzieren« und ständig das Verlustrisiko unterschätzen...*
>
> *So etwas läßt sich der neue Finanzminister Lafontaine nicht zweimal sagen... Allerdings regt sich nun, nachdem Lafontaine und die Seinen mit ersten Vorschlägen aufwarten, Widerstand: Wenige Tage vor dem Finanzministertreffen, das auf dem Petersberg nahe Bonn Rezepte für den G 7-Gipfel im Juni vorbereiten soll, deutet jedenfalls nicht viel auf eine Einigung hin. »Niemand glaubt, daß die Staatschefs sich Ende Juni die Hand reichen: Jetzt ist die Bestie gezähmt«, meint der Experte aus dem Finanzministerium (BMF) skeptisch. Der Grund liegt weniger in wirtschaftstheoretischen Differenzen als in kruden Interessen: »Nur wenn es heftige Schwankungen an den Finanzmärk-*

ten gibt, lohnen sich die in London und New York gehandelten Absicherungsinstrumente, die viel Geld in die Kasse bringen.«

Ein Mann von der Spitze der Bundesbank bestätigt, die Amerikaner seien zwar im allgemeinen für mehr Kontrolle und Transparenz, zuckten aber zurück, wenn es konkret werde...

Hier der Versuch, die Spekulation zu zähmen, dort ihre offene Unterstützung, weil man daran verdient – aus diesem harten Vorwurf spricht der ganze Frust von Lafontaines Mannschaft. Selber wehrt sie sich gegen den Vorwurf der Angelsachsen: »Wir wollten den Markt ausgrenzen«.

Statt dessen wollen Lafontaine und die Seinen, so beteuern sie, nur die Voraussetzungen für ein besseres Funktionieren des Marktes schaffen. Ihr erster Vorschlag: Ein ehrlicher Makler soll eingeschaltet werden, ein Informations-Broker, der den Märkten »glaubwürdige Informationen« geben könne in Situationen, in denen überzogene Kursentwicklungen von Wertpapieren oder Devisen drohten. Ein bißchen mehr als nur informieren soll der Broker wohl doch, denn es heißt auch, neben Erklärungen solle er auch »Warnungen und Drohungen, die Ruhe ins Spiel bringen«, abgeben können. Dazu sollen auch Interventionen an den Devisenmärkten zählen.

Der zweite Vorschlag: Die Wirtschafts-, Finanz- und Geldpolitik zwischen den Euro-Ländern, Japan und den Vereinigten Staaten sollen besser koordiniert werden. Und schließlich die dritte Idee: Private Gläubiger, die in den vergangenen Krisen häufig auf Kosten des Steuerzahlers vom Internationalen Währungsfonds und den großen Industrieländern aus heiklen Situation herausgepaukt wurden, sollen stärker an den Kosten beteiligt werden.

Punkt zwei und drei gelten innerhalb der G 7 als weniger kontrovers... Dennoch sind Lafontaine und seine Mit-

arbeiter unzufrieden. Man amüsiert sich über »diese dicken, aber hohlen Nüsse, die aus anderen Ländern kommen: Bankenaufsicht, Muster für Berichtsformulare und die Frage, ob Finanzinstitutionen alle zwei oder alle vier Wochen über ihre Risiken berichten sollen«. Entscheidend für die neuen Herren des BMF ist eine andere Frage: Wie können die Wechselkurse von Euro, Dollar und Yen stabilisiert werden? Den Begriff »Wechselkurs-Zielzonen« haben sie zwar aus ihrem Wortschatz, nicht aber aus ihrem Hinterkopf verbannt.

Leicht zu erkennen ist, wer der Gesprächspartner des Journalisten war. Der Bericht ist objektiv, wenngleich in seinem Kommentarteil sehr skeptisch. Das war ich auch. Ich war voller Spannung. Klar, ich war aufgeregt, das kann unser Tag werden, so oder so.

Unsere Aktivitäten zur Reform der internationalen Finanzarchitektur standen von Beginn an unter argwöhnischer Beobachtung durch das Bundeskanzleramt. Warum das so war, war mir lange Zeit unklar. Denn es kann keinen Zweifel daran geben, daß Finanzmarktkrisen etwas mit einer falsch orientierten makroökonomischen Politik und mit Schwächen des internationalen Währungssystems zu tun haben. Zudem ist es eine von der Völkergemeinschaft vorgegebene Verpflichtung, für stabilere Währungsrelationen zu sorgen, wie das in den Articles of Agreement des Internationalen Währungsfonds ausgeführt wird. Was also war inhaltlich an unserer Position auszusetzen? Im nachhinein lautet die wohl richtige Antwort: im Prinzip nichts. Es ging nicht um wirtschaftspolitische Konzeptionen, es ging letztlich um den Streit zweier Männer um die Führung in der Bundesregierung und um Dominanz in der SPD. Und beim Austragen dieses Konflikts wurden auch Konzeptionen zur Stabilisierung der Währungs- und Finanzbeziehungen zwischen den Ländern vom Bundeskanzleramt instrumentalisiert. Der Sieger eines Streits hat nicht zu rechtfertigen, worauf das Ergebnis zurückzuführen ist. Hier gilt das Prinzip des Shareholder Value: Das Ergebnis entscheidet, nicht Strategie oder Taktik, auch nicht die gesamtwirtschaftlichen Folgen.

Es ist bereits erwähnt worden, daß ich einen Tag vor Weihnachten 1998 eine erste Fassung meines Papiers über »Makroökonomische Voraussetzungen stabiler Finanzmärkte« für den Beauftragten des Bundeskanzlers zur Vorbereitung des Kölner Gipfels der G 7-Länder, Herrn Gretschmann, erstellt hatte, das als unzureichend zurückgewiesen wurde. Warum, das weiß ich bis heute nicht. Vermutlich hatte das nichts mit Konzeptionen oder Inhalten zu tun, sondern ausschließlich mit dem Gefecht zweier Männer um die Führungsposition. War Lafontaine für stabilere Wechselkurse, so konnte Schröder das nicht teilen.

Diese Vermutung wird von unterschiedlichen Fassungen des gemeinsamen Papiers der Sous-Sherpas von Herrn Gretschmann über eine angemessene makroökonomische Politik für höhere Beschäftigung unterstützt. Mir lagen drei Versionen vor, eine erste Fassung vom 23.12.1998, eine weitere vom 19.1.1999, eine dritte vom 21.1.1999. In den ersten beiden Auflagen des Papiers ist jeweils ein Unterabschnitt »Exchange Rate Policy« gewidmet. In der Fassung vom 23.12.1998 wird darauf hingewiesen, daß exzessive Volatilität der Wechselkurse ein schwieriges Problem für die Weltwirtschaft darstelle, weil sie zu Einbußen des Wirtschaftswachstums und der Beschäftigung führe. Deshalb sei es notwendig, die Debatte über die Stabilisierung von Erwartungen und Wechselkursen zu forcieren, um ein Überschießen und scharfe Volatilitäten von Wechselkursen künftig zu vermeiden.

In der Fassung vom 19.1.1999 wird ausgeführt, daß die Finanzkrisen seit Mitte 1997 einmal mehr die starke Verzahnung nationaler Wirtschaftspolitiken und der wirtschaftlichen Entwicklung aller Länder bei zunehmender Globalisierung der Märkte verdeutlichten. Hingewiesen wird auch darauf, daß exzessive Wechselkursschwankungen besondere Aufmerksamkeit verdienten. Derartige Entwicklungen könnten Wirtschaftswachstum und Beschäftigung dämpfen.

Für die Endfassung des Papiers vom 21.1.1999 wurde der Abschnitt »Exchange Rate Policy« ersetzt durch »The Link between Employment and the International Financial Architecture«. Von Wechselkursen ist nicht mehr die Rede. Vielmehr wird angeregt, die Diskussion zur Verbesserung der internationalen Finanzarchitektur mit dem Ziel der Förderung von Stabilität, des Wirtschaftswachstums und der Beschäftigung allgemein zu intensivieren.

Die Kritik an meinem ersten konzeptionellen Papier für den Sherpa führte zu einer Neufassung. Auf Wunsch von Herrn Gretschmann, so mir vom Sous-Sherpa Finanzen übermittelt, wurde es auf eine einzige Seite gekürzt. Allein ein Abschnitt geht noch auf makroökonomische Politik und Wechselkursfragen ein. Auch das konnte im Bundeskanzleramt nicht gefallen. Mehrfach versuchte ich, Herrn Gretschmann telefonisch zu erreichen. Das gelang mir nicht. Er ist eben ein wichtiger Mann. Eines Abends konnte ich statt Herrn Gretschmann einen seiner wichtigsten Mitarbeiter erreichen. Ich hielt das Gespräch für so wichtig, daß ich zwei Mitarbeiter bat, zuzuhören.

Das Gespräch verlief turbulent. Ich fragte nach den Gründen der Ablehnung des Papiers. Die Antwort war schlicht: Es gebe eben keinen Konsens zwischen dem Bundeskanzleramt und dem Bundesfinanzministerium in Währungsfragen. Ich verlangte eine inhaltliche Begründung. Dann geschah etwas Ungewöhnliches. Der in der Hierarchie von Ministerien nachrangig eingeordnete Beamte schrie dem Ministerialdirektor über das Telefon zu, daß die ganze Richtung nicht passen würde, weil es ausgemachte Sache sei, jedenfalls aus der Sichtweise des Bundeskanzleramtes, daß jede Kooperation in Währungsfragen zwischen Ländern immer nur zu Lasten Deutschlands gehe. Das also war die Erklärung, sie wissen es nicht besser oder sie wollen es nicht besser wissen.

Im Januar hatte ich ein Gespräch mit Herrn Gretschmann über diese Fragen. Er war bis zum Regierungswechsel in Bonn Finanzwissenschaftler an der RWTH Aachen gewesen. Einen Studiengang Volkswirtschaftslehre gibt es dort nicht. Professor Gretschmann ist außerhalb Aachens unter Wirtschaftswissenschaftlern weitgehend unbekannt. Er kam über eine Bekanntschaft mit Kanzleramtsminister Hombach als Abteilungsleiter und Chefökonom in das Bundeskanzleramt. Er hat vor allem über Finanzprobleme von Kommunen und Fragen des Finanzausgleichs veröffentlicht, das ganz überwiegend in kaum bekannten Publikationsorganen. Von makroökonomischen Konzeptionen oder gar Währungsfragen versteht er wohl wenig, jedenfalls hat er sich dazu nie in Publikationen geäußert. Für einen Lehrstuhl an einer Universität mit der Ausrichtung auf Finanzfragen von Kommunen mag das ausreichen, aber genügt das auch, im Kanzleramt die Abteilung Wirtschaftspolitik zu leiten? Aber Herr Gretschmann ist multilingual, er kann in x Sprachen reden. Das reicht wohl aus, um gelegentliche Defizite bei inhaltlichen Fragen auszugleichen und im Bundeskanzleramt das Maß der Dinge für Kompetenz in allen ökonomischen Fragen zu werden. Herr Gretschmann meinte in unserem persönlichen Gespräch, mich mit Worthülsen über Allgemeine Gleichgewichtstheorie, walrasianische Auktionatoren und einen Vektor von Gleichgewichtspreisen bei vollständiger Konkurrenz beeindrucken zu müssen. Ich meinte, daß wir als Ordinarien der Volkswirtschaftslehre darauf verzichten sollten, uns hinter einem Rotwelsch zu verbergen. Jargon macht nur Eindruck, wenn der andere das nicht kennt. Gretschmann lachte herzlich. Zu Inhalten unseres Konzeptionspapiers nahm er keine Stellung. Er bemängelte allein das »wording« an einer einzigen Stelle.

»Wording« ist ein Begriff, den ich im Dienst des Finanzministeriums gelernt habe. Hierbei geht es um die Benennung von Sachverhalten, die im internationalen Dialog vielleicht konträr sein können, mit einem Substantiv oder Adjektiv, das möglichst jeden Widerstand ausräumt, freilich dann auch häufig jede Präzision vermissen läßt. »Eine Rose ist eine Rose ist eine Rose« wäre im internationalen Dialog mit den Partnern der G 7-Länder mit Gewißheit nicht durchsetzbar, hätte sich irgendein Teilnehmer einmal an einem Rosendorn verletzt, mit einer Rosenphobie als Langzeitfolge. Dann muß eine andere passende Wortschöpfung her. Das ist dann die hohe Zeit der Kunst des Umschreibens. Die Faxgeräte in den Amtsstuben von sieben Regierungen rund um die Welt laufen heiß. Immer wieder kommt es zu neuen Vorschlägen, Widerreden, Kompromißangeboten. Dabei geht es nicht um Substanz, Inhalte oder Konzeptionen, es geht allein um Bezeichnungen. Am Ende eines langwierigen und mühsamen Prozesses, der viel Arbeitskraft hochbezahlter Mitarbeiter mit hoher Qualifikation absorbiert, kommt es dann am Ende zu einer allseits akzeptierten Sprachregelung, die manchmal die ursprüngliche Intention nur noch schemenhaft erkennen läßt. »Wording« ist eine Bezeichnung für die Substitution von Konzeptionen durch Wortschöpfungen, gelegentlich daran orientiert, Nicht-Informierte mit ins Boot zu ziehen. Und das ist es auch, was internationale Kooperation manchmal ausmacht, Konzeptionen sind dann nachrangig, »wording« steht im Mittelpunkt.

Herrn Gretschmann störte es, daß in meinem Papier angeregt wird, außermarktmäßige Institutionen sollten die Kursentwicklung an den Devisenmärkten gestalten helfen. Ich meinte, dem könne durch ein Gespräch mit meinen »wording«-Spezialisten in der Abteilung leicht abgeholfen werden, es werde sich schon eine Sprachregelung finden lassen, die auch vom Bundeskanzleramt geteilt werden kann. Das war eine naive Fehleinschätzung. Es ging nicht um den einen oder anderen Begriff, vielmehr ging es um den Streit über Dominanz von zwei Führungspersönlichkeiten der Regierung, alles andere war vorgeschoben, Klaus Gretschmann führte wohl allein Weisungen aus und suchte irgendwelche Ansatzpunkte, die austauschbar sind.

Heiner Flassbeck und ich unterschätzten auch die Bedeutung, Herrn Gretschmann und nicht, wie zuvor üblich, den für den internationalen Bereich zuständigen Staatssekretär des Bundesfinanzministeriums mit der Aufgabe eines Sherpas zur Vorbereitung des G 7-Gipfels der Regierungschefs zu betrauen. Wir meinten, die Inhalte der Vorbereitung im Griff zu behalten. Denn die hauptsächlichen Themen des Kölner Gipfels vom Juni 1999 sollten die deutsche Initiative zur Linderung der finanziellen Belastung aus der Verschuldung der ärmsten Länder der Welt und – vorrangig – die Reform der internationalen Finanzarchitektur werden. Die inhaltliche Vorbereitung hierfür war bei der internationalen Abteilung des Finanzministeriums angesiedelt. Was blieb dem Sherpa in Eigenregie überlassen? Fragen zur Verhinderung der internationalen Geldwäsche, internationales Aids-Register, also Nebenschauplätze. Wir hatten nicht erkannt, daß »wording« und »drafting« als wichtiger erachtet werden als Inhalte und Konzeptionen. »Drafting« kennzeichnet die Anordnung der Themenreihenfolge, die Festlegung des Teilnehmerkreises, die Zuordnung von »Lead-Speakers« zu Themen, die Minuten, die den Themen gewidmet werden. Damit vor allem wird internationale Politik gemacht, das ist häufig wichtiger als die Substanz von Themen. Ist der Sherpa aber Herr des »wording« und »drafting«, dann dominiert er auch die Themen von Gipfelkonferenzen der G 7-Länder, nicht jene, die auf der Grundlage theoretischer Konzeptionen Inhalte vorbereiten. Konzeptionen sind nachrangig, »wording« und »drafting« sind wichtiger. Können so Gegenwart und Zukunft mit dem Ziel gestaltet werden, die wirtschaftlichen Bedingungen der Menschen zu verbessern?

Die Voraussetzungen für das G 33-Seminar waren also nicht gerade günstig. Viel unsachliche Kritik vorweg, Querschüsse des Kanzleramtes, wenig Sachkenntnis dabei. Aber an diesem Donnerstag ging es um die Kraft von Argumenten, das Spiel begann von neuem, hier wurde über unsere Position entschieden, nicht von der Presse, vom DIHT, vom Kanzleramt. Ich hatte drei Versionen mündlicher Erläuterungen unterschiedlicher Länge unseres Papiers zur Stabilisierung des Währungssystems erstellt. Am Tag zuvor hatte ich am Volkswirtschaftlichen Kolloquium der Bundesvereinigung Deutscher Arbeitgeberverbände teilgenommen. Folglich war am Dienstag eine Menge inhaltlicher Arbeit zu leisten. Das ging bis in die Nacht. Irgendwann gegen 17.00 Uhr platzte P. in mein Büro und verlangte, daß ich mich unverzüglich mit dem Leiter der Abteilung Z wegen irgendwelcher Raumfragen im Bundesfinanzministerium in Berlin in Verbindung zu setzen hätte. Für P. war diese Frage das zentrale Ereignis des Tages. Ich sah das nicht so. Der Umzug des Finanzministeriums nach Berlin war für Mitte August vorgesehen. Mein Vortrag bei der BDA war am nächsten Tag, die Konferenz auf dem Petersberg einen Tag darauf. Ich habe P. hinausgeworfen und Tage später in aller Ruhe die Fragen der Raumverteilung in Berlin mit dem hierfür zuständigen Abteilungsleiter einvernehmlich geklärt.

Es war vereinbart worden, daß sich die Delegierten der G 7-Länder in der Diskussion zurückhalten und nur eingreifen sollten, gäbe es Fragen zu den von ihnen gefertigten Papieren. Zu meiner Erleichterung mußte ich deshalb keine Erläuterung abgeben. Konferenzsprache war – wie üblich bei internationalen Konferenzen – englisch. Nicht zu verhehlen ist, daß ich Schwierigkeiten habe, Nuancen der Interpretation in die englische Sprache zu transportieren. Das »wording« ist meine Sache nicht, nicht in Deutsch, erst recht nicht in Englisch. Im bilateralen Gespräch ist das ein unwesentliches Hindernis. Bei internationalen Konferenzen, steht man der Macht der USA, Großbritanniens und des Internationalen Währungsfonds gegenüber, kann das erschwerend sein.

Die Diskussion lief gut. Delegierte vieler Länder teilten die von uns formulierte deutsche Position zum internationalen Währungssystem. Um 10.04 Uhr wurde von Dow Jones Newswires über unser Papier berichtet. Es ging bei Kyodo News in Frankfurt ein und wurde um 13.04 Uhr an die Pressestelle des Finanzministeriums übermittelt. Mir wurde die Meldung um 15.00 Uhr vorgelegt. Darin wird schlicht berichtet, es wird nicht hämisch verzerrend kommentiert, wie das in der Vergangenheit in vielen Presseberichten über unsere Vorschläge der Fall war. Deshalb sei diese Meldung in deutscher Übersetzung wiedergegeben:

> *Bonn (Dow Jones) – Das deutsche Finanzministerium hat am Dienstag ein System verbindlicher Konsultationsgespräche über Wechselkurse für den Fall vorgeschlagen, daß die wichtigsten Weltwährungen deutlich von zuvor öffentlich angekündigten Referenzwerten abweichen.*
>
> *Gemäß einem Vorschlag, der auf dem Treffen der sogenannten »Gruppe der 33«, den stellvertretenden Finanzministern und stellvertretenden Notenbankgouverneuren der sieben führenden Industrieländer und von Schwellenländern, in einem Arbeitspapier vorgestellt wurde, soll »die Verpflichtung zu Konsultationsgesprächen die Zentralbanken und Finanzministerien der beteiligten Länder, möglicherweise unter Einbeziehung des IWF (Internationalen Währungsfonds), in diesem Fall dazu veranlassen, eine gemeinsame Interpretation zur Wechselkursentwicklung abzugeben und – falls erforderlich – eine gemeinsame Strategie zur Stabilisierung der Wechselkurse zu verfolgen«.*
>
> *Diese Konsultationen sollen als zentraler Baustein des von Deutschland vorgeschlagenen Konzepts einer »gestalteten Flexibilität der Wechselkurse« dienen. Diese Ideen waren schon zuvor von Wolfgang Filc, dem Leiter der internationalen monetären Abteilung des Finanzministeriums, der*

die deutsche Delegation am Donnerstag leitet, in einem Interview dargelegt worden.

In dem Papier wird weiter ausgeführt, daß »Wechselkurse sich an den ökonomischen Fundamentalfaktoren der beteiligten Länder orientieren sollten, etwa Inflationsraten, Zinsniveaus, Lohnstückkosten, Produktivität und Wirtschaftswachstum«. Es wird hinzugefügt, daß Abwertungen aus Wettbewerbsgründen zu vermeiden sind.

Die Grundlage des Systems soll ein Satz von »Referenzwerten für reale und nominale Wechselkurse« sein, die »angemessenen Spielraum für die notwendigen Bewegungen« an den Devisenmärkten lassen. Eine Überprüfung dieser Werte solle alle sechs Monate stattfinden.

Wenn obere oder untere Grenzwerte erreicht werden, sind Konsultationen erforderlich. Der deutsche Vorschlag sieht vor, daß diese Treffen als Basis für gemeinsame Erklärungen und Interpretationen dienen sollen, welche – falls notwendig – als Grundlage für weitergehende Aktionen dienen.

In dem Papier wird weiter ausgeführt, daß »das Erreichen der Referenzwerte für nominale oder reale Wechselkurse nicht notwendigerweise zu Interventionen an den Devisenmärkten führt.«

Erste Maßnahmen könnten öffentliche Erklärungen der betroffenen Länder bezüglich der Selbsteinschätzung ihrer derzeitigen Wechselkursposition beinhalten sowie, möglicherweise, die Bekanntgabe politischer Absichten, erkannte Probleme zu bereinigen. Eine Koordination der Fiskal- und Geldpolitik könnte ebenfalls in Erwägung gezogen werden. Interventionen an den Devisenmärkten würden nur »unter außergewöhnlichen Umständen« stattfinden.

Wie aus dem Finanzministerium verlautete, würde eine gestaltete Flexibilität der Wechselkurse zwischen den großen Währungen – Euro, Dollar und Yen – helfen, die schäd-

lichen Effekte falscher Wechselkurse – »Inflation oder De-
flation und Rezession... auf einer globalen Ebene« – zu ver-
hindern.

Mein Eindruck war, das ist der von uns angestrebte Erfolg, wir sind
raus aus der Ecke, werden nicht länger als Störenfriede erachtet, wir
werden akzeptiert mit einem sachlich zu diskutierenden Konzept zur Stabilisierung der internationalen Währungs- und Finanzbeziehungen, das
nur durch verstärkte Kooperation zwischen den großen Industrieländern
zu verwirklichen ist.

So waren auch die Berichte deutscher Zeitungen am Tag darauf über
diese Konferenz. Als Beispiel sei die Meldung in »DIE WELT« wiedergegeben, eine Zeitung, der man nicht nachsagen kann, daß sie die Aktivitäten des Bundesfinanzministers und seiner Mannschaft seit dem Regierungswechsel mit großem Wohlwollen begleitet hätte.

Bonn will Währungssystem reformieren

Bonn. Die Bundesregierung hat zur Stärkung des Weltfi-
nanzsystems eine engere Anbindung der Leitwährungen
Euro, Dollar und Yen angeregt.

Finanzstaatssekretär Heiner Flassbeck schlug den stell-
vertretenden Finanzministern aus 33 Industrie- und
Schwellenländern bei einem Treffen auf dem Petersberg bei
Bonn vor, ein »System gestalteter Wechselkursflexibilität«
zu schaffen. Weder feste noch völlig freie Devisenkurse hät-
ten in der Vergangenheit die notwendige Stabilität in das
Weltfinanz- und Währungssystem gebracht, heißt es in dem
Diskussionspapier, das der Nachrichtenagentur Reuters am
Donnerstag vorlag.

Im Kern sieht der Vorschlag vor, in der Eingangsphase
die aktuellen Marktkurse der beteiligten Währungen als
Mittelwerte heranzuziehen und um sie herum obere und un-
tere Referenzwerte festzulegen. Die Marken sollen öffent-

lich bekannt gegeben und alle sechs Monate von den Finanzministern und Notenbankchefs der beteiligten Länder überprüft werden. Erreicht der Marktkurs einer Währung im Verhältnis zu einer anderen seinen oberen und unteren Referenzwert, müßten sich die Regierungen und Zentralbanken in obligatorischen Konsultationen darum bemühen, zu einer einheitlichen Interpretation und einer gemeinsamen Strategie zu kommen, die auch öffentlich gemacht werde. So könne den Marktteilnehmern eine klare Orientierung gegeben werden, betonte Flassbeck.

Das war eine erfreuliche Wende. Ich war froh über diesen Tag, konnte mich ein wenig zurücklehnen und die Entwicklung bis zum Beginn der Akzeptanz unserer Vorstellungen noch einmal überdenken. Zeitweilig mußte ich dazu in die zweite Reihe gehen. Denn Heiner Flassbeck, der die Konferenz leitete, meinte, daß ich bei der Diskussion der Frage des Einbeziehens des privaten Sektors bei Krisenlösungen meine Funktion als Leiter der deutschen Delegation an der Seite von Herrn Dr. Stark an einen Unterabteilungsleiter abgeben sollte. Herr Stark kommentierte das mit der Bemerkung, dies sei wohl Anzeichen meiner künftigen Ablösung als Leiter der Abteilung »Internationale Finanz- und Währungsbeziehungen«. Ich weiß nicht, was sich Heiner Flassbeck bei diesem Auswechseln gedacht hatte. Vielleicht nichts, aber angenehm war mir das nicht. Zuvor saßen dieser Unterabteilungsleiter und P. unmittelbar hinter mir. Sie nervten mich durch andauerndes Geschwätz. Weil ich keine Lust hatte, neben P. Platz zu nehmen und mir seine Redereien vom Leibe zu halten, verließ ich für einige Zeit den Konferenzraum. Draußen fragte mich eine Mitarbeiterin, ob ich mich verabschiedet hätte. Angenehm war mir auch das nicht.

Aber mir schien das G 33-Seminar der Durchbruch für unsere Vorstellungen zu werden. Endlich weg von ungerechtfertigten Anschuldigungen, Aussicht auf unverkrampfte Diskussionen, orientiert an Konzeptionen, nicht an »wording«. Herrliche Aussichten. Jedenfalls für einen, der auszog, um einen Beitrag für eine stabilere internationale Finanzarchitektur zu leisten. Wie kurzsichtig das doch war.

Gegen 17.20 Uhr verließ Heiner Flassbeck seinen Platz als Leiter des Seminars und ging in den Vorraum des Konferenzsaals. Ein Referatsleiter der Abteilung, der ihm zusammen mit Gavin Bingham von der Bank für Internationalen Zahlungsausgleich assistiert hatte, war etwas irritiert, weil er annahm, ab nun die Leitung übernehmen zu müssen. Fünf Minuten später kam Heiner Flassbeck zurück. Pünktlich wie vorgesehen um 17.45 Uhr beendete er das Seminar. Entgegen der üblichen Vorgehensweise eines Versuchs der Zusammenfassung der unterschiedlichen Beiträge durch den Leiter einer Konferenz verzichtete er darauf. Kurz darauf trafen sich die deutschen Teilnehmer, welche die nach meinem Eindruck sehr erfolgreiche Konferenz vorbereitet und daran teilgenommen hatten, im Raum der deutschen Delegation. Heiner Flassbeck bedankte sich für die geleistete Arbeit. Dann teilte er uns mit, daß Bundesfinanzminister Lafontaine zurückgetreten war.

Das war es dann, das Ende einer Dienstfahrt. Das war mir intuitiv klar. Eingefügt ist deshalb eine Liste meiner Aktivitäten im Bundesfinanzministerium zur Reform der internationalen Finanzarchitektur bis zum Rücktritt von Oskar Lafontaine. Das waren Tätigkeiten, die über den Alltagstrott eines Abteilungsleiters hinausgehen. Sie sind nur möglich, wenn von Anfang an eine klare, gewachsene und gefestigte Konzeption vorliegt. Zudem ist das nur zu bewältigen, wenn man sich für eine als richtig erkannte Sache ausbeutet und auf ein privates Leben am Dienstort zu verzichten bereit ist. Nach dem Rücktritt von Oskar Lafontaine sah ich keinen Sinn mehr darin, diese Arbeiten fortzusetzen.

Tätigkeiten im Zusammenhang mit »Finanzarchitektur« seit Dezember 1998

1. Teilnahme an einer Konferenz zur Neugestaltung der Finanzarchitektur, London, 3. – 4.12.1998

2. Paper »Remarks on a New Financial Architecture: A German View«, für Gespräch im Finanzministerium Frankreichs am 23.12.1998

3. Paper »Macroeconomic Prerequisites for Financial Market Stability« für Sherpa, 23.12.1998

4. Gespräch am 11.1.1999 mit Christa Müller, Vorbereitung eines Kolloquiums der Friedrich-Ebert-Stiftung zur Stabilisierung des internationalen Finanzsystems

5. Pressegespräche: 6.1.1999 (Fuchs-Briefe), 8.1.1999 (Der Spiegel), 22.1.1999 (Die Zeit), 22.1.1999 (Capital), 23.1.1999 (FAZ), 6.2. 1999 (Le Monde), 1.3.1999 (Die Zeit), 9.3.1999 (Die Zeit, FAZ, Capital)

6. Gespräche mit Vertretern internationaler Institutionen: EBRD (19.1. 1999), OECD (12.1. und 22.1.1999), Worldbank (20. und 26.1. 1999) G 24 (27.1.1999)

7. Beitrag für die Tagung »Inventing the Organizations of the 21st Century«, »Ideas on the New Architecture of International Finance«, 6.2.99 (Veröffentlichung im Internet unter http://www.siemens.com/ sbs/en/company/activities/21century/workshop5)

8. Interview mit »Welt am Sonntag« (»Wir brauchen Regeln«), 14.2. 1999

9. Paper »New architecture of the world financial markets: stocktaking and prospects from the German view«, 10.2.1999, für EU 11

10. Paper »Exchange Rate Systems and Consistent Macroeconomic Policies«, 11.2.1999, revidierte Fassung 2.3.1999, für G 7 und G 33

11. »Leitplanken für Finanzmärkte«, Börsen-Zeitung, 19.2.1999

12. Diskussion deutscher Papiere und Vortrag mit Diskussion zur Finanzarchitektur bei IMF, Worldbank, U.S. Federal Reserve System, 22. – 23.2.1999, Washington, D.C.

13. Mündliche Vorstellung und Diskussion eines deutschen Beitrags zur Neugestaltung der internationalen Finanzarchitektur bei G 24-Technical Group, 3.3.1999, Colombo

14. Interview mit der japanischen Zeitung »Asahi Shimbun« zur Frage der Stabilisierung der Wechselkurse, 3.3.1999

15. Vortrag mit Diskussion: »Voraussetzungen stabiler Finanzmärkte«,

Volkswirtschaftliches Kolloquium der BDA, Frankfurt a.M., 10.3.
1999, (vgl. FAZ, 12.3.1999)

16. Vortrag mit Diskussion: »Perspectives of Global Financial Market
Stability«, Symposium der Friedrich-Ebert-Stiftung »The Euro and
the New International Financial Order«, Brüssel, 22. – 23.3.1999

17. »Die Finanzmärkte sind ineffizient – Schlußfolgerungen für ein neues Weltfinanzsystem«, in: Entwicklung und Zusammenarbeit, 40.
Jg., März 1999, S. 72 – 75

Der Rücktritt

Die Reaktionen auf dem G 33-Seminar

Wir waren konsterniert, wie gelähmt, als wäre ein Blitz eingeschlagen. Heiner Flassbeck berichtete über das zuvor undenkbare Ereignis scheinbar ungerührt. Erst später wurde mir klar, welche Leistung ihm das abverlangt haben mußte. Denn er war der Spiritus rector der ökonomischen Konzeption des Ministers. Heiner Flassbeck dachte vor, gab die Stichworte, formulierte wirtschaftspolitische Aussagen von Oskar Lafontaine. Heiner Flassbeck war es auch, der den Jahreswirtschaftsbericht der Bundesregierung 1999 weitgehend bestimmt hatte, kaum gelesen von der Journaille, dennoch von ihr verrissen, weil kaum jemand bereit war, ihn inhaltlich zur Kenntnis zu nehmen, vielleicht auch nicht fähig, die Konzeption zu begreifen oder sie vernünftig und nicht selektiv und vor allem abwertend zu kommentieren. Heiner Flassbeck mußte sich also darüber klar sein, daß er an diesem 11. März 1999 mit seinen Ideen vor einem Scherbenhaufen stand, daß sein Wirken für die Wiederbelebung makroökonomischer Gedanken bei der Formulierung von Konzepten für die Finanz- und Währungspolitik nach dem Rücktritt von Oskar Lafontaine ein kurzes Intermezzo bleiben wird. Vielleicht war seine unterkühlt erscheinende Reaktion auf den Rücktritt vergleichbar mit einem Schnitt in den Finger: Der Schmerz kommt erst später. Später hörte ich, daß er sich nach Konferenzschluß mit einigen Getreuen zum Abendessen getroffen hätte. Soweit ich ihn kenne, ist das wohl seine übliche Reaktion, wenn es ihm sehr gut geht, wenn es ihm schlecht geht. Er geht mit einigen Freunden lecker essen. Das ist gewiß die bessere Reaktion, als sich über einen gelungenen Tag für sich zu freuen oder im Falle eines schlechten Ergebnisses allein einer Ursachenforschung nachzugehen.

Heiner Flassbeck ist seit vielen Jahren einer der angesehensten Konjunkturforscher Deutschlands, trotz aller Kritik in allen Wirtschaftsforschungsinstituten und in der weiteren Fachwelt als wichtige Gegenposition einer einseitig angebotsorientierten Politik geachtet. Gewiß, es gab verständlicherweise Spannungen zwischen dem bekennenden Keynesianer Heiner Flassbeck, der sich auch der Mühe unterzog, Keynes, Ricardo, Schumpeter und Hayek im Originaltext zu lesen, und jenen Ökonomen, die ihre Argumentation auf das neoklassische Paradigma stützen. Aber abgesehen von einigen Glaubenskriegern aus dem neoklassischen Lager war Heiner Flassbeck von allen anderen als streitbarer Geist und interessanter Diskussionspartner geachtet und akzeptiert.

Der Lafontaine nachfolgende Finanzminister soll sich über die von seinem Vorgänger berufenen Finanzstaatssekretäre, folgt man dem »SPIEGEL«, wie folgt geäußert haben: »*Claus Noé hat das gesamte Finanzministerium gegen sich aufgebracht, Heiner Flassbeck den Rest der Welt.*« Für Flassbeck trifft diese Einschätzung zu. Er war, zumindest im Kreis der G 7, also in einem Bereich, den ich zu beurteilen vermag, der Kontrapunkt der extrem marktradikalen Sicht der USA und Großbritanniens. Mit der neuen Führungsmannschaft im Finanzministerium kam, wie man mir im Kreis der Stellvertreter der Finanzstaatssekretäre der G 7-Länder sagte, zum ersten Mal seit vielen Jahren wieder eine kontroverse, aber auch konstruktive Diskussion in Gang, zunächst sehr personenbezogen geführt, erst Anfang März in ruhigeren Bahnen verlaufend und mehr an der Sache orientiert. Es wurde nicht mehr alles kommentarlos hingenommen, nur deshalb, weil es von einem Mitglied der amerikanischen Delegation angeregt oder abgelehnt wurde. Ich hielt das für den richtigen Weg, um die Diskussion zur Reform der internationalen Finanzarchitektur von prozeduralen Vorgängen auf substantielle Fragen zu leiten, insbesondere auf makroökonomische Ursachen von Finanzmarktkrisen, die bis dahin kaum Beachtung gefunden hatten.

Nach der Mitteilung von Heiner Flassbeck saßen wir noch eine halbe Stunde zusammen. Es wurde irgendein Schnaps getrunken, vielleicht zwei oder drei Gläser. Keiner konnte verstehen, was da vorgegangen sein mochte. Die meisten Mitglieder der deutschen Delegation waren still und wirkten betroffen. Die einzige Ausnahme bildete P.. Im Gang vor dem Raum der deutschen Delegation stellte mich eine Journalistin der »FAZ«. Sie fragte mich nach möglichen Ursachen des Rücktritts. Ich konnte nicht antworten. Ich wußte nichts, ich wollte auch nicht darüber reden.

Wenige Meter entfernt diskutierten heftig der Referatsleiter, der Heiner Flassbeck unterstützt hatte, und P.. P. war allein mit sich selbst beschäftigt. Er beklagte unüberhörbar die ihm widerfahrene Ungerechtigkeit, daß nach dem Regierungswechsel nicht er als Mitglied der SPD, sondern irgendein Externer mit der Leitung der Abteilung beauftragt wurde. Recht so, daß der Minister verschwindet. Sein Gesprächspartner versuchte vergebens, das Klagelied von P. zu dämpfen. P. zog laut lamentierend ab. Das war seine Reaktion auf den Rücktritt, wie armselig. Vermutlich hat er später den Rücktritt von Oskar Lafontaine in der Erwartung gefeiert, jetzt endlich den von ihm ersehnten Karriereschritt vollziehen zu können.

Mitglieder der Delegationen anderer Länder fragten mich, was geschehen sei, warum, welche Konsequenzen sich daraus ergeben würden, für die von uns vertretene Konzeption, für Heiner Flassbeck, für mich. Die meisten zeigten sich betroffen, jedenfalls überrascht. Was aber soll man sagen, wenn man absolut nichts weiß?

Für den Abend war ein gemeinsames Essen mit zwei Mitarbeitern der Abteilung sowie mit Gavin Bingham von der Bank für Internationalen Zahlungsausgleich vorgesehen. Alle drei hatten wichtige Beiträge zur Vorbereitung der Konferenz geleistet. Das wurde eingehalten. Ich weiß nicht, was wir aßen. Das war mir auch gleichgültig. Ich stocherte auf meinem Teller herum und sprach das, was nötig war. Ich war froh, daß Gavin Bingham uns nach der Vorspeise verlassen mußte, um an einem anderen Treffen teilzunehmen. Dann fuhr mich mein Fahrer in mein Domizil. Ich sprach an diesem Abend lange mit meiner Frau. Das hat mir ein wenig geholfen.

Die Reaktionen der Öffentlichkeit

Die auf den Rücktritt folgenden Kommentare der Öffentlichkeit, vor allem der Wirtschaft, waren geradezu euphorisch. Endlich war der Mann weg, der von den Medien als ökonomischer Scharlatan und ursächlich für nahezu jedes wirtschaftliche Problem in Deutschland dargestellt worden war, nämlich Oskar Lafontaine. Es heißt, daß in Chefetagen der deutschen Industrie die Champagnerkorken geknallt haben sollen. Tags darauf war nachzulesen, daß einige Industrieführer den Rücktritt des Bundesfinanzministers als eines der erfreulichsten Ereignisse ihres Lebens empfunden hätten. Welches Leben müssen die führen, die so empfinden.

Die Reaktion der Finanzmärkte auf den Rücktritt des Bundesfinanzministers war so, wie es von diesen Märkten zu erwarten war: Anstieg der Aktienkurse, Rückgang von Zinssätzen, Stabilisierung des Euros. Der schwache Lafontaine-Euro schien Vergangenheit zu sein, jetzt geht es wieder bergauf, mit dem Euro und auch sonst. Aber wem hilft es, wenn der Kurs des Euros an den Devisenmärkten steigt, obgleich das Wirtschaftswachstum in den großen Ländern der Europäischen Union weit hinter dem der USA zurückbleibt? Wen interessiert das schon in den Medien, wer weiß etwas darüber, wer kann das beurteilen? Dr. Rainer Hank, der meinen Beitrag beim Volkswirtschaftlichen Kolloquium der Bundesvereinigung Deutscher Arbeitgeberverbände so unfair kommentiert hatte, soll Theologe sein. Warum muß ein Wirtschaftsjournalist einer großen deutschen Tageszeitung, hinter der sich seit jeher intelligente und seit geraumer Zeit auch noch prominente Köpfe befinden, ökonomische Kenntnisse aufweisen? Im deutschen Journalismus ist das wohl nicht mehr gefragt.

Die »Neue Zürcher Zeitung« kommentierte am 12. März 1999 den Rücktritt des Bundesfinanzministers mit »*Aufatmen in der Wirtschaft*«. Berichtet wird über eine spürbare Erleichterung in weiten Kreisen der Wirtschaft. Damit, so der Kommentar, sei ein neues Maß an Freiheit zur Bestimmung des wirtschaftspolitischen Standortes Deutschland zurückgewonnen. Denn die Zeit von Lafontaine an der Spitze des deutschen Finanzministeriums sei geprägt gewesen von Unstetigkeit, Hektik und wirtschaftlichem Unverständnis. Kritisiert wurde die »*vulgär-keynesianische Makro-Hydraulik*« einer Nachfrage-Umverteilungspolitik. Das, so diese Zeitung, habe die wirtschaftspolitische Atmosphäre vergiftet. Kritisiert werden Inkonsistenz in der Wirtschaftspolitik und schlampige Arbeit. Die Folge, so diese Zeitung, sei ein Chaos in der deutschen Wirtschaftspolitik gewesen. Lafontaine habe während seiner Amtszeit auf dem nationalen und internationalen Parkett nicht sehr glücklich operiert und sich viele Gegner geschaffen. Fast nichts, so die Sichtweise dieser Zeitung, was an Kritik an der Bundesregierung seit der Bundestagswahl geäußert wurde, sei nicht auf Fehler des Bundesfinanzministers zurückzuführen. Der Rücktritt sei deshalb eine Erleichterung, um jetzt angemessene Rahmenbedingungen schaffen zu können, innerhalb derer Wirtschaft und Beschäftigung wachsen können.

Die »FAZ«, seit jeher besonders darauf trainiert, die SPD zu jagen, hatte nach dem Rücktritt einen guten Tag. Kritisiert wird, daß Lafontaine die Finanzpolitik als Mittel erachtet hatte, die Einkommensverteilung zugunsten kleiner und mittlerer Einkommen zu verändern, sein Gerechtigkeitsideal als Maßstab und Ziel der Finanzpolitik, verankert im Wahlprogramm der SPD und im Koalitionsvertrag mit den Grünen. Kritisiert wird auch, daß Lafontaine nichts unversucht ließ, um die Geldpolitik auch an dem Ziel eines angemessenen Wirtschaftswachstums und einer hohen Beschäftigung zu orientieren. Diese Kritik ist aus der Sichtweise der Mehrheit der Leser dieser Zeitung nur zu verständlich. Das sind Geldvermögensbesitzer, mit hohem Einkommen und großem Vermögen ausgestattet, sie unterliegen nicht der unmittelbaren Gefahr der Arbeitslosigkeit, sie schrecken vor jedem Zehntel eines Prozentpunktes an höherer Inflation zurück, weil das ihren Realvermögenszuwachs beschneidet. Sie haben eben keinen Sinn für die Probleme der Arbeitslosen, der kleinen Leute. Deshalb ist auch die Bewertung dieser Zeitung verständlich, daß das Bemühen Lafontaines um Stabilisierung der Wechselkurse an die Grenze des Lächerlichen ging. Lächerlich ist das aus der Sichtweise jener, die aus Turbulenzen an Finanzmärkten Riesengewinne einstreichen. Dabei ist es selbstverständlich gleichgültig, ob dem Massenarbeitslosigkeit gegenübersteht, denn das ist das Problem anderer. Unverhohlen wird hier für einen Salto rückwärts plädiert: weitere Umverteilung von unten nach oben, Orientierung an den Interessen der Vermögensbesitzer.

Kein Wunder, daß die Zeitung »DIE WELT« in dieselbe Kerbe schlägt. Man macht sich her über alberne Pläne zur Stabilisierung des Währungssystems. Zwar werden die tatsächlichen Vorschläge entweder gar nicht, grob verzerrend oder falsch dargestellt, aber es wird registriert, daß insbesondere die Amerikaner hierin eine Begrenzung von Profitmöglichkeiten ihrer Finanzindustrie argwöhnen und sie deshalb ablehnen. Die Konsequenz aus der Sichtweise dieser Zeitung: Diese Pläne führten zu einem Verlust des Vertrauens von Anlegern in die künftige Stabilität der europäischen Währung mit der Folge des Abzugs von Geld aus Europa. Das setze sowohl die Aktienbörsen als auch den Euro unter Druck. Zwar macht diese Argumentation keinen ökonomischen Sinn, aber sie ist aus der Sicht der Chefredaktion für den durchschnittlichen Leser dieser Zeitung wohl das, was er lesen möchte. Nach dem Rücktritt von Lafontaine habe es an den Börsen zunächst einmal Entwarnung gegeben. Auch die Amerikaner hätten aufgeatmet. Und ein deutscher Banker sei beruhigt gewesen, daß Lafontaines Pläne für eine neue Weltwährungsordnung nun in den Aktenschränken des Ministeriums verschwunden sind. Das wird wohl so sein. Ob das für die Weltwirtschaft ein Vorteil ist, wird die Reaktion auf die nächste Finanzmarktkrise zeigen.

Das »Handelsblatt«, ebenfalls nicht gerade als Kostgänger wirtschaftspolitischer Vorstellungen der traditionellen SPD bekannt, schreibt, im Bundesfinanzministerium herrsche Erleichterung über den Rücktritt des Finanzministers. Unmittelbar nach Beendigung der G 33-Konferenz hatte ich, von einer einzigen Ausnahme abgesehen, einen gegensätzlichen Eindruck. Lafontaine stand für Visionen, für einen inhaltlichen Kurswechsel, der begründet worden war, für eine Konzeption. Richtig ist, wenn das »Handelsblatt« bemerkt, daß Lafontaine geradezu messianisch einen Politikwechsel wollte. Aber nur so kann es gelingen, einen eingespielten Trott zu verändern. Daß dies nicht von heute auf morgen gehen kann, sollte selbst Zeitungsredakteuren aus ihrer eigenen Erfahrung bekannt sein, etwa dann, wenn Änderungen der Prioritäten in ihrem Blatt durchzusetzen sind. Berichtet wird in dieser Zeitung über »Chaos« im Finanzministerium. »Chaos« kennzeichnet vollständig unvorhersehbare Entwicklungen. Meine Erfahrung in der kurzen Zeit meiner Mitarbeit im Finanzministerium kann diesen Eindruck nicht bestätigen. Unvorhersehbar sind offensichtlich Staus auf Autobahnen. Rechenergebnisse als Folge veränderter Grundlagen dagegen sind nicht Chaos zuzurechnen, sie werden später schlicht revidiert, nämlich dann, wenn zuverlässigere Basisdaten vorliegen.

Die »Süddeutsche Zeitung« stellte fest, Lafontaine habe mit seinen wirtschaftspolitischen Beratern im Gegensatz zu Wirtschaft und Wissenschaft gestanden. Sicher, jeder, der sich mit Unterprivilegierten verbündet, steht im Gegensatz zur Industrielobby. Aber sind die Arbeitnehmer in den Verwaltungen und Werkhallen nicht auch Teilnehmer der Wirtschaft? Diese Zeitung beruft sich in ihrem Urteil über Heiner Flassbeck auf Norbert Walter von der Deutschen Bank. Walter kritisiert an Oskar Lafontaines Beraterteam um Flassbeck und Claus Noé: Klug, elitär und ohne politisches Feingefühl. Ihre Thesen widersprechen nach der Auffassung von Walter nicht nur den Vorstellungen von Unternehmern, sondern auch der meisten Ökonomen. Was ist daran auszusetzen? Wäre der Mehrheitsmeinung gefolgt worden, gäbe es heute noch vierstellige Postleitzahlen. Wer etwas verändern will, muß bereit sein, überkommene Konventionen in Frage zu stellen. Gescholten wird in diesem Beitrag die Kritik von Claus Noé an dem »vordemokratischen Gehabe« der Bundesbank, am Vorschlag von Heiner Flassbeck, die Wechselkurse zu stabilisieren. Vermerkt wird, daß der amerikanische Vizefinanzminister Lawrence Summers von dieser Idee nichts hält. Konsequenterweise wird hieraus gefolgert, daß aus diesen Plänen nichts wird. Das wird wohl so sein. Man wird sehen, welche Konsequenzen das für die Weltwirtschaft in der nächsten Finanzmarktkrise haben wird.

Die »Westdeutsche Allgemeine Zeitung« fragt, was Lafontaine bewogen haben mag, die Brocken hinzuwerfen. Die Antwort: Im Wettstreit kann sich allein der Stärkere durchsetzen. Das ist aus der Sichtweise dieser Zeitung der Bundeskanzler. Ich hätte darauf gewettet, daß sich der intellektuell eindeutig Stärkere, nämlich Oskar Lafontaine, durchsetzen wird. Daß es anders kam, daß sich jener durchgesetzt hat, der mit den Medien besser zurechtkommt, der aber keine eigenständige Konzeption hat, der von sich aus nicht bereit ist, etwas so zu verändern, daß es den Interessen der Mehrheit in diesem Land und in der Weltwirtschaft zum Vorteil gereicht, das ist es, was mich hinsichtlich der künftigen Entwicklung in Deutschland mutlos werden läßt. Es ist nicht die Vorliebe für besondere Zigarren oder die Anzüge eines Prominentenschneiders, die diesen Pessimismus begründet, vielmehr die darin deutlich werdende Fixierung auf Äußerlichkeiten, nicht auf Konzeptionen, nicht auf innere Werte, die den Menschen dienen sollen. Wie diese Zeitung, so sehe auch ich in dem Rücktritt Lafontaines einen Akt in einem Schauspiel, der den Kampf um die Macht und um den Politikentwurf von Rot-Grün darstellt. Wie wird das wohl ausgehen?

Thomas Hanke, »DIE ZEIT«, sah eine wesentliche Ursache für den Rücktritt des Bundesfinanzministers in einer Kombination aus innerem Konflikt und Druck von außen. Er schreibt, daß Lafontaine und seine Mitarbeiter spüren konnten, wie stark sie sich mit ihren Forderungen nach sinkenden Zinsen und einem neuen Wechselkurssystem isoliert hatten. »*Wir sind doch eine Sekte hier, wir werden jetzt alle ausgemerzt*«, zitiert der Autor kurz nach dem Rücktritt von Lafontaine einen Mitarbeiter, den Lafontaine ins Finanzministerium geholt hatte. Thomas Hanke meint, daß die von Lafontaine ins Finanzministerium geholten neuen Führungsleute in der Öffentlichkeit als Vertreter einer Minderheitsmeinung aufgetreten wären, die mit beleidigtem Unterton einen akademischen Diskurs geführt hätten. Erwähnt wird »*ein missionarischer Eifer*«, mit der seine Getreuen ihre Ideen vertreten hätten. Kritisiert wird, daß ein Kreuzzug für stabile Wechselkurse stattgefunden habe, daß ein neuer Mitarbeiter im Finanzministerium verlangt hätte, den Minister für die Präsentation grafischer Darstellungen mit einem Overhead-Projektor zu versorgen. Mir ist nur ein Mitarbeiter im Finanzministerium bekannt, der eine derartige visuelle Unterstützung der Argumentation kritisieren kann, P., der sich empört zeigte, als ein leitender Mitarbeiter nach der Aufnahme seines Dienstes im Bundesfinanzministerium diesen Vorschlag unterbreitet hatte, und das auch noch schriftlich. Kritisiert wird, daß Lafontaine und seine Berater eine Zinssenkung zur Schlüsselfrage für Europa hochstilisiert hätten. Dabei sei, und das ist eine berechtigte Kritik, die Diskussion über eine gesamteuropäische Wirtschafts- und Finanzpolitik nicht mehr genügend beachtet worden. Aber bis heute vermag niemand zu sagen, worin denn die fundamental andere Linie Schröders in der Wirtschafts-, Finanz- und Währungspolitik liegen könnte. Denn Konturen einer vom Bundeskanzler ausgehenden Richtlinie der Politik in diesen Bereichen sind nicht zu erkennen.

Die »Westdeutsche Allgemeine Zeitung« ergänzte in einem weiteren Beitrag zum Rücktritt des Bundesfinanzministers, dies sei Ergebnis eines Hahnenkampfes in der Regierung gewesen, den kaum jemand verstehen könne, mit der Folge, daß in der SPD-Bundestagsfraktion der Witz die Runde mache, daß im Jahre 2002 Johannes Rau als Bundespräsident der einzige Sozialdemokrat mit politischer Verantwortung sein werde.

Gleich nach dem Rücktritt von Lafontaine wurde darüber spekuliert, was aus Lafontaines Mannschaft im Finanzministerium wird. Nachdem feststand, daß Hans Eichel, gerade als Ministerpräsident Hessens abgewählt, das Bundesfinanzministerium übernehmen wird, wurden mögliche Nachfolger aus Wiesbaden für das Amt eines Staatssekretärs in Bonn gehandelt. »Bild am Sonntag« machte sich lächerlich über die Staatssekretäre Flassbeck und Noé und warf dem Bund Verschwendung vor, weil beide Staatssekretäre auf gesetzlich geregelte Pensionsansprüche pochen könnten. Claus Noé rechnete mir vor, daß sich sein Vorteil, gemessen am Barwert, auf DM 13.000,- belaufen würde. Heiner Flassbeck, der mit 48 Jahren in den einstweiligen Ruhestand verschickt wurde, hat da ganz andere Sorgen. Was macht jemand, der im Zenit seiner Leistungsfähigkeit steht, wenn er, nach geradezu euphorischen Kommentaren von »Handelsblatt« und »SPIEGEL« bei seinem Amtsantritt, nach so kurzer Zeit, auch als Folge einer zum großen Teil unberechtigten Medienhatz, zwangsweise in den Ruhestand abgeschoben wird?

Die »FAZ« stellte am 15.3.1999 auch in Frage, ob der als Abteilungsleiter für Währungsfragen ins Haus geholte Trierer Ökonom Wolfgang Filc, der Lafontaines Kritik an der Bundesbank öffentlich unterstützte, noch haltbar sei. Als ausgemachte Sache schien es der »FAZ«, daß die beiden von Lafontaine bestellten Staatssekretäre entlassen würden.

Der »Tagesspiegel« kommentierte, der Rücktritt von Lafontaine sei Beleg dafür, daß die Nachfragepolitik auf Sand gelaufen ist. Ein ganzer Stab sollte Lafontaines Kurs populär machen, das aber ohne Erfolg. Claus Noé und Heiner Flassbeck hätten verbissen daran gearbeitet, die Nachfragepolitik in der wissenschaftlichen Politikberatung zu verankern. Das ist zwar richtig. Übersehen wird aber wieder einmal, daß, wie im Jahreswirtschaftsbericht der Bundesregierung 1999 dargelegt, Nachfragepolitik nur bei Beachtung der Angebotsmöglichkeiten Sinn macht.

Die »Saarbrücker Zeitung« stellte heraus, daß Lafontaines Wirtschaftsleute aller Welt mit Forderungen nach Währungskorridoren auf die Nerven gegangen wären. Auch in Deutschland seien wirtschaftspolitische Einlassungen des SPD-Politikers und Diplom-Physikers auf deutlichen Widerstand gestoßen. Der Finanzminister und Heiner Flassbeck hätten die Industrie verschreckt. Beleg für das positive Signal des Rücktritts sei die Explosion der Börsenkurse.

Die »Bonner Rundschau« kommentierte den Rücktritt zurückhaltender. Hingewiesen wird auf den Konflikt zwischen der Macht der Notenbanken und der Arbeitslosigkeit, zwischen einer nachfrage- und angebotsorientierten Wirtschafts-, Finanz- und auch Geldpolitik.

Die »Stuttgarter Zeitung« deutete den Rücktritt des Politstars Lafontaine als schwere Regierungskrise. Denn Lafontaine sei schließlich nicht irgendein Minister gewesen. Er sei auch mehr als nur ein herausgehobener Minister gewesen, er spielte als Vorsitzender der SPD beinahe zwangsläufig die Rolle eines Gegenpols zum Bundeskanzler. Folglich sei sein Rücktritt Ergebnis eines Machtkampfes, Sieger Schröder, Verlierer Lafontaine. Die Folgerung lautet, daß der Nachfolger als Bundesfinanzminister vor allem für finanzpolitische Solidität und gegen jegliches Abenteurertum stehen solle. Man könne den Nachfolger in diesem Amt als phantasielos schelten. Hauptsache sei, daß er die Staatsfinanzen in Ordnung hält.

Eine der wenigen Ausnahmen von Jubelkommentaren zum Rücktritt von Oskar Lafontaine findet sich in der »Frankfurter Rundschau«. Hier ist die Rede davon, daß diese Entscheidung Ausdruck für den weltweiten Sieg des Kapitalismus sei, für einen Kapitalismus, der allein den Vermögensbesitzern dient, nicht den Arbeitslosen. Der konservative »Le Figaro« kommentierte: »*Ein Opfer der Wirtschaft*«, die linksliberale Zeitung »Il Messaggiero« titelte: »*Durchbruch für den Wirtschaftsliberalismus*«. Der Name Lafontaine stand, so dieser Kommentar, im Zeitalter der Modernisierer für veraltete Begriffe wie Gerechtigkeit, Umverteilung und

Umweltschutz. Im Zeitalter des triumphierenden angelsächsischen Kapitalismus seien das keine Inhalte mehr, die zum Erfolg verhelfen könnten. In der Sichtweise des Journalisten gebühr den Chefstrategen in den Vorstandsetagen der Versicherungs- und Stromwirtschaft, denen es gelungen war, ihre Brancheninteressen als Gemeinwohl der gesamten Wirtschaft und der ganzen Gesellschaft darzustellen, der Orden für den Rücktritt von Oskar Lafontaine. All das nach dem Motto: Was gut ist für General Motors, ist gut für Amerika, was gut ist für Allianz in München, ist gut für die Allianz in Bonn. Der Rücktritt des Finanzministers gebe der Regierung die Möglichkeit, gegenüber einer Mentalität zu Felde zu ziehen, die jedes wirtschaftliche Problem eines einzelnen dem Staat überantwortet. Das lädt ein zu einem weisen Ausdünnen des sozialen Netzes, zu einem Steuersenkungswettlauf zugunsten der Wirtschaft in Richtung Nullpunkt. Welche Aussichten, Deutschland.

Peter Glotz ging in seinem Beitrag zum Rücktritt von Oskar Lafontaine in »Die Woche« vor allem auf dessen charakterlichen Eigenschaften ein, weniger auf aktuelle Vorfälle oder Kontroversen. Er stellt fest, daß Lafontaine zum Schluß herrisch verpanzert gewesen sei, weil die vielen Wunden bei jedem Witterungsumschwung geschmerzt hätten. Ich denke, daß es so gewesen sein kann. Oskar Lafontaine kam mit der Vielzahl von Belastungen und Anfeindungen wohl nicht mehr zurecht. Und er hatte bei Bewältigung all dieser Schmerzen wohl auch zu wenig Unterstützung. Vielleicht liegt das auch an uns, an seiner Mannschaft. Aber wie kann man das erahnen, wenn man von der Kraft dieses Mannes überzeugt ist? Peter Glotz schließt seinen Kommentar wie folgt:

> *Oskar Lafontaine ist gegangen, obwohl er nicht hätte gehen müssen. Er war der Klassenprimus. Die Klasse tuschelt jetzt. Lasst sie tuscheln. Bleibt nur die Frage, ob der Oskar spurlos verschwindet oder irgendwo wieder auftaucht. Für eine gänzlich neue Karriere ist er zu alt. Für die Rolle des Zausels hinterm Berg ist er zu jung. Wie wird er auf die Hoffnungen antworten, die immer noch auf ihn gerichtet sind?*

Norman Birnbaum kommentierte den Rücktritt von Oskar Lafontaine zwei Wochen später in »Die Woche« kritisch und hinsichtlich des künftigen Kurses der Regierungskoalition sehr skeptisch. Er meint, daß das Ende der Koalition mit den Grünen nicht lange auf sich warten lassen werde. Er stellt fest, daß sich Deutschlands große Unternehmen derweil mit schier unglaublicher Arroganz gebärdeten. Sie würden Reform im neuen deutschen Wörterbuch als Synonym für systematischen Sozialdarwinismus erachten. Sie seien über Lafontaines Absicht erbittert gewesen, eher die großen Profite zu besteuern als bescheidene Einkommen. Das Kanzleramt hätte sich von dem einzigen Sozialdemokraten in Panik versetzen lassen, der seine Legitimation vom Wählerwillen ableitete, statt von den Herrschern über die deutsche und internationale Wirtschaft. Ferner wird darauf hingewiesen, daß in einer Demokratie selten ein hoher Politiker Objekt eines so fein abgestimmten Angriffs geworden sei wie Lafontaine. Lafontaine habe für eine ökonomische und soziale Vision für Europa gestanden, daran orientiert, die monetaristische Obsession der Banker zu brechen, das internationale Währungssystem zu stabilisieren, den Unterprivilegierten in Deutschland und in der Welt einen Dienst zu leisten. Gegenüber diesen Vorschlägen hätten sich die Franzosen völlig zurückgehalten, die Briten hätten höfliche Feindschaft gezeigt, die Vereinigten Staaten offene Verachtung. Mit dem Rücktritt von Lafontaine habe der Leviathan mit Namen Globalkapitalismus seinen entschlossensten europäischen Gegner verschlungen. In der Bibel tauchte Jonas wieder auf. In der Geschichte sind derartige Wunder leider erheblich seltener. So wird es wohl sein.

Die Motive, die den Rücktritt Oskar Lafontaines auslösten, sind mir nicht bekannt. Ich war kein persönlicher Vertrauter des Ministers. Ich sah ihn bei offiziellen Anlässen, bei Konferenzen, bei Zusammenkünften mit hochrangigen Gästen aus dem Ausland. Nicht einmal habe ich mit ihm ein Gespräch über die Inhalte meiner Arbeit und die von mir vertretene Konzeption geführt, um der internationalen Finanzarchitektur einige Korsettstangen einzufügen. Nur bei einer Gelegenheit, anläßlich des ASEM-Treffens Ende Januar, hatte ich die Gelegenheit, mit dem Minister und Heiner Flassbeck eine Stunde in einem persönlichen Gespräch zu verbringen. Aber auch seine Vertrauten im Ministerium waren nicht informiert.

Dieser Rücktritt von allen Ämtern muß dem Außenstehenden als bedingungslose Kapitulation vor Gerhard Schröder erscheinen. Ich hätte auf einen anderen Ausgang gewettet und ich hatte ihn auch erhofft, wenn diese Rivalität nicht anders ausgetragen werden kann. Denn trotz einiger Vorbehalte verkörperte für mich die SPD unter den großen deutschen Parteien, insbesondere mit dem Vorsitzenden Lafontaine, humanitären Anspruch der Politik, den Mut zu Visionen, das Eintreten für etwas mehr soziale Gerechtigkeit. Es war deprimierend, erkennen zu müssen, daß eine derartige Politikkonzeption scheitert, und auf diese Weise zu erfahren, wer wirklich die Macht besitzt. Auch nach dem Rücktritt von Lafontaine habe ich keinen Anlaß, meinen Respekt für seinen Politikansatz zu revidieren. Gewiß, ich war bitter enttäuscht. Mein Eindruck war, daß in den letzten Wochen vor seinem einsamen Entschluß das Finanzministerium und insbesondere der Finanzminister in etwas ruhigeres Fahrwasser geraten waren. Mir schien die Bereitschaft gewachsen zu sein, über Konzeptionen sachlich zu diskutieren, nicht vor allem über Prozeduren und Personen. Ich meine, man hätte es schaffen können. Aber das sagt sich leicht, wenn man in der dritten Reihe steht und selbst auf diesem keineswegs prominenten Platz immer wieder mit Diffamierungen konfrontiert wird, die auf den Minister abzielten. Wie lange hält man ein Kesseltreiben gegen sich selbst und gegen eine als richtig empfundene Politikkonzeption aus? Diese Frage kann nur beantworten, wer selbst betroffen ist. Deshalb haben andere Entscheidungen in einer derart ausgeprägten Konfliktsituation ohne Besserwisserei zu respektieren.

Die Zeit danach

Ich war nicht in das Ministerium gewechselt, um mein Berufsleben mit dem Umschichten von Akten zu beenden, Eingang links, Durchsicht Mitte, Ausgang rechts, und das zwölf Stunden und mehr am Tag. Ich hatte mich dafür entschieden, um an einer wirtschaftspolitischen Konzeption mitzuarbeiten. Am Tage des Rücktritts wurde mir klar, daß dies unter der neuen Leitung des Finanzministeriums nur schwer möglich sein wird. Die Makroökonomie hatte wohl wieder einmal ausgedient. Der Amtsnachfolger würde vermutlich nicht mit dem Anspruch auftreten, die Finanz- und Steuerwelt zu verändern, zumal derartige Absichten bei der Mehrheit der Wirtschaft und der internationalen Partner Deutschlands auf Ablehnung gestoßen waren. Es war zu vermuten, daß der neue Bundesfinanzminister versuchen würde, jede Diskussion über einen angemessenen Policy-Mix, über die Kombination von Angebots- und Nachfragepolitik, über die Stabilisierung der internationalen Finanzbeziehungen, zur Vermeidung exzessiver Wechselkursschwankungen, möglichst weiträumig zu umgehen. Dann aber war für mich hier kein Platz mehr. Für mich hieß das, einen Weg zu suchen, um ohne große Beschädigung an die Universität Trier zurückwechseln zu können. Vermutlich kann man als Hochschullehrer in der Sache mehr bewirken als in einem Verein von Bürokraten, die sich wohl für lange Zeit keine Visionen mehr erlauben werden, weil das mit »Political Correctness« nicht vereinbar ist.

Für den folgenden Freitag, also den 12. März 1999, war ein Gespräch zwischen Heiner Flassbeck und den Leitern seiner drei Abteilungen vorgesehen gewesen. Ziel des Treffens sollte es sein, die Aufteilung der Arbeit zwischen den Abteilungen »Geld und Kredit«, »Internationale Finanz- und Währungsbeziehungen« und »Europa« zu regeln. Zwei Referate aus anderen Abteilungen sollten in meinen Verein integriert werden, unsere Abteilung sollte in zwei Unterabteilungen gegliedert werden, vorgesehen war ein nach meiner Einschätzung in besonderer Weise fehlendes wichtiges Referat, in dem Grundlagen zur Analyse und Beurteilung monetärer Makrodaten geschaffen werden sollten. Für die Woche darauf hatte ich ein zweites Brainstorming vorgesehen, in dem ich allen Interessierten meine konzeptionellen Vorstellungen für ein Analysereferat vorstellen wollte. Dabei geht es um die Beurteilung der Zins- und Wechselkursentwicklung auf der Grundlage wirtschaftstheoretischer Konzeptionen mit dem Ziel einer ständigen Überwachung der monetären Entwicklung in der Europäischen Union sowie zwischen den drei großen Wirtschafts- und Währungsräumen der Welt.

Dazu kam es nicht mehr. Der Freitag war ein sonniger Vorfrühlingstag. Anstelle des vorgesehenen Gesprächs mit Heiner Flassbeck in seinem Dienstzimmer trafen wir uns zu einem Spaziergang, hinunter zum Rhein, nicht mehr als zehn Minuten entfernt vom Ministerium. Ich meldete mich in meinem Büro ab. Anzunehmen ist, daß während meiner Abwesenheit Journalisten nach mir fragten. Denn in der übernächsten Wochenendausgabe der Zeitung »Trierischer Volksfreund« war in den »Bonner Notizen« von Christoph Hardt zu lesen:

Noch leerer wirken jetzt die unendlich grauen Gänge im Bundesministerium der Finanzen. Und Ratlosigkeit regiert hinter mancher der verschlossenen Türen, in denen sich irgendwo die Macht verbarg. Wolfgang Filc, der Trierer Professor, der sich von Lafontaine nach Bonn hat rufen lassen, konnte sich am Tag nach dem plötzlichen Verschwinden des Finanzministers zum ersten Mal entspannt in seinem Sessel zurücklehnen. Filc hat die vergangenen Wochen Revue passieren lassen, die Hektik des jetsettenden Spitzenbeamten, der als Wanderprediger unterwegs war. Er hat an die Konferenzen in Washington, Paris und Moskau gedacht, wo er reden durfte im Sinne seines Dienstherrn, für ein gerechteres Weltwirtschaftssystem, für eine bessere Kontrolle der weltweiten Finanzströme. Er hat über die Schlagzeilen sinniert, in die er plötzlich geraten ist. »Der Anführer eines Spiels stellt sich am Ende immer besser als der, der nachzieht«, hat Filc gesagt, als Lafontaine noch da war. Nun hat der Anführer seine eigene Truppe im Stich ge-

lassen. Der Kampf der deutschen Andersdenker scheint Knall auf Fall beendet. Darum hat Filc am Tag danach zusammen mit Heiner Flassbeck, dem Staatssekretär und vermeintlichen Lafontaine-Vertrauten, zum ersten Mal in seiner Bonner Zeit die Akten liegenlassen und ist spazieren-gegangen. Am Rheinufer sollen die beiden später gesehen worden sein. Mild schien da die Sonne über zwei Mutigen, die gewagt und ohne ihr Zutun verloren hatten. Ach, Oskar.

Später fragte ich Christoph Hardt, ob er diesen Text als Elegie oder als sarkastischen Beitrag verstanden wissen wollte. Er äußerte sich ausweichend.

Die Interims-Zeit

Bereits am Wochenende nach dem Rücktritt von Lafontaine war mit Hans Eichel die Nachfolge im Amt des Bundesfinanzministers geklärt worden. Ihm ging der Ruf eines überaus korrekten, genauen, gelegentlich peniblen Politmanagers voraus, ohne Neigung zu extravaganten Ideen, mit acht Jahren Erfahrungen als Ministerpräsident und um die 15 Jahre als Oberbürgermeister von Kassel. Von Hause aus Gymnasiallehrer mit den Fächern Deutsch und Sozialkunde und mit seiner langjährigen Bürokratie-Erfahrung war Hans Eichel ganz sicher erste Wahl, wenn es darum gehen soll, internationalen Disput über Finanzarchitektur, Währungssystem und angemessenen Policy-Mix in Europa und in der Welt zu vermeiden.

In die Abteilung kehrte Friedhofsruhe ein. Die konzeptionelle Arbeit wurde eingestellt. Ich verlegte meine Arbeit auf Personalfragen, organisatorische Dinge, Aufarbeiten von Restposten. Anfragen der Presse blieben ebenso unbeachtet wie Nachfragen, ob ich an Veranstaltungen teilnehmen wolle, um die Sichtweise des Finanzministeriums zur Stärkung der internationalen Finanzarchitektur darzulegen. Ich hielt es für geboten, zunächst einmal abzuwarten, nichts zu tun, was die neue Leitung des Ministeriums in irgendeiner Weise binden könnte.

Meine Mitarbeiterinnen und Mitarbeiter gingen schonend und leise mit mir um, ganz so, als sei ich ein krankes Kind. Man ahnte wohl, was kommen würde. Erfreulich war, daß mich von nun an P. so weit wie möglich mied. Wir sprachen nur noch miteinander, wenn organisatorische Fragen zu klären waren. P. hatte neuen Mut gefaßt, sein Lebensziel in einem neuen Anlauf nun doch noch erreichen zu können.

Immer wieder schwirrten neue Gerüchte über angeblich bereits getroffene oder bald anstehende Personalentscheidungen durch das Ministerium. Mal schien klar zu sein, daß die beiden neuen Finanzstaatssekretäre gehen müßten, nicht aber die Abteilungsleiter, die als politische Beamte ebenfalls jederzeit entlassen werden können. Dann wieder hieß es, daß zumindest Heiner Flassbeck im Amt bleiben würde, weil Deutschland für das erste Halbjahr 1999 die EU-Ratspräsidentschaft innehatte, für das gesamte Jahr den Vorsitz der G 7 und man vermeiden wollte, daß vorangetriebene inhaltliche Arbeiten bei seiner Entlassung nicht vernünftig abgeschlossen werden könnten. Ein andermal wieder war zu hören, daß beide neuen Finanzstaatssekretäre und einige Abteilungsleiter, die nach dem Regierungswechsel ihr Amt übernommen hatten, ersetzt werden sollten. Immer wieder wurden mögliche Nachfolger genannt, Klaus Gretschmann, frühere Mitarbeiter von Hans Eichel in Wiesbaden, andere Namen. Ich denke, daß alle potentiell Betroffenen, mithin vermutlich zur Entlassung Anstehende im Finanzministerium, zweimal täglich mit besonderem Interesse die Pressemappen durchgesehen haben, immer auf der Suche nach bekannten Namen, stets darauf gefaßt, von der Presse über anstehende oder bereits getroffene Entscheidungen informiert zu werden. Irgendwann stellte man das ein, weil man es leid war, Objekt der Spekulation von Journalisten zu sein.

Heiner Flassbeck fand zu einem nahezu normalen Arbeitsrhythmus zurück. Wir wurden aufgefordert, Arbeitsprogramme der Abteilungen zur Information des neuen Ministers vorzulegen. Sie wurden in den Abteilungen erstellt und dann mit dem Staatssekretär diskutiert, zunächst für einen Termin mit Wirtschaftsminister Dr. Werner Müller, der bis zur Ernennung des neuen Finanzministers das Ministerium kommissarisch zu leiten hatte.

Der rückte an einem Montagabend ein, für Staatssekretäre, Parlamentarische Staatssekretäre und Abteilungsleiter galt Anwesenheitspflicht. Herr Müller machte klar, daß ab nun Schweigen erste Beamtenpflicht sei: kein Gerede über Konzeptionen, keine Pressegespräche, kein irgend etwas, Ruhe im Karton. Dann reckte er ein Schriftstück in die Höhe und empfand empört, dieser Vorgang sei Beleg einer erschreckend schlechten und äußerst nachlässigen Arbeit des Finanzministeriums. Was war geschehen? Minister Müller hatte zusammen mit einer Bundesministerin wegen einer steuerlichen Frage an das Finanzministerium geschrieben. Der Brief landete auf dem Tisch des Abteilungsleiters »Steuern«. Der erhält jeden Tag Dutzende und häufig gleiche Anfragen, die weitergeleitet und von einem Verwaltungsangestellten beantwortet werden, wo immer möglich mit einem Serienbrief. So erging es auch der Anfrage von Bundesminister Müller: Serienbrief ohne persönliche Anrede, Unterschrift eines Verwaltungsangestellten, Stempel, fertig. Zwar war die Frage inhaltlich beantwortet worden, aber in welcher Form. Wenn das die hauptsächlichen Sorgen hinsichtlich der Leistungsfähigkeit des Ministeriums sind.

Schließlich machte uns Herr Müller mit seinem wirtschaftspolitischen Credo bekannt, das in der Ära nach Lafontaine Aussicht hat, Leitlinie der deutschen Wirtschaftspolitik zu werden: Lohnpause, besondere Anreize für Leistungsträger in Chefetagen – alles wie gehabt, die Rolle rückwärts. Hinterher trafen sich einige wenige Teilnehmer an dieser denkwürdigen Besprechung mit Heiner Flassbeck in seinem Büro und ließen, gleichzeitig betroffen und amüsiert, die Vorstellung des Zwischenministers Revue passieren. Das kann heiter werden, Deutschland.

Dennoch wurde irgendwie der Alltagstrott wieder aufgenommen. Aber mir war klar, daß ich nur dann weiter im Amt bleiben würde, wenn Heiner Flassbeck Staatssekretär bleibt und der neue Finanzminister bereit ist, sich im Kreis der G 7-Länder für eine Reform der internationalen Finanzarchitektur einzusetzen, die über einen rein mikroökonomischen Ansatz mit ausschließlicher Konzentration auf Transparenz, Berichtsformulare und Maßnahmen zur Krisenbewältigung hinausgeht. Das aber schien mir höchst zweifelhaft zu sein. Deshalb schrieb ich am 31. März 1999 an den Wissenschaftsminister des Landes Rheinland-Pfalz, Herrn Professor Zöllner, mit der Bitte, die Bedingungen meiner vorzeitigen Rückkehr an die Universität Trier zu regeln.

Am 26. März 1999 nahm ich für Heiner Flassbeck an der Sitzung der Arbeitsgruppe Weltwirtschaft der SPD-Bundestagsfraktion teil. Ich sollte über die Ergebnisse des G 7-Gipfels der Finanzminister und Entwicklungen der Weltwirtschaft berichten. Ich nahm diese Gelegenheit zum Anlaß, unsere Vorstellungen zur Stabilisierung der Finanz- und Devisenmärkte vorzustellen. Für die Abgeordneten war das neu. Niemand war hierüber in irgendeiner Weise informiert worden. Ich erhielt viel Zuspruch. Man bat mich, einen Antrag zu formulieren, um unseren Vorstellungen entsprechende Beschlüsse auf dem nächsten Bundesparteitag der

SPD einbringen zu können. Die Vorsitzende der Arbeitsgruppe, Frau Dr. Skarpelis-Sperk, sagte mir zu, sich dafür einsetzen, Heiner Flassbeck zu unterstützen, um unsere Vorstellungen weiter in der internationalen Diskussion zu halten. Sie meinte, der Präsident der Landeszentralbank von Hessen, Ernst Welteke, sei hierfür der richtige Ansprechpartner. Welche Fehleinschätzung eines Mannes, der nach Mehrheiten suchte, um Bundesbankpräsident zu werden.

Dennoch war ich nach der Diskussion mit den Abgeordneten der AG Weltwirtschaft optimistischer gestimmt. Vielleicht geht es ja doch weiter. Möglicherweise gibt es doch Aussichten, das weiter zu verfolgen, was wir uns als Ziel gesetzt hatten. Das waren späte Illusionen. Wohl niemand hatte das ernsthaft vermutet, aber es ist keine Frage, daß das absehbare Ende der Tätigkeit in Bonn, nicht als Folge eines Regierungswechsels, sondern als Ergebnis des Rücktritts eines Bundesministers, von den potentiell Betroffenen auch ein wenig als persönliches Scheitern empfunden werden mußte. Wohl niemand kann sich hiervon gänzlich freimachen. Und dabei war vermutlich Ende März bereits über die Besetzung der Leitungsebenen unterhalb des Ministers entschieden worden. Aber davon wußten wir nichts. Die Presse wurde auch diesmal über Entscheidungen eher informiert als die Betroffenen selbst.

Die Entlassung

Die letzten Dienstaufgaben

Die letzte Woche im März zog sich dahin, angefüllt von täglichem Einerlei, einer Anhörung von Bewerbern für Referentenposten im Ministerium, einem Gespräch mit dem deutschen Exekutivdirektor bei der Weltbank, einem Mittagessen mit dem Botschafter Singapurs, Herrn Walter Won, ein Juraprofessor, der für die Dauer von drei Jahren die Aufgabe übernommen hat, sein Land in Deutschland zu repräsentieren.

Über Ostern waren meine Frau und ich in Lissabon. Wir trafen dort Claus Noé, der, wie es der Zufall wollte, ebenfalls für einige Tage nach Portugal gereist war. Wir verabredeten uns eines Abends zum Essen, machten uns wohl gegenseitig vor, daß uns die gegenwärtige Situation und die nicht absehbare künftige Entwicklung kaum berührten.

Am 8. April flogen ein Referatsleiter und ich nach Heathrow, um am Tage darauf ein Treffen der Stellvertreter der Finanzstaatssekretäre der G 7-Länder zu leiten. Wir aßen im Hotel zusammen zu Abend. Zum ersten Mal seit meinem Dienstantritt in Bonn gab es mit diesem von mir sehr geschätzten Mitarbeiter persönliche Gespräche, nicht allein wie zuvor einen Austausch über Dienstaufgaben. Ich fand ihn zunehmend sympathisch. Der nächste Tag begann mit einem Arbeitsfrühstück mit meinem Pendant aus dem britischen Schatzamt. Wir gingen im Einvernehmen die Tagesordnung durch und verglichen unsere Positionen, die sich kaum unterschieden. Auch die anschließende Zusammenkunft unserer kleinen Arbeitsgruppe empfand ich als konstruktiv und ergebnisorientiert. Wir hatten uns offenbar aneinander gewöhnt, früher zu vermerkende Schärfen in der Argumentation, weniger an Konzeptionen und mehr an Personen orientiert, fehlten diesmal völlig.

Am Montag, dem 12. April 1999, nahm Hans Eichel seinen Dienst im Ministerium auf. Für mich begann diese Woche mit einem Flug von Luxemburg nach Wien, um an einer Sitzung des Staatsschuldenausschusses teilzunehmen. Diskutiert wurden Aspekte des europäischen Stabilitäts-

und Wachstumspaktes. Mir kam die Aufgabe zu, an einer Podiumsdiskussion teilzunehmen und die deutsche Position zu erläutern. Den Abend verbrachten wir bei Wein und einer deftigen Brotzeit in einem Wiener Lokal.

Gegen Mittag des folgenden Tages rief ich zunächst in meinem Büro in Bonn an, dann einen Referatsleiter. Er sagte mir, Heiner Flassbeck sei entlassen worden. Später hörte ich, daß Heiner Flassbeck am Montag um 11.00 Uhr einen Termin beim Minister wahrzunehmen hatte. Zuvor las er im »Handelsblatt«, daß er von Caio Koch-Weser ersetzt werde, einem Manager der Weltbank, zuständig für Projektabwicklungen. Um 11.00 Uhr hörte Flassbeck vom Minister, was er schon hatte lesen können. Der Minister erwartete allerdings von Flassbeck, daß er an den beiden nächsten Tagen zu einer Konferenz der Staatssekretäre der G 7-Länder in Vorbereitung eines für Ende April oder Anfang Mai geplanten Treffens der Finanzminister nach Washington reisen solle. Heiner Flassbeck verwies auf ihm zustehenden Erholungsurlaub und ging.

Die »Börsen-Zeitung« hatte am 10. April 1999 über die künftigen Aufgaben des Bundesfinanzministers berichtet und über seine Personalentscheidungen spekuliert. Es wird gemeldet, in Bonn werde sehr stark bezweifelt, ob Eichel die *extravaganten Staatssekretäre* Heiner Flassbeck und Claus Noé behalten wird. Wie sich zeigte, waren diese Zweifel berechtigt.

Die meisten Tageszeitungen feierten die Entlassung dieser beiden Staatssekretäre als den Beginn wieder einkehrender ökonomischer Vernunft in das Finanzministerium. Der »Rheinische Merkur« bezeichnet Heiner Flassbeck als das *ökonomische Gehirn* des früheren Bundesfinanzministers und SPD-Vorsitzenden. Der Vorschlag einer gestalteten Flexibilität der Wechselkurse und die Anregung, die Zinspolitik der Europäischen Zentralbank bei gegebener und nicht gefährdeter Preisstabilität auch an Beschäftigungszielen zu orientieren, werden maßgeblich ihm zugerechnet. Es ist ja keine Frage, daß diese Anregungen nicht immer besonders leise in den internationalen politischen Prozeß eingebracht worden sind. Das ändert aber überhaupt nichts an der Notwendigkeit einer offenen und vorbehaltlosen Diskussion dieser Vorschläge, allein daran orientiert, die Stabilität von Finanzmärkten zu stärken und alle Möglichkeiten zu nutzen, um Menschen wieder in Lohn und Brot zu bringen. Es mag auch sein, daß der Eindruck besteht, wir hätten zu viel zu rasch zu erreichen versucht. Zugegeben, Heiner Flassbeck und ich sind Wissenschaftler, keine Diplomaten. Aber eine zielorientierte Diskussion verlangt nach unserem Verständnis vor allem Analyse und Diagnose auf der Grundlage empirisch abgesicherter Konzeptionen, die von der Wirtschaftstheorie bereitgestellt werden. Das war unser Ansatz. Dabei war es kaum zu vermeiden, auf der Ebene der Staatssekretäre und ihrer Stellvertreter im Kreis der G 7-Länder Streit anzuzetteln, ja sich mit fast allen anzulegen. Nur so war es möglich, die Diskussion schrittweise zu entpersonalisieren und sie zunehmend auf Inhalte zu konzentrieren. Mir schien, wir waren mit der G 33-Konferenz auf einem guten Weg. Aber an diesem Tag war mit dem Rücktritt von Lafontaine schlagartig das Ende unserer Vorstellungen gekommen.

Die »Süddeutsche Zeitung« dagegen nennt das »*abstruse makroökonomische Einfälle*«, mit denen Heiner Flassbeck monatelang diesseits und insbesondere jenseits des Atlantiks Politiker, Notenbanker und Wissenschaftler vor den Kopf gestoßen habe. »*Nach Exoten nun Experten*« ist der Artikel überschrieben, in dem in dieser Zeitung das Auswechseln der beiden Staatssekretäre kommentiert wird. Es wird hervorgehoben, daß Koch-Weser sich kaum für »*global-ökonomische Sandkastenspiele*« eines Heiner Flassbeck erwärmen könne. Zudem sei ebensowenig zu erwarten, daß er den Kampf gegen die Zwänge der Globalisierung ausgerechnet mit Hilfe einer expansiven Nachfragepolitik aufnehmen möchte.

Es ist nicht meine Absicht, die neuen Staatssekretäre im Finanzministerium zu bewerten. Der Redlichkeit halber sei aber angemerkt, daß Heiner Flassbeck ein renommierter Ökonom ist, der sich niemals scheute, seine Thesen öffentlich zu verteidigen und Alternativen zu diskutieren. Auf dem Feld der makroökonomischen Stabilisierungspolitik ist er dabei kaum zu schlagen, ordentliche Vorbereitung vorausgesetzt. Ob sein Nachfolger das vermag oder nicht, ist wohl deshalb nicht so wichtig, weil makroökonomische Fragen von der neuen Leitung des Bundesfinanzministeriums, und dazu zählt eben auch der für den internationalen

Bereich zuständige Staatssekretär, kaum noch thematisiert werden dürften. Das ist auch richtig, weil es ein gutes Prinzip ist, sich allein dann in eine fachliche Diskussion zu begeben, wenn genügende Kenntnisse vorliegen. Wer fünfundzwanzig Jahre in einer wichtigen internationalen Organisation zugebracht hat, hat gewiß einen großen Erfahrungsschatz auf dem internationalen Parkett erlangt, nicht zwangsläufig aber auch Erfahrungen und Kenntnisse im Bereich der makroökonomischen Stabilisierungspolitik, zumal dann nicht, wenn die wahrgenommenen Aufgaben sich auf Verwaltung und Abwicklung von Projekten in Entwicklungsländern beschränkten. Mit dieser Personalentscheidung schienen zwei Fragen geklärt zu sein: »Makroökonomie« hat beste Aussichten, Unwort des Jahres im Bundesfinanzministerium zu werden, ich gehe zurück nach Trier.

Mir war auf dem Flug nach Bonn also deutlich geworden, daß dies nach dem Hin und Her der letzten Wochen nur ein Zwischenstopp ist, in Wirklichkeit war ich auf dem Rückweg an die Universität Trier. Es konnte jetzt nur noch darum gehen, meinen Abschied aus Bonn wenn möglich ohne Reputationsverlust zu gestalten und Ausschau zu halten, meine Position an der Universität Trier wenigstens nicht zu verschlechtern. Nicht in Frage kam, daß von mir das Begehren einer Entlassung ausgehen könnte. Das könnte einmal als Beleg des Eingeständnisses persönlichen Scheiterns bewertet werden, zum anderen würde das dem Ministerium für Bildung, Wissenschaft und Weiterbildung in Mainz einen willkommenen Anlaß bieten, frühere Zusagen über verbesserte persönliche Bezüge bei Wiederaufnahme meiner Tätigkeit an der Universität Trier als gegenstandslos zu erachten. Folglich blieb nichts anderes übrig, als abzuwarten.

Die Entscheidung

Am nächsten Tag erhielt ich die Kopie einer Notiz des Leiters des Büros der Leitung an die Leiterin der Abteilung »Europa«. Danach wird sie von Finanzminister Eichel beauftragt, in Vertretung von Staatssekretär

Flassbeck die deutsche Delegation auf der am kommenden Wochenende und Anfang nächster Woche stattfindenden Jahreshauptversammlung der Europäischen Bank für Wiederaufbau und Entwicklung (EBWE) zu führen, hierbei eine Rede vor der Hauptversammlung zu halten und eine Reihe bilateraler Gespräche zu übernehmen. Das irritierte mich, weil der Kontakt des Finanzministeriums mit der EBWE von einem Referat der Abteilung »Internationale Finanz- und Währungsbeziehungen« wahrgenommen wird. Deshalb fragte ich im Büro der Leitung nach, was das für meine Reisepläne bedeuten würde. Denn bereits im Februar war festgelegt worden, daß Heiner Flassbeck als Vertreter des Bundesfinanzministers die deutsche Delegation zu leiten hätte, während ich für eine Reihe von bilateralen Gesprächen eingeplant war, so mit dem Chefökonomen dieser Bank. Der Leiter des Büros der Leitung meinte, diese Entscheidung von Herrn Eichel sei wohl darauf zurückzuführen, daß der Minister der Auffassung gewesen sein könnte, während der EU-Ratspräsidentschaft Deutschlands habe die Abteilung »Europa« alle einschlägigen Aufgaben zu übernehmen, die mit Europa zu tun haben. Und dazu zählt eben auch die EBWE. Ansonsten lägen keine weiteren Informationen vor, meine vereinbarten Termine in London seien einzuhalten.

Der Flug nach London war für Freitag, den 16. April, gebucht worden. Am späten Nachmittag des Tages vor der geplanten Abreise sprach ich eher beiläufig mit der Leitung des zuständigen Referats, fragte dabei, ob sich an meinen vereinbarten Terminen in London etwas verändert hätte. Mein Gegenüber war verblüfft. Ich wurde gefragt, ob ich denn nicht informiert sei, daß mein Name nicht mehr auf der Liste der deutschen Delegation steht. So habe ich erstmals von der mich betreffenden und keineswegs überraschenden anstehenden Personalentscheidung des Ministers erfahren.

Das war ein Volltreffer, Blattschuß, Gratulation. Ich war öffentlich gedemütigt worden. Man hielt es nicht einmal für nötig, mich darüber zu informieren, daß ich unerwünscht geworden bin, ich wurde schlicht als nicht mehr existent erachtet, ich war zu einem Eindringling geworden, der zu entfernen ist. So also geht man mit Leuten um, die nicht mit der Bitte um einen Job angeklopft hatten, sondern nach langem Nachdenken bereit waren, ihr Privatleben zu opfern und eine befriedigende Tätigkeit als Professor einer Universität aufzugeben, um eine Zeitlang einer als richtig erachteten Konzeption zu dienen. Hält der eine Minister meine Mitarbeit für besonders wichtig, so behandelt mich der andere Minister derselben Partei wie ein Nichts. Das war schwer zu verdauen. Warum hatte ich mich auf diese Sache bloß eingelassen? Wochen später notierte ich eine Abbuchung von meiner Eurocard von DM 547,63 durch das St. James Court Hotel in London: Stornogebühren.

An diesem Tag verließ ich das Büro etwas früher als sonst. Der Fahrer setzte mich wie immer vor meiner Wohnung ab. Es war ein sonniger Abend. Ich ging zum Rhein hinunter, setzte mich auf eine Bank, sah den Schiffen zu, dachte nach über den heutigen Tag und die letzten Monate. Mir kamen die Tränen. Ich merkte das kaum. Plötzlich sprach mich ein Mann in rheinischem Platt an: »Wat hatte denn?« oder so ähnlich fragte er. Ich schaute auf, mir war es peinlich, überrascht worden zu sein. Hinter der Bank stand ein Landstreicher mit seinem rostigen Fahrrad, vollgepackt mit seinen in Plastikbeuteln verstauten wenigen Habseligkeiten. Und da saß ich in meinem feinen Zwirn und sollte mich von diesem armen Teufel trösten lassen. Ich bedankte mich für seine freundlichen Worte, gab ihm 50,- DM und ging zurück zur Wohnung.

An der Sitzung der Finanzstaatssekretäre der G 7-Länder in Washington am 13. und 14. April nahm statt Heiner Flassbeck ein anderer Beamter teil, nämlich P. Heiner Flassbeck sagte mir später, das hätte sich ergeben, weil ich wegen meiner Dienstreise nach Wien nicht verfügbar gewesen sei. Ich habe meine Zweifel, daß diese Interpretation den Sachverhalt trifft. Der Beamte nahm die Gelegenheit wahr, mit Herrn Koch-Weser ein Männergespräch zu führen. Ich kann mir gut vorstellen, warum es dringendes Bedürfnis von P. war, mit Herrn Koch-Weser zu sprechen und welche Themen Gegenstand des Gesprächs waren. Für mich war das Anlaß, Herrn Koch-Weser einen Brief zu schreiben. Ich hatte ihn irgendwann einmal im Februar in einem persönlichen Gespräch in Bonn kennengelernt. Ich fand ihn sympathisch, zurückhaltend, aber wenig interessiert an der Lösung jener Probleme, denen mein Hauptaugenmerk galt. In dem Brief stellte ich mich zunächst vor, um dann auf drei Problembereiche einzugehen, welche meine Arbeit im Finanzministerium in besonderer Weise erschweren. Erstens der von mir unterschätzte Widerstand einiger anderer G 7-Länder gegenüber jeglicher Änderung des institutionellen Rahmenwerkes von Finanzmärkten, die über einheitliche Standards, Transparenz und Berichterstattung hinausgehen, zweitens ständige unappetitliche Mauscheleien zumindest eines Mitglieds des Bundesfinanzministeriums mit der Presse, allein daran orientiert, dem Minister Schaden zuzufügen, drittens und schließlich das gespannte Verhältnis zwischen dem Abteilungsleiter und einem einzigen seiner hochrangigen Beamten, der es offenbar nicht verwinden konnte, nach dem Regierungswechsel nicht die Leitung der Abteilung übertragen erhalten zu haben. Der Brief blieb ohne Antwort.

Anzumerken ist eine Randepisode. Vom 16. bis 18. April fand in Dresden ein Treffen der Wirtschafts- und Finanzminister der Europäischen Union statt. Das war der erste internationale Auftritt des neuen Bundesfinanzministers. Wie für derartige Treffen üblich wurde eine umfangreiche Mappe für den Minister zusammengestellt. Meine Abteilung war hieran beteiligt. Federführend war ein Referatsleiter der Abteilung. Seine Aufgabe bestand darin, Sprechzettel für den Minister zu verfassen. Der Mitarbeiter war sich über meine geringe Restlaufzeit klar. Dennoch wollte er mich wohl nicht umgehen, wußte er doch, daß seine Ausarbeitungen von mir abzuzeichnen sind. Vielleicht wollte er aber auch wirklich meinen Rat. Er legte mir die Sprechzettel für den Minister vor. Die sich darin dokumentierende Flexibilität eines Referatsleiters hat mich amüsiert. Wo noch vor wenigen Wochen markige Anmerkungen über einen notwendigen makroökonomischen Policy-Mix standen, war nun zu lesen, daß die Behebung der deutschen Wachstumsschwäche und der Abbau der Arbeitslosigkeit vor allem entschlossene Strukturreformen in allen Bereichen erforderten. Das war es, was im Finanzministerium in den vergangenen sechzehn Jahren an Worthülsen produziert worden war, und das kommt nun wieder. Oder, um mit Paul Valéry zu sprechen: Die Zukunft war früher auch einmal besser.

Die nächste Woche begann wie üblich: Abfahrt in Trier 7.17 Uhr, Dienstbeginn im Ministerium 9.45 Uhr. Die Aktenberge waren merklich niedriger geworden. Ich bekam fast nur noch belangloses Zeug auf den Schreibtisch. Deshalb verlagerte ich meinen Dienstbeginn von nun an um eine Stunde nach hinten. Jeder wußte, was los war, wenn auch nicht genau, so doch ungefähr. Kaum noch Besucher, das Telefon stand still, das Interesse der Presse an Konzeptionen oder Vorstellungen zur Finanzarchitektur war Null. Die Mitarbeiterinnen und Mitarbeiter waren nach wie vor freundlich, suchten aber nun kaum noch mehr Kontakt mit mir. Wozu auch.

Am 19. April war im Magazin »FOCUS« zu lesen:

> *Zwei andere Abteilungsleiter schickt Eichel in den Ruhestand: Währungsexperte Wolfgang Filc, den Lafontaine nach Bonn holte, sowie Jürgen Quantz, der schon unter Theo Waigel die Finanzbeziehungen zu den Ländern bearbeitete.*

Da stand es also schwarz auf weiß. Ich war neugierig, wer und wie man mir die Entlassung mitteilen würde.

Das Gespräch mit dem Minister

Am 21. April erhielt ich telefonisch eine Terminansage beim Minister für 13.00 Uhr, später für 14.00 Uhr, dann für 15.00, 16.00, 17.00 Uhr, dann auf Abruf. Um 19.00 Uhr erhielt ich die Mitteilung, daß es heute nichts mehr würde.

Am nächsten Morgen stand mein Termin fest: 9.00 Uhr. Das Gespräch dauerte sieben Minuten. Der Minister begrüßte mich freundlich, meinte dann, mir sei wohl klar, daß ich nach der Versetzung von Heiner Flassbeck in den einstweiligen Ruhestand entlassen würde. Gewiß, klar war mir das schon. Freilich war ich wenig auf eine Begründung vorbereitet, die ausschließlich Sippenhaft bemüht. Sodann sagte der Minister, daß er als langjähriger Ministerpräsident sehr wohl über Haushaltsfragen Bescheid wisse, weniger gut informiert sei über steuertechnische Dinge, während sich seine Kenntnisse auf dem Feld der internationalen Finanz- und Währungsbeziehungen weitgehend darauf beschränkten, hin und wieder bei einem Glas Wein Gespräche mit Bankern in Frankfurt geführt zu haben. Und schließlich teilte er mir mit, daß sich der künftige Staatssekretär Koch-Weser für eine andere Besetzung der Leitung der internationalen Abteilung entschieden habe. Ich nahm das zur Kenntnis. Ich wies den Minister darauf hin, daß die Übertragung der Leitung der deutschen Delegation bei der Jahreshauptversammlung der EBWE auf die Abteilung »Europa« von Mitgliedern meiner Abteilung als kompromittierend empfunden worden sei. Minister Eichel nahm fehlerhaftes Verhalten in diesem Zusammenhang auf seine Kappe und bat mich, der Abteilung zu versichern, daß dies kein Votum gegen die Abteilung sei. Minister Eichel meinte, daß er mit mir über inhaltliche Fragen der Aufgaben der Abteilung sprechen wolle. Ich sollte mich hierfür am nächsten Morgen ab 8.30 Uhr bereithalten.

Die »Wirtschaftswoche« schrieb an diesem 22. April 1999, daß *»den Mitgliedern der neokeynesianischen Ökonomensekte, die Lafontaine vor allem in der neuen Grundsatzabteilung seines Hauses zusammengezogen hatte«,* anzuraten sei, ihre Karrierepläne zu überdenken. Und weiter: *»Ungewiß ist auch der Verbleib des Abteilungsleiters für Europäische und Internationale Finanzbeziehungen, Wolfgang Filc. Dem Seiteneinsteiger und Exvolkswirtschaftsprofessor fällt es ohnehin schwer, sich an das oft ruppige und häufig auch mühsame Klein-Klein des Regierungsgeschäfts zu gewöhnen.«* Wohl wahr, ruppig und außergewöhnlich unfair war häufig der Umgang der Presse mit dem Ministerium, nervend war auch das ewige Hin und Her um Termine, um »drafting«, um »wording« im Kreis der G 7. Das wurde von vielen als weit wichtiger empfunden als die substantielle Diskussion über Sachkonzeptionen. Das war wirklich gewöhnungsbedürftig, aber für mich wäre das kein Grund gewesen, die Brocken hinzuschmeißen.

An diesem Abend gab Claus Noé im Herrenhaus Buchholz in Alfter sein Abschiedsessen. Zugegen waren 16 Leute, Claus Noé, seine Lebensgefährtin, Mitarbeiterinnen und Mitarbeiter, Freundinnen und Freunde von Claus. Ich habe mich lange mit der Leiterin der Abteilung »Europa« unterhalten. Überflüssigerweise versuchte sie mir zu erklären, daß sie die Leitung der deutschen Delegation bei der Jahreshauptversammlung der EBWE allein deshalb übernommen hätte, weil sie als Ostpreußin eine preußische Dienstauffassung hätte, deshalb Weisungen ohne Diskussion folgen würde. Sie hatte mir nichts zu erklären, das war selbstverständlich. Dennoch habe ich mich über das sehr freundschaftliche Gespräch mit ihr, auch mit anderen Abteilungsleitern, gefreut. Zugegen war auch der Leiter des Leitungsstabs des Ministeriums. Ich fragte ihn beiläufig, wie er denn wohl seine Perspektive einschätze, ob er damit rechnen müsse, seine Aufgabe an einen anderen abzutreten. Er zuckte mit den Achseln. Die Atmosphäre bei dem Abendessen war, wen kann es wundern, gedrückt. Es war so etwas wie Endzeitstimmung. Claus Noé war sich darüber klar, daß er ab nun keinen unmittelbaren Einfluß zur Gestaltung der Politik mehr haben würde. Nacheinander berichteten die Gäste über einige Erfahrungen aus den letzten fünf Monaten, jeder war daran interessiert, Claus Noé den Abschied so leicht wie möglich zu machen. Mir war klar, daß ich mir bei meinem bevorstehenden Abschied so etwas nicht antun würde.

Der Rest meines Dienstes für das Bundesfinanzministerium

Zu dem für den nächsten Morgen vorgesehenen fachlichen Gespräch im Ministerbüro kam es nicht mehr. Um 8.00 Uhr stellte sich der Minister im Finanzministerium vor. Um 8.50 Uhr rief ich im Ministerbüro an. Um 9.00 Uhr fuhr ich, ohne noch einmal mit Herrn Eichel gesprochen zu haben, zum Köln-Bonner Flughafen, um meine letzte Dienstreise für das Ministerium anzutreten. Denn die eigentlich vorgesehene Dienstreise zur Frühjahrstagung des Internationalen Währungsfonds und der Weltbank in Washington ab dem kommenden Sonntag war gestrichen worden. Es war vorgesehen gewesen, daß ich dort eine Sitzung der Stellvertreter der Finanzstaatssekretäre sowie der ASEM-Kerngruppe leite. Die folgenden beiden Tage waren für die Frühjahrstagung reserviert, danach sollte ich auf einem internationalen Banker-Seminar in New York einen Vortrag zum Start des Euro halten und eine Podiumsdiskussion hierüber bestreiten.

Statt dessen flog ich nach Hamburg. Kurz zuvor war der Vorstandsvorsitzende der Hermes-Kredit-AG gestorben. Ich war als Mitglied des Aufsichtsrats dieser Gesellschaft nominiert worden. Mein Amt hätte ich im Juni 1999 übernehmen sollen, das zu einem stattlichen Salär. Ich will es nicht nennen, aber es war in einem mittleren fünfstelligen Bereich schon attraktiv.

Der Flug verzögerte sich. Es war arrangiert worden, daß mich ein Dienstwagen der Oberfinanzdirektion Hamburg vom Flughafen zu einer Kirche an der Elbchaussee fahren sollte, wo die Zeremonie stattfand. Trotz intensiver Suche konnte ich keinen Fahrer finden, der zur obersten Finanzbehörde Hamburgs gehört. Deshalb fuhr ich mit einem Taxi zur Kirche. Ich kam um einiges zu spät. Verspätung, bei der letzten Dienstreise wie bei der ersten während meiner kurzzeitigen Tätigkeit im Finanzministerium. So rundet sich das Bild.

Ich nahm an der Feierlichkeit teil, kannte niemanden, wußte nicht, was ich dort überhaupt sollte, wichtig für das Finanzministerium war das Prozedurale, die Anwesenheit, nicht das Inhaltliche, also irgendeine damit verbundene sinnvolle Tätigkeit.

Hinterher hatte ich etwas Zeit, ging über den Rathausmarkt von Hamburg, traf dort Frau Randzio-Plath, mit der ich einige Worte wechselte.

In der Business Lounge des Flughafengebäudes las ich in einer Zeitung mein Tageshoroskop. Nicht, daß ich stets Horoskope lesen würde, mir war nur langweilig. Dort stand zu lesen:

Seien Sie nicht enttäuscht, wenn Vorgesetzte ihre Leistungen nicht angemessen würdigen. Lassen Sie in Ihren Leistungen auf keinen Fall nach. Sie selbst wissen doch am besten, wie gut Sie sind.

Nicht, daß ich Horoskopen stets und unbedingt Glauben schenken würde. Aber das hat mir doch sehr gefallen.

Am 26. April begann meine vorletzte Woche in Bonn. Zu tun war fast nichts mehr. Deshalb machte ich mich daran, meine Überlegungen zur Stärkung der internationalen Finanzarchitektur und für ein stabileres Weltwährungssystem, gewachsen über Jahrzehnte und bereichert durch Erfahrungen während meiner Tätigkeit im Finanzministerium, zusammenzuschreiben. Dafür blieb Zeit genug. Über Pressemappen und andere belanglose Kleinigkeiten hinaus lief kaum noch etwas über meinen Schreibtisch. Hin und wieder sprach mich eine Mitarbeiterin oder ein Mitarbeiter an, um mir Bedauern auszudrücken. Bedauern wofür? Mir war seit dem 11. März klar, daß bei einem Ende meiner konzeptionellen Arbeit meine Rückkehr an die Universität Trier beschlossene Sache ist, wie immer der neue Finanzminister heißt. Es kam nun nur noch darauf an, den Rückzug zu gestalten. Ich gab den zusammenfassenden Beitrag über wirtschaftspolitische Möglichkeiten zur Förderung der Effizienz des internationalen Finanzsystems in die englische Übersetzung. Am Mittwoch rief mich Heiner Flassbeck an. Er wirkte erstaunlich gelassen. Ich hatte den Eindruck, daß er sich von einer Bürde befreit fühlte. Wie lange dieser Eindruck der Entlastung anhält und dann von einem Empfinden der Leere des Tages ersetzt wird, wird man sehen.

Am Montag, dem 3. Mai, hatte ich ab 16.00 Uhr ein Gespräch mit Staatssekretär Koch-Weser. Wir haben nett geplaudert, konnten gelassen miteinander umgehen. Zum Schluß des fünfzehnminütigen Gesprächs fragte er mich, wer nach meiner Einschätzung die Leitung der internationalen Abteilung des Finanzministeriums übernehmen solle. Ich antwortete, wenn es um konzeptionelle Arbeit ginge, dann solle er mich fragen, weil das aber ausgeschlossen ist, ist es mir gleichgültig, wer mein Nachfolger wird. Es sei daran erinnert, daß Minister Eichel mir mitgeteilt hatte, Koch-Weser habe sich für eine andere Besetzung dieser Stelle entschieden. In dem Gespräch mit dem gerade ernannten Staatssekretär wurde deutlich, daß der Entscheidungsprozeß wohl noch nicht zum Ende gekommen war.

Die restlichen Tage bis zur endgültigen Rückfahrt nach Trier vergingen mit Aufräumen, Sortieren, Verpacken meiner Unterlagen, Anfertigen von Beurteilungsvermerken, mit einigen wenigen Personalangelegenheiten. Zuvor aber, gleich nach dem Gespräch mit Koch-Weser, verabschiedete ich mich schriftlich von meinen Kollegen aus dem Kreis der Stellvertreter der Finanzstaatssekretäre der G 7-Staaten, der Abteilungsleiterin »Europa«, den Leitern der anderen Abteilungen im Ministerium sowie von Herrn Kollegen Gretschmann im Bundeskanzleramt. Beigefügt hatte ich meinem Abschiedsschreiben meine letzte Ausarbeitung während meiner Tätigkeit im Finanzministerium »Aufgaben der Wirtschaftspolitik zur Förderung der Effizienz des internationalen Finanzsystems«, entweder in deutscher Fassung oder in englischer Übersetzung.

Drei meiner sechs Kollegen der Stellvertreter der Finanzstaatssekretäre der G 7-Länder antworteten mir. Einer, mit dem ich bei jedem Treffen Kontroversen auszutragen hatte, schrieb, für mich überraschend, er habe die Zusammenarbeit mit mir als sehr erfreulich erachtet, ein anderer fand es traurig, mich als Kollegen zu verlieren, ein Dritter wünschte mir viel Glück bei meiner Rückkehr nach Trier, bedankte sich dafür, die Diskussion in unserer Gruppe auf substantielle Fragen gelenkt zu haben, die lange Zeit vernachlässigt worden waren, und bot an, an Seminaren über Schwierigkeiten der internationalen Kooperation in Wirtschafts- und Finanzfragen an der Universität Trier teilzunehmen. Mich haben diese Briefe gefreut.

Ich konnte es auch nicht unterlassen, dem Bundeskanzler meine zusammenfassende Ausarbeitung zur Reform der internationalen Finanzarchitektur zu übersenden. Auslösend hierfür waren Presseberichte vom April, die der Meinung des Bundeskanzlers Ausdruck gaben, die gegenwärtigen ökonomischen Probleme seien durch überschießende, spekulative Kapitalbewegungen auf den Finanzmärkten verschärft worden. Weiter heißt es in der »Süddeutschen Zeitung« vom 19. April:

Dieses ungebändigte Spiel würde weltweit nicht gerechtfertigte realwirtschaftliche Anpassungsprozesse erzwingen, Wachstum unnötig beeinträchtigen und dadurch auch Arbeitsplätze gefährden. »Deshalb müssen wir auf internationaler Ebene verstärkt darüber nachdenken, wie wir Überhitzungen an den Börsen vermeiden können, etwa durch

eine Verbesserung der Möglichkeiten zur Krisenprävention
und Krisenbewältigung.« Der Gipfel der führenden Indus-
trieländer (G 8), der im Juni unter deutschem Vorsitz in
Köln stattfinden wird, soll laut Schröder vernünftige Verab-
redungen zur Stabilisierung der internationalen Finanz-
märkte treffen.

Genau darum ging es mir während meiner Tätigkeit im Finanzministerium. Deshalb schrieb ich dem Bundeskanzler:

> *Mit Interesse entnahm ich mehreren Zeitungsberichten,*
> *daß die Bundesregierung beabsichtigt, sich im Kreis der*
> *G 7-Länder für Regeln einzusetzen, um wachstumsschädli-*
> *che Fehlentwicklungen an Finanzmärkten zu begrenzen.*
> *Die auf der Grundlage meiner früheren Forschungsarbeiten*
> *und in der Rückschau auf meine Tätigkeit im Bundesmini-*
> *sterium der Finanzen entstandene zusammenfassende Aus-*
> *arbeitung könnte vielleicht geeignet sein, Wege zu erkun-*
> *den, um dem angestrebten Ziel näher zu kommen.«*

Dieser Beitrag ist im Anhang nachzulesen.

Bei meinem Einrücken in den Dienst der Bundesregierung hatte ich
dafür gesorgt, Unterlagen aus Trier mitzunehmen, Ausarbeitungen von
mir, Konzepte, Skripte, Bücher, Statistiken usw.. Mein Fahrer besorgte
das. Das Material machte etwa fünf Regalmeter aus. Das mußte nun zurück nach Trier. Mein Büroleiter, der das organisieren sollte, teilte mir
mit, die Verwaltung des Ministeriums würde den Rücktransport ablehnen. Ich sprach mit dem zuständigen Verwaltungsangestellten. Er sagte
mir, das sei meine Privatangelegenheit. Mein Einwand, man könne nur
dann von der Substanz leben, wenn sie griffbereit ist, konnte ihn nicht
umstimmen: Vorschrift ist Vorschrift. Ich fragte ihn, ob ich noch Ministerialdirektor sei und deshalb Weisungen erteilen könne. Was sollte er
schon entgegnen. Ich rief die Fahrbereitschaft an und orderte ein Fahr-

zeug samt Fahrer. Zehn Minuten später war er da. Zwei Stunden darauf war mein Material wieder in meinem Büro in der Universität Trier.

Der Abschied von Bonn

Da saß ich nun vor meinem leer gefegten Schreibtisch in meinem leer geräumten Arbeitszimmer und hatte jetzt nur noch meinen Abschied hinter mich zu bringen. Die Organisation übernahm freundlicherweise meine Mannschaft im Büro des Abteilungsleiters. Der Abschiedsempfang war für Donnerstag, 6. Mai, ab 15.00 Uhr vorgesehen. Etwa eine Stunde vor meinem endgültigen Abschied aus Bonn kamen zwei leitende Ministeriale zu einem »Auf Wiedersehen«. Sie gehörten neben mir zum harten Kern des Flassbeck-Clans im Ministerium. Da saß man sich nun zum letzten Mal im Ministerium gegenüber. Ich am Fenster, die beiden befreundeten Kollegen an der Wand gegenüber. Viel Gespräch kam nicht auf. Es wird wohl so gewesen sein, daß sie mich einerseits bedauerten, andererseits mit großer Sorge an ihre eigene berufliche Zukunft dachten. Zum Glück sind beide in einer gesicherten Position, können also anders als politische Beamte nicht von jetzt auf gleich abgeschossen werden. Ich hoffe sehr, daß es ihnen gut geht. Vielleicht kommen auch noch einmal bessere Zeiten für makroökonomisch orientierte Wirtschaftswissenschaftler, die bereit und fähig sind, im Finanzministerium auch konzeptionell zu arbeiten.

Mein Abschied verlief harmonisch. Fast alle Angehörigen der Abteilung kamen in mein Büro, tranken ein Glas Sekt, verabschiedeten sich von mir per Handschlag. Eine Verwaltungsangestellte unterbrach gar ihren Urlaub. Ich berichtete über einen heftigen Ausritt eines Professors und ließ die vergangenen Monate noch einmal Revue passieren. Mich hat gefreut, daß einige, die nicht kommen konnten, sich von mir telefonisch verabschiedeten. Angerufen, um mir ade zu sagen, hatte auch der deutsche Direktor bei der EBWE in London, mit dem ich früher mehrfach gesprochen hatte und der über die unappetitliche Geschichte meiner Ausladung bei der Jahreshauptversammlung der EBWE informiert war. Seine Einladung, ihn bei einem Aufenthalt in London einmal zu besuchen, werde ich gern wahrnehmen.

Ein Referatsleiter der Abteilung erzählte mir, daß er demnächst Vorträge zur Reform des internationalen Währungssystems halten und dabei unsere für verschiedene Ländergruppen erstellten Konzeptionspapiere verwenden werde. Wenigstens ihn konnte ich also von der Richtigkeit oder zumindest Diskussionswürdigkeit meiner Sichtweise überzeugen. Und das hat Gewicht, schließlich ist er promovierter Volkswirt, der meiner Konzeption zunächst erkennbar skeptisch gegenübergestanden hatte. Zudem bot er an, an der Universität Trier vorzutragen. Auch das hat mich erfreut. Einer seiner Mitarbeiter, Jurist und Regierungsdirektor, sagte mir, ich hätte sein Interesse an der Volkswirtschaftslehre geweckt. Er habe sich mehrere volkswirtschaftliche Bücher ausgeliehen, dabei auch eines von mir aus den achtziger Jahren. Hoffentlich kommt er damit zurecht. Und vielleicht konnte ich ja auch noch andere anregen, sich mehr für volkswirtschaftliche Fragen zu interessieren. Vielleicht bleibt von meiner Tätigkeit im Bundesfinanzministerium doch mehr übrig als die verblassende Erinnerung, daß da einmal ein später Seiteneinsteiger war, der bald wieder gehen mußte.

Nebenbei teilte mir der Referatsleiter das jüngste Gerücht im Ministerium mit: Mein Nachfolger werde der Leiter des Leitungsstabs, ein Jurist. Mir schien das wenig glaubhaft zu sein. Ein Jurist als Leiter einer von zwei aus insgesamt elf Abteilungen des Ministeriums, in denen vor allem ökonomischer Sachverstand auf der Grundlage wirtschaftstheoretischer Konzeptionen verlangt ist? Das konnte doch nicht sein. Deshalb nahm ich diese Mitteilung als amüsantes Gerede hin, das wohl jeder Grundlage entbehren mußte.

Erfreut haben mich auch überraschende und unverdiente Geschenke. Ein Referatsleiter, den ich rasch schätzen gelernt hatte, schenkte mir einen kostbaren Kugelschreiber, eine Referentin übergab mir im Namen der Abteilung eine Holzkiste mit sechs Flaschen Bordeaux, ich habe nachgeschaut, bester Stoff. Herzlichen Dank für alles. Viele äußerten ihr Bedauern über meinen Abgang. Ein Referatsleiter sagte, ich hätte in der kurzen Zeit mehr für das Personal der Abteilung getan als mein Amtsvorgänger in mehreren Jahren. Das tollste Geschenk aber kam erst, nachdem die meisten gegangen waren und meine Büromannschaft zusammenräumte. Frau Heinrichs, die Sekretärin des Abteilungsleiters, kam mit einer mit Zellophan umhüllten Glasschale auf mich zu. Darin waren Gummibärchen in einem Jumboformat. Ich hatte, wie in Trier so in Bonn, eingeführt, daß im Sekretariat eine Schale mit Gummibärchen bereitgestellt wird, aus der sich jeder bedienen kann. Zudem schenkte man mir einen Party-Bären, das ist eine Plastikskulptur in Form eines Gummibärchens mit Beleuchtung.

Zuhause in Trier angekommen, überraschte mich meine Frau mit einem neuen Aktenkoffer. So endete mein Dienst für die Bundesregierung mit einer Vielzahl von Geschenken. Wenigstens etwas.

Tags darauf, also am 7. Mai, führte ich in Zusammenarbeit mit der Wissenschaftsförderung der Sparkassenorganisation das seit langem geplante Symposium zu Fragen der Zinsentwicklung am Kapitalmarkt durch. Das war perfekte, vorausschauende Zeitplanung, die verzugslose Wiederaufnahme zusätzlicher Aufgaben an der Universität Trier, obgleich ich immer noch Bundesbeamter war.

Der Abschluß meiner Entlassung

In den beiden folgenden Wochen war ich in Erholungsurlaub. Was für ein Urlaub! Wie geht es weiter? Aus Bonn hörte ich nichts. Deshalb fragte ich mit Schreiben vom 17. Mai im Bundesfinanzministerium nach, ob ich nach Beendigung meines Urlaubs den Dienst am 25. Mai wieder aufzunehmen hätte. Am 21. Mai erhielt ich vom Bundesfinanzministerium die telefonische Nachricht, es sei ein Brief von Staatssekretär Zitzelsberger an mich unterwegs, in dem stünde, daß Minister Hans Eichel den Bundespräsidenten bitten wird, mich aus dem Bundesbeamtenverhältnis zu entlassen, und man damit einverstanden sei, daß ich im Hinblick auf die in Kürze zu erwartende Entscheidung nach Ablauf des Erholungsurlaubs den Dienst im Bundesministerium der Finanzen nicht mehr aufnehme. Am 28. Mai rief mich der persönliche Referent von Staatssekretär Zitzelsberger an und sagte mir, daß die Entlassungsurkunde auf dem Weg sei. Zudem wurde mein Entlassungstermin festgelegt: Montag, der 31. Mai.

Am Freitagnachmittag fuhren meine Frau und ich nach Bonn, um meine Wohnung aufzulösen. Wir gingen noch einmal zu dem Italiener zum Abendessen, bei dem wir schon einmal waren und in dem ich mich kurz nach Aufnahme meiner Tätigkeit mit Heiner Flassbeck getroffen hatte, gleich neben dem Kaiser-Karl-Hotel, wo ich im Dezember gewohnt hatte. Meine Vermieterin und ihr Mann verabschiedeten uns tags darauf herzlich, sie standen auf der Straße und winkten uns nach, bis sie uns nicht mehr sehen konnten.

Am Montag darauf hatte ich das vereinbarte Gespräch mit Herrn Zitzelsberger. Es verlief freundlich. Zu Recht verwies Herr Zitzelsberger darauf, daß jedermann wüßte, wie das politische Geschäft sei. Jeder kann eben jederzeit abgelöst werden, wenn seine Position in einem Ministerium nur hochrangig genug ist. Staatssekretäre und Ministerialdirektoren, also politische Beamte, zählen gleichsam zur jederzeit zur Disposition stehenden Manövriermasse in Ministerien, anders als Laufbahnbeamte bis hin zum Ministerialdirigenten, die allein im Zuge eines

Disziplinarverfahrens kündbar sind. Niemand kann dem widersprechen, wenn es zu einem Regierungswechsel kommt. Aber die aktuelle Versetzung von zwei Staatssekretären und eines Abteilungsleiters in den einstweiligen Ruhestand und meine Entlassung waren ja nicht Folge einer feindlichen Übernahme, das ergab sich aus einem Wechsel der Leitung des Ministeriums innerhalb derselben politischen Partei. Wer kann das problemlos nachvollziehen? Deshalb fällt es trotz aller beruhigenden Worte und objektiver Einsicht in derartige Abläufe nicht leicht, das zu akzeptieren. Ein wenig bleibt das Gefühl des persönlichen Scheiterns. Man muß wohl einige Zeit daran arbeiten, um nicht dauerhaft an seinem Selbstwert zu zweifeln.

Die Entlassungsurkunde ist auf den 29. Mai 1999 datiert, und sie wurde mir am 31. Mai 1999 übergeben. Sie lautet lapidar:

> *Auf Vorschlag des Bundesministers der Finanzen werden Sie gem. § 31 Abs. 2 i.V.m. § 36 Abs. 1 Nr. 1 des Bundesbeamtengesetzes mit Ablauf des 31. Mai 1999 aus dem Bundesbeamtenverhältnis auf Probe entlassen.*

Mich störte daran zweierlei: Keine Begründung der Entlassung, fristlose Kündigung. Zwischenzeitlich hatte ich für 109,- DM einen Kommentar zum Bundesbeamtengesetz erworben. Dort ist nachzulesen, daß in meinem Fall, also bei einer Tätigkeit als Abteilungsleiter und Ministerialdirektor für eine Zeitdauer von mehr als drei Monaten, die Entlassung mit einer Frist von einem Monat auszusprechen ist. Eine fristlose Entlassung kommt für politische Beamte in einem Bundesbeamtenverhältnis auf Probe allein dann in Frage, wenn eine grobe Dienstpflichtverletzung vorliegt, die für einen Beamten auf Lebenszeit ein Disziplinarverfahren zur Folge hätte. Das konnte ich nicht hinnehmen. Ich war mir keiner Dienstpflichtverletzung bewußt. Deshalb nahm ich mit Herrn Rechtsanwalt Anton Jakobs Kontakt auf, den ich seit geraumer Zeit kenne, schilderte meinen Fall und bat um Rechtsrat. Er empfahl mir, Widerspruch einzulegen. Das tat ich dann auch.

Am 30. Juni 1999 wurde mir ein Schreiben von Staatssekretär Zitzelsberger zugestellt, in dem bestätigt wird, daß meine Entlassung aufgrund des Wechsels der Leitung des Hauses erfolgte und daß weder ein konkreter Streitfall noch Zweifel an meinen fachlichen Fähigkeiten dabei eine Rolle gespielt haben. Zudem wird zugesichert, die Bezüge der Besoldungsgruppe B 9 auch für den Monat Juni 1999 zu zahlen. Damit war der formale Aspekt der Entlassung für mich abgeschlossen. Ich zog meinen Widerspruch gegen die Entlassungsverfügung zurück.

Am 8. Juli 1999 rief mich ein mit Personalfragen befaßter hochrangiger Beamter des Finanzministeriums an. Er erkundigte sich nach meinem Befinden und fragte nach meiner Reaktion auf das Schreiben von Herrn Zitzelsberger. Ihm war wohl klar geworden, daß es ein Fehler war, die Entlassungsfrist nicht beachtet zu haben, vielleicht bloß übersehen, vielleicht absichtlich und in der Hoffnung mißachtet, der Fehler werde nicht bemerkt. Möglicherweise war damit die Entlassungsverfügung nichtig. In diesem Fall würde die Entlassungsprozedur von neuem beginnen. Das würde für mich arbeitsloses Zusatzeinkommen bedeuten, zudem hätte ich den Minister etwas ärgern können. Aber den Nachteil hätte wohl der Anrufer gehabt, den ich als fairen und korrekten Kollegen schätzen gelernt hatte. Er bedankte sich dafür, daß ich meinen Widerspruch gegen die Entlassungsverfügung zurückziehe. Und er fügte hinzu: »Sie behandeln uns anständiger, als es uns Ihnen gegenüber erlaubt wurde.« Ach ja? Ist es der normale Stil, einen politischen Beamten gezielt auf wenig anständige Weise zu entlassen? Gab es Weisungen? Wenn ja, wie dürftig.

Claus Noé erzählte mir später, der neue Finanzminister habe sich bei seiner Vorstellung im Ministerium mit keinem Wort zu den entlassenen Staatssekretären geäußert. Ein Mitglied des Personalrats habe dies nachgeholt und unter dem Beifall der Belegschaft Dank für die geleistete Arbeit ausgesprochen. Wenigstens wurden beide Staatssekretäre gleich behandelt, wenngleich wenig anständig. Dagegen sind feinsinnige Abstufungen der Art und Weise des Ausmusterns von Abteilungsleitern zu vermerken. Der für Finanzbeziehungen zu den Ländern und Gemeinden zuständige Abteilungsleiter war dem Ministerpräsidenten Hessens früher als für den Bund sehr erfolgreicher Unterhändler bei Streitigkeiten um die Steueraufteilung zwischen Bund und Ländern unangenehm aufgefallen. Jetzt war die Stunde der Abrechnung gekommen. Ich vernahm: kein Gespräch des Ministers oder des für Personal zuständigen Staatssekretärs mit dem Mißliebigen, keine Begründung, Zustellung der Entlassungsverfügung per Einschreiben mit Rückschein. Dagegen wurde ich mit kurzen Gesprächen mit dem Minister und einem Staatssekretär vergleichsweise privilegiert behandelt.

Weiterer Wackelkandidat war der Leiter der Grundsatzabteilung, die nach dem Regierungswechsel aus dem Wirtschaftsministerium herübergeholt worden war, zuvor dort Unterabteilungsleiter, federführend für den Jahreswirtschaftsbericht 1999 der Bundesregierung, in Kreislaufkategorien und deshalb makroökonomisch denkend, nach dem vollzogenen Kahlschlag im Leitungsbereich nun Haupt der verbliebenen Ökonomen, die Keynesianismus nicht als Unwort zu erkennen vermögen. Kurz nach Bekanntwerden meiner Entlassung warf sich dieser Mann mitten in Bonn unter einen herannahenden Zug. Man sagt, er habe unter Depressionen gelitten, sein Freitod sei seit längerem vorbereitet gewesen. Ich hoffe sehr, daß es wirklich so war.

Gründe meiner Entlassung

Worum ging es letztlich bei meiner Entlassung aus dem Bundesfinanzministerium? Unüberwindbare Diskrepanzen wegen unterschiedlicher wirtschaftspolitischer Konzeptionen? Folge konsequenten Ausmerzens all jener, die von Oskar Lafontaine in das Bundesfinanzministerium geholt worden waren, ohne einen von den Verfechtern der reinen, marktradikalen Sichtweise des Wirtschaftsablaufs ausgestellten Ausweis vorweisen zu können? Oder aber doch mangelnde Fähigkeiten, persönliches Versagen? Nichts davon. Kein Paradigmenwechsel, keine neue inhaltliche Konzeption. Meine Entlassung war nichts anderes als Folge der Arrondierung der Personalpolitik des neuen Finanzministers.

Herr Eichel wünschte, die Position des Leiters des Leitungsstabs des Finanzministeriums mit einem Vertrauten aus seiner Zeit in Wiesbaden zu besetzen. Das ist verständlich. Die Aufgaben des Leiters des Leitungs-stabes sind in der Tat weitreichend. Er hat alle an den Minister gerichte-ten Briefe zu öffnen und Antworten vorzubereiten, Beziehungen zwi-schen dem Ministerium und dem Parlament sowie dem Bundeskanzler-amt zu pflegen, Aufgaben zu verteilen, so, wer welche Rede des Ministers zu schreiben hat, ist verantwortlich für Presse und Öffentlichkeitsarbeit. Das sind schon wichtige und gestalterische Aufgaben.

Minister Lafontaine hatte sich bei der Übernahme dieses Amtes dafür entschieden, einen Juristen im Dienste des Bundesrechnungshofs mit die-ser Aufgabe zu betrauen. Im Bundesrechnungshof hatte dieser Beamte das Amt eines Ministerialrats (B 3) inne. Er übernahm die Leitung des Leitungsstabes im Bundesfinanzministerium als Ministerialdirigent (B 6), ein Karrieresprung. Weil der neue Bundesfinanzminister die Besetzung dieser Funktion durch einen erprobten Mitarbeiter aus seiner Amtszeit als Ministerpräsident Hessens wünschte, eine nachvollziehbare Begrün-dung, mußte der Amtsinhaber versetzt werden. Aber eine freie B 6-Stelle stand im Ministerium hierfür nicht zur Verfügung. Deshalb wurde einem Juristen die Stelle eines Ministerialdirektors der Besoldungsgruppe B 9 und Leiters der inhaltlich vor allem makroökonomisch und nicht juri-stisch orientierten internationalen Abteilung des Ministeriums übertra-gen, der ich bislang vorgestanden hatte. Ich hörte hiervon durch einen Anruf von Claus Noé. Er hatte zuvor Heiner Flassbeck über diesen tollen Schachzug des Ministers informiert. Heiner Flassbeck soll minutenlang sprachlos gewesen sein. So hatte ich ihn niemals erlebt.

Das nennt man wohl nachhaltige Entsorgung, ohne sich um Konzep-tionen zu scheren. Nichts gegen meinen Amtsnachfolger. Ich habe ihn kennengelernt, finde ihn sympathisch, zupackend, nach meinem Ein-druck ist er eine Führungspersönlichkeit. Aber inhaltlich orientierte Füh-rung verlangt auch Sachkenntnis. Dabei geht es nicht allein um Verwal-tungsabläufe. Das muß sich jeder aneignen, der ein neues Amt über-nimmt. Es geht auch um die Fähigkeit, Konzeptionen zu entwerfen und sie zu vermitteln. Ein Jurist kann das ebensowenig in Bereichen, die von wirtschaftswissenschaftlichen Paradigmen dominiert werden, wie es ein Ökonom vermag, der in juristischen Gefilden brillieren soll. Die Neube-

setzung der Stelle des Leiters der internationalen Abteilung des Bundesfinanzministerium war deshalb nicht an Sachüberlegungen orientiert, sondern ausschließlich daran, den Leiter des Leitungsstabs auszuwechseln.

Meinem Nachfolger ist viel Glück zu wünschen. Er wird es brauchen,
aber das allein wird schwerlich reichen. Der deutsche Einfluß im Kreis
der G 7 wird mit dieser Personalentscheidung unbedeutend werden, soweit es konzeptionelle Fragen angeht. Wie auch soll dieser neue Leiter
der Abteilung Fragen der Effizienz von Finanzmärkten beurteilen können? Was kann er der Dominanz der USA und Großbritanniens an Fachkompetenz entgegensetzen? Aber vielleicht ist es genau das, was der neue
Finanzminister wünscht: Ende der Unruhe im internationalen Bereich als
Ergebnis deutscher Initiativen, Umschalten auf ein Kontrastprogramm
nach dem Rücktritt von Oskar Lafontaine. So wird es wohl sein. Die Diskussion im Kreis der G 7-Länder wird jetzt wieder, wie gehabt, von den
USA dominiert werden, konträre Positionen dazu, seit dem Regierungswechsel in Bonn vor allem von Deutschland vorgetragen, dürften keine
Rolle mehr spielen. Fraglos ist das der Kooperation der G 7-Länder förderlich, soweit es darum geht, nichts zu verändern. Aber sehr fraglich ist
es, ob das eine zukunftsgerichtete Konzeption ist, geeignet, Turbulenzen
an Finanzmärkten als Quelle gesamtwirtschaftlicher Fehlentwicklungen
gering zu halten.

Ich könnte es nachvollziehen, hätte sich der neue Minister zur Besetzung der Stelle des Leiters der internationalen Abteilung für einen Ökonomen entschieden, der neoklassischen Paradigmen folgt und in der Sze-
ne als Fachmann ausgewiesen ist. Warum nicht? Warum sollte ein Paradigmenwechsel nicht durch eine entsprechende Personalentscheidung
dokumentiert werden? Weshalb sollte man nicht anstreben, der Ruhe
wegen einen Konsens mit den USA in wirtschaftlichen Fragen zu erreichen? Aber darum ging es dem Minister nicht. Er war ausschließlich daran orientiert, eine von ihm zu besetzende Stelle freizuräumen. Dabei war
es ihm ziemlich gleich, ob der zu entfernende Beamte später die Leitung
der internationalen Abteilung übernimmt oder Aufgaben eines Pförtners,
wenn die Umsetzung nur in den Stellenkegel des Ministeriums hinein-
paßt. Das ist es wohl, was, jedenfalls zum Teil, gegenwärtig praktizierte

Politik ausmacht, nicht das Denken in konzeptionellen Sachzusammenhängen, daran orientiert, den Menschen zu dienen. Aber vielleicht war das auch immer so. Das macht es nicht leichter, diese Erfahrung zu akzeptieren. Denn beinhaltet der Amtseid eines Bundesministers nicht, alles daran zu setzen, das Wohl des deutschen Volkes zu mehren? Ist das mit Personalentscheidungen eines Ministers vereinbar, bei denen fachliche Kenntnisse überhaupt keine Rolle spielen?

Diese Entscheidungslogik erinnert mich an das Kultbuch für das Management der neunziger Jahre: »Das Dilbert-Prinzip«. Das Dilbert-Prinzip ist eine übersteigerte Fortsetzung des Peter-Prinzips. Zur Erinnerung: Das Peter-Prinzip beinhaltet, daß in Hierarchien, gleich ob in Unternehmen oder Bürokratien, Mitarbeiter bis zum Stadium ihrer fachlichen Inkompetenz befördert werden. Das Dilbert-Prinzip geht einen Schritt weiter. Es wird behauptet, daß die nach dem Peter-Prinzip Beförderten hinterher auch noch jede zuvor vorhandene Kompetenz verlieren.

Ein Beispiel hierfür: Der Chef stellt sich vor die Belegschaft und sagt: »Bei dem letzten Treffen hatte ich behauptet, die Mitarbeiter des Unternehmens sind ihr höchstes Gut. Das ist falsch. Nach sorgfältiger Untersuchung ist die Unternehmensleitung zum Ergebnis gekommen, daß die Belegschaft allein den Platz 9 unter den wichtigsten Aktivposten einnimmt.« Ein Mitglied der Belegschaft fragt: »Und was steht auf Platz 8?« Die Antwort: »Büroklammern«.

Ähnlich ist wohl auch die Einschätzung des neuen Bundesfinanzministers hinsichtlich der Besetzung von Führungspositionen zu bewerten. Ökonomen, zumal mit makroökonomischer Orientierung, haben den Stellenwert von Büroklammern, fast alles andere scheint gewichtiger zu sein. So kann man keinen Beitrag leisten, um das internationale Finanzsystem zu reformieren, zu verhindern, daß demnächst bei einem erneuten Kollaps von Finanzmärkten wieder einmal Millionen Menschen in existentielle Not geraten, allein deshalb, weil keine Vorkehrungen getroffen werden, um Finanzmarktkrisen zu vermeiden. Kann man so Gegenwart und Zukunft vernünftig gestalten?

Der Neuanfang

Das also war meine Dienstzeit im Bundesfinanzministerium. Das ist abgeschlossen. Nun ist an anderen Dingen zu arbeiten, an meiner Wiedereingliederung in die Universität Trier, an meinem Selbstverständnis, an der Ausrichtung meiner künftigen Arbeit.

Für den 21. Mai hatte ich die Teilnahme an einer Konferenz zur Finanzarchitektur an der TU Dresden zugesagt. Zwar stellte ich meinen schriftlichen Beitrag noch fertig, fuhr jedoch nicht hin. Statt dessen hatte ich ein Gespräch mit meinem Rechtsanwalt und las Kommentare zum Bundesbeamtengesetz, um eine den gesetzlichen Vorgaben jedenfalls annähernd entsprechende Entlassung aus dem Dienst für die Bundesregierung zu erreichen. Für Anfang Juli hatte ich vereinbart, in Japan an einer Konferenz zur Einführung des Euros teilzunehmen. Meine Aufgabe sollte sich darauf beschränken, an einer Podiumsdiskussion mitzuwirken. Das ist wahrhaftig keine besonders anstrengende Angelegenheit als Gegenwert einer reizvollen Reise. Mich interessierte das alles nicht. Ich war froh, daß ohne mein Wissen Heiner Flassbeck statt meiner die Reise antrat. Für September hatte ich zugesagt, mit einem Beitrag zu Fragen der Bankenaufsicht bei globalisierten Märkten an einer Konferenz in Paris teilzunehmen. Ich war gebeten worden, den hoch dotierten schriftlichen Beitrag bis Mitte Juli bereitzustellen. Mir fehlte die Motivation. Ich sagte ab. Ich war in der ersten Zeit nach der Entlassung viel zu sehr damit beschäftigt, die Eindrücke und Erfahrungen aufzuarbeiten, als daß es mir möglich war, in Gelassenheit wissenschaftliche Beiträge zu verfassen, an Konferenzen teilzunehmen, meine Aufgaben an der Universität Trier wieder zu übernehmen. Ich konnte mich wenig für die Vorstellung begeistern, zurückzukehren, ganz so, als sei ich nie weg gewesen. Zudem waren mit dem Ministerium für Bildung, Wissenschaft und Weiterbildung des Landes Rheinland-Pfalz die Bedingungen zur Wiederaufnahme meiner Tätigkeit an der Universität Trier zu regeln. Bald stellte sich heraus, daß dies ein schwieriges Feld ist. Überall taten sich Fallgruben des Beamtenrechts auf.

In Bonn war ich zum Bundesbeamten auf Probe ernannt worden. Mir war nicht klar, was das ist. Mich hatte das auch nicht interessiert. Ich ging davon aus, daß mir im Falle einer vorzeitigen Beendigung der Tätigkeit im Finanzministerium jene Rechte zustünden, die politische Beamte nun einmal reklamieren können, Fortzahlung der Bezüge für drei Monate, danach für einige Zeit 75 % davon. Ich wußte nicht, daß der Beamte auf Probe, eine Rechtskonstruktion, die erst vor rund zwei Jahren eingeführt worden war, keinerlei Ansprüche geltend machen kann. Und das zeigte sich dann auch. Es war schon mühsam genug, eine den rechtlichen Bestimmungen einigermaßen genügende Entlassung zu erreichen. Nicht viel leichter scheint es zu sein, zu Bedingungen an die Universität Trier zurückzukehren, die mich zumindest nicht schlechter stellen, hätte ich diese Aufgabe im Finanzministerium nicht übernommen.

Freunde und Kollegen an der Universität Trier freuten sich über meine Rückkehr. Auch Studierende zeigten sich erleichtert, weil die Ungewißheit weg war, was mit dem Schwerpunkt geschehen würde. Der Herr Dekan bot mir seine Unterstützung an, um mir die Wiederaufnahme meiner Aufgaben zu erleichtern. Das alles hat mich gefreut.

Nach meinem Wechsel nach Bonn hatte mir der Präsident der Universität Trier, Herr Kollege Hettich, schriftlich zugesichert, bei einer Rückkehr an die Universität Trier nach Ablauf von drei Jahren das von mir geleitete Lehrgebiet personell etwas besser auszustatten. Daraus wird nun wohl nichts mehr werden. Der Minister für Bildung, Wissenschaft und Weiterbildung des Landes Rheinland-Pfalz, Herr Professor Zöllner, hatte mir kurz nach dem Rücktritt von Oskar Lafontaine schriftlich angeboten, meine persönlichen Bezüge für den Fall anzuheben, daß ich »zumindest für drei Jahre als Ministerialdirektor die Abteilung für Internationale Finanz- und Währungspolitik ... leiten« würde. Die Aussichten hierfür waren nach dem Rücktritt von Lafontaine nicht besonders günstig. Zudem ist in der schriftlich vereinbarten Beurlaubung meine Rückkehr an die Universität Trier auf meinen Wunsch innerhalb eines Zeitraums von drei Jahren und nicht nach Ablauf einer Frist festgehalten. Später wurde mit telefonisch mitgeteilt, beamtenrechtliche Bestimmungen würden es ausschließen, mir eine Zulage zu gewähren. Es wurde ein Gespräch mit dem Minister für den 4. August vereinbart.

Die Vorstellungen des Wissenschaftsministeriums über meine Bedingungen der Rückkehr an die Universität Trier schienen klar zu sein: Mein für das laufende Sommersemester gebilligtes Forschungsfreisemester gilt als gewährt, bezahlt aus Bundesmitteln, das Land spart Geld, die Kosten trage ich, nämlich Wegfall des Freisemesters. Das Bundesfinanzministerium hat ebenfalls Vorteile, denen Nachteile des Dritten und Betroffenen gegenüberstehen.

Fazit

Der Weltwirtschaftsgipfel der G 7-Regierungschefs fand vom 18. bis 20. Juni in Köln statt. Die Arbeit der internationalen Abteilung im Finanzministerium war während meiner Tätigkeit in Bonn darauf konzentriert gewesen. Ich hatte mir während dieser Zeit vorgenommen, Ergebnisse dieses Gipfeltreffens auch als Hinweis zu sehen, ob es sich lohnen könnte, für längere Zeit im Ministerium mitzuarbeiten. Darum mußte ich mir nun nicht länger Gedanken machen.

Am letzten Tag des Treffens, also am Sonntag, fuhr ich mit dem Zug nach Hannover. Im Kölner Hauptbahnhof waren einige Bahnsteige gesperrt, Reisende mußten Anschlußzüge in Köln-Deutz erreichen. Wie wichtig doch ein derartiges Treffen ist, wie wichtig die daran Teilnehmenden, wurde wieder einmal deutlich. Und bis vor kurzem hatte ich als Spitzenbeamter im Finanzministerium noch dazugehört.

Einige Tage vor dem Kölner Gipfel brachte ein Drittes Fernsehprogramm einen Beitrag zur Vorbereitung dieses Treffens der Regierungschefs. Professor Gretschmann, der Beauftragte des Kanzlers zur Vorbereitung des Gipfels, war der Gesprächspartner. Es wurde von einem Treffen der Sherpas im Gästehaus der Bundesregierung auf dem Petersberg berichtet. Gretschmann sagte, daß noch einige Überraschungen vorgesehen seien, die dazu beitragen sollten, dem Gipfeltreffen zum Erfolg zu verhelfen. Nach dem Gespräch mit dem Fernsehteam zog sich Herr Gretschmann in die Klausur mit seinen Kollegen zurück, den Sherpas der Regierungschefs der anderen Länder, wohl wegen der vorzubereitenden Überraschungen.

Tatsächlich wurde diese Konferenz zu einem großen Ereignis. Die Staatsmänner versammelten sich in einem Museum um einen Glastisch, der auf einem großen, bunten römischen Mosaik stand. Diese Komposition hatte Symbolgehalt – Transparenz der Politik, auf dem Boden der Geschichte werden in der Gegenwart Entscheidungen getroffen, um die Zukunft zu gestalten. Diese Inszenierung war eindrucksvoll.

Das gilt auch für die schönen Bilder, die in der Berichterstattung von

Presse und Fernsehen zu sehen waren. Auf der Kölner Domplatte, in einem abgeriegelten Karree, stürmten viele Kinder in gleichen weißen T-Shirts, Fähnchen der G 7-Länder schwenkend, den Regierungschefs entgegen. Und da stand unser Bundeskanzler, die Arme ausgebreitet und herzlich lachend, bald umgeben von einer fröhlichen Kinderschar. Diese Spontaneität war schon beeindruckend, auch die von diesen Bildern ausgehende Symbolik, das kindliche Vertrauen in die Regierungschefs. Ich meine, derartige Bilder früher häufiger gesehen zu haben, was hier anders war, das waren die fehlenden »Freundschaft«-Rufe.

Herr Gretschmann hatte seine Ankündigung offensichtlich eingehalten, mit Überraschungen zu einem erfolgreichen Gipfel beizutragen. Aus meiner Tätigkeit im Finanzministerium kann ich mir vorstellen, wie aufreibend und zeitintensiv seine Vorbereitung war. Es mußte geklärt werden, wie viele Kinder, welchen Alters, welcher Größe, welcher Hautfarbe, an dieser Offensive der Fröhlichkeit teilnehmen. Es war abzustimmen, ob die Anzahl der Fähnchen für jedes Land gleich ist, ob statt dessen unterschiedliche Quoten zu bestimmen sind, hierfür bedarf es im internationalen Dialog festzulegender Regeln. Ich vermag abzuschätzen, wie aufreibend die Gespräche zwischen den Sherpas der Regierungschefs hierüber waren, die Anzahl der um die Welt geschickten Faxbriefe dagegen nicht.

Die Ergebnisse des Gipfels waren weniger beeindruckend. Gesprochen wurde über das Kosovo. Der Berichterstattung zum Gipfeltreffen war nicht zu entnehmen, daß auch über die Reform der internationalen Finanzarchitektur diskutiert wurde. Beschlüsse hierzu wurden jedenfalls nicht gefaßt. Solange Oskar Lafontaine Bundesfinanzminister war, sollten Maßnahmen zur Stabilisierung des Weltfinanzsystems im Zentrum dieses Gipfeltreffens stehen. Das Ausklammern dieses Bereichs ist möglicherweise auch eine jener Überraschungen, die der Sherpa des Bundeskanzlers in dem Fernsehbericht angesprochen hatte, um das Treffen erfolgreich zu gestalten. Die Brasilien-Krise läuft langsam aus, die nächste Krise ist noch nicht in Sicht. Wozu sollte man nach der Beruhigung der Finanzmärkte Kontroversen vom Zaun brechen, die vielleicht zu einer Mißstimmung der USA führen könnten, steht doch das Komitee zur Rettung der Welt bereit, bestehend aus Führungsleuten der Federal Reserve und der Treasury der USA, sollte es doch einmal wieder an irgendeiner Ecke der Welt zu einer neuerlichen Finanzmarktkrise kommen?

Wieder einmal ist Sorglosigkeit eingekehrt, die internationale Politik geht zur Tagesordnung über, wie 1995 nach der Mexiko-Krise jetzt nach den Krisen in Südostasien und Brasilien. Von einem Drang zur Reform des Weltfinanzsystems ist nichts mehr zu bemerken, nichts ist unternommen worden, um seine Grundregeln entscheidend zu verändern, weder von den Regierungen der G 7 noch vom Internationalen Währungsfonds oder der Weltbank. Das lädt ein zu einer spekulativen Attacke gegen die nächste Währung. Und kommt es dazu, dann werden erneut Rufe laut werden nach einer neuen internationalen Finanzarchitektur, und sie werden wieder einmal verstummen, wenn sich die Lage wieder beruhigt, nachdem erneut Millionen Menschen in Armut gefallen sind. Wann wird man endlich lernen? Paul Krugman, einer der führenden Wirtschaftswissenschaftler der Welt vom »Massachusetts Institute of Technology« in Cambridge, USA, antwortete in einem Interview mit dem »SPIEGEL« in der Ausgabe vom 16.8.99 auf die Frage, wann die notwendigen Änderungen des Weltfinanzsystems endlich umgesetzt werden: » *Vielleicht brauchen wir erst noch eine richtig schwere Krise, damit sich in den Köpfen wirklich etwas ändert.* « Es bleibt das Hoffen, daß es so nicht kommt.

Debattiert wurde dagegen über die Entschuldungsinitiative der Bundesregierung für die ärmsten Länder, die »Köln-Initiative«. Hierzu hatte es vorweg viele Gespräche zwischen den Finanzministerien der G 7-Länder über unterschiedliche Modelle gegeben. Das Ergebnis ist als minimal zu bezeichnen. Beschlossen wurde, einige schon seit langem nicht mehr einbringbare Forderungen gegenüber den ärmsten Ländern der Welt aus den Büchern zu nehmen. Der Bundeshaushalt wird dadurch mit vielleicht 200 Mio. DM belastet, angesichts der Auslandsverschuldung der ärmsten Länder der Welt ist das ein Klecks, kein großer Einstieg in ihre Entschuldung. Zudem wurde in Deutschland rasch für die Refinanzierung dieser Belastung öffentlicher Haushalte gesorgt. Eine Woche nach dem Gipfeltreffen beschloß das Bundeskabinett, die Anhebung der Besoldung höher bezahlter Beamter um ein halbes Jahr zu verschieben. So habe auch ich einen Beitrag leisten können, um dem G 7-Gipfel zum

Erfolg zu verhelfen, wenn auch nicht aktiv oder inhaltlich, auch nicht mehr als Bundesbeamter, so doch finanziell.

Das Treffen der Regierungschefs der G 7-Länder wurde der angestrebte schöne Erfolg des deutschen Vorsitzes. Es gab viele Medienpunkte. Deshalb ist es wohl nur ein Schönheitsfleck, wenn der eine oder andere substantielle Inhalt, für den lange Zeit anstrengende Vorbereitungsarbeit geleistet worden war, auf der Strecke geblieben ist.

Was bleibt an Erfahrungen aus meiner kurzen Tätigkeit im Bundesfinanzministerium? Welche Schlüsse sind daraus zu ziehen?

Von den Aufgabenbereichen der Abteilung und den Tätigkeiten ihrer Mitarbeiterinnen und Mitarbeiter war ich einerseits beeindruckt, andererseits irritiert. Beeindruckt war ich von dem breiten Aufgabenspektrum dieser Abteilung, obgleich sie nach dem Revirement durch die neue Leitung zur personell kleinsten Abteilung des Ministeriums geschrumpft war. Denn abgesehen von Fragen der Europäischen Union waren alle anderen internationalen Kontakte des Ministeriums in dieser Abteilung konzentriert. Fast jeder Tag brachte Aufgaben mit sich, die für mich neu waren, die ohne die sachkundige und zügige Unterstützung der Mitarbeiterinnen und Mitarbeiter nicht zu bewältigen gewesen wären. Kaum jemand orientierte sich an tariflichen Arbeitszeiten, wenn es darum ging, Aufgaben termingerecht zu erfüllen. In manchen Referaten ging das Licht erst spät am Abend aus. Auf die allermeisten Mitarbeiterinnen und Mitarbeiter konnte ich mich ohne jede Einschränkung verlassen, sie sind ein wertvoller Fundus von Sachkenntnis über Verwaltungsabläufe, frühere Vorgänge, ihre Einordnung in gegenwärtige Anforderungen. Verlangte Vorlagen wurden, wenn nötig, innerhalb einer Stunde angefertigt. Im Finanzministerium nimmt die internationale Abteilung schon deshalb eine Sonderstellung ein, weil es die Regel ist, daß Referenten einige Zeit das Ministerium im Ausland vertreten, sei es bei der Weltbank oder im Internationalen Währungsfonds in Washington, in New York oder in Genf bei der UNO oder einer ihrer Unterorganisationen, bei der Europäischen Bank für Wiederaufbau und Entwicklung in London, als Finanzattaché deutscher Botschaften in wichtigen Industrieländern. Die dort gewonnenen vielfältigen Erfahrungen sind eine große Bereicherung für die Arbeit im Ministerium. So sind die im Ausland einmal geknüpften internationalen Kontakte dauerhaft nutzbar.

In der Abteilung war hohe juristische Fachkompetenz ebenso gefragt wie herausragende ökonomische Kenntnis. Deshalb sollte angenommen werden, daß in der Grundsatzabteilung und in der internationalen Abteilung der ökonomische Sachverstand des Ministeriums konzentriert ist, dort bewußt zusammengezogen wird. Aber gerade bei der Behandlung ökonomischer Fragen waren Defizite unübersehbar. Das beginnt mit dem Anfertigen erforderlicher Ausarbeitungen, setzt sich fort über eine weitgehend fehlende Zusammenarbeit mit wirtschaftswissenschaftlichen Forschungsinstituten, das endet damit, daß neuere Verfahren der ökonometrischen Analyse der Entwicklung an Finanzmärkten nicht genutzt werden, ja nicht bekannt sind.

Viele Arbeitsabläufe erschienen als hausbacken. Vorlagen für Gespräche der Leitungsebene, etwa mit einer Delegation eines anderen Landes über die ökonomische Entwicklung dort und sich daraus ergebende Konsequenzen, wurden von Referenten oder gar Referatsleitern eigenhändig und meist von Fall zu Fall unterschiedlich erstellt. Dazu wurden Daten aus gesammelten schriftlichen Ausarbeitungen, etwa des Weltwährungsfonds, der Europäischen Kommission oder der OECD, übernommen, in Tabellenform aufbereitet und kurz kommentiert. Die Auswahl der Daten wurde meist von ihrer Verfügbarkeit bestimmt, nicht von einer Konzeption. Es kann nicht mit dem Computer auf Datenbanken zurückgegriffen werden, es gibt kein durchgängiges Konzept, welche ökonomischen Daten in der Regel, also für jedes Land, welche Daten dagegen in einem speziellen Fall aufzubereiten und zu kommentieren sind.

Zudem findet keine systematische Zusammenarbeit mit Forschungsstellen, etwa Wirtschaftsforschungsinstituten, der OECD, des Internationalen Währungsfonds oder universitären Forschungseinrichtungen mit dem Schwerpunkt einer makroökonomischen und empirischen Orientierung statt. Die neue Leitung hatte vorgesehen, diese Kooperation zu intensivieren, einmal, um durch ständige Diskussion auf der Höhe der Zeit zu bleiben, zum anderen, um Potentiale anderer Einrichtungen zur Steigerung der Effizienz der Arbeit im Finanzministerium nutzen zu können.

Der Mangel an einer zielorientierten Arbeit, basierend auf theoretisch fundierten und empirisch abgesicherten Konzepten, war ernüchternd. Neuere Verfahren der ökonometrischen Analyse, so die Zeitreihenanalyse stochastischer Prozesse, unverzichtbar, um Entwicklungen an Finanzmärkten sachgerecht beurteilen zu können und Deformationen zu erkennen, sind nicht bekannt. Irgendein Statistikpaket, das hierfür genutzt werden kann, selbst für einfache Zwecke der beschreibenden Statistik, ist mir im Ministerium nicht aufgefallen. Es war mein Ziel, einige dieser Defizite zu beheben. Ich bedaure sehr, wegen der Kürze meiner Tätigkeit im Finanzministerium nichts an neueren Konzepten und Verfahren habe einbringen können, um die fachliche Kompetenz bei der Analyse und Diagnose wirtschaftlicher Daten zu verbessern.

Unzulänglichkeiten und Defizite auf diesem Feld sind zuallerletzt den Mitarbeiterinnen und Mitarbeitern der Abteilung anzulasten. Ganz im Gegenteil ist zu betonen, daß ausgezeichnete und hohen Respekt verdienende Arbeit im Rahmen dessen geleistet wird, was gefragt war und was möglich ist. Nachfrage kann Angebot auslösen. Das ist nicht nur die Basis einer nachfrageorientierten gesamtwirtschaftlichen Stabilisierungspolitik, das gilt in ähnlicher Weise für die Arbeit in Organisationen. Fehlt es an Nachfrage nach theoretisch gestützter und empirisch fundierter Analyse zur Einschätzung makroökonomischer Daten, so wäre es allein Zeitverschwendung, Ressourcen für ein derartiges Angebot zu binden. Lange Zeit scheint das nicht mehr gefragt gewesen zu sein. Dann schwindet selbstverständlich das Angebot. Eine angebotsorientierte Konzeption zur Wiederbelebung fundierter empirischer Analyse wirtschaftlicher Entwicklungen verlangt ein entsprechendes Interesse der Leitung, also Nachfrage. Unter Bundesfinanzminister Lafontaine und Staatssekretär Flassbeck war das gegeben. Wir waren auf dem Weg, diese Unzulänglichkeiten zu beheben. Aber über einen ersten Schritt, nämlich das Erkennen von Defiziten, kamen wir nicht hinaus.

Meine Erfahrungen im Bundesfinanzministerium berechtigen die Annahme, daß es gelingen kann, die ökonomische Fachkompetenz in dieser Abteilung rasch zu verbessern. Die Voraussetzungen hierfür sind gegeben. Die meisten Mitarbeiterinnen und Mitarbeiter sind erstklassig, jedenfalls gilt das für die Referentenebene und für die Referatsleiter, interessiert an Impulsen und motiviert, andere Konzeptionen und neue Verfahren zu erproben. Eine Bewerbung um einen Referentenposten im Ministerium hat nur Aussicht auf Erfolg, wenn ein Hochschulabsolvent herausragende Examina vorzuweisen hat. Neben hoher fachlicher Kompetenz wird bei Einstellungsgesprächen in besonderer Weise die soziale Kompetenz bewertet, um Teamfähigkeit zu erkennen. Aber auf dem schweren Weg vom Eintritt eines frisch gebackenen Hochschulabsolventen in das Ministerium bis hin zu einer Leitungsfunktion, also bis zur Ernennung zum Referatsleiter, vergeht eine lange Zeit. Die bei der Einstellung geforderte hervorragende fachliche Kompetenz geht dabei zunehmend verloren, weil sie nicht mehr verlangt wird. Intellektuelle Strapazen auf dem Weg zum Referatsleiter müssen kaum erlitten werden. Damit schwindet aber auch das Interesse an der Entwicklung der Forschung, an neueren theoretischen Konzeptionen, an modernen technischen Verfahren zur Analyse und Diagnose der wirtschaftlichen Entwicklung. Es sollte ein wichtiges Anliegen der Leitung des Finanzministeriums sein, dieses Interesse wiederzubeleben. Die Voraussetzungen hierfür sind gegeben, jedenfalls insoweit, wie es das Interesse und die Aufnahmebereitschaft des weit überwiegenden Teils der Ökonomen der internationalen Abteilung im Finanzministerium anbelangt.

Schlecht bestellt ist es jedoch in Deutschland um den Wechsel von Führungsleuten in Wirtschaft, Politik oder Wissenschaft in einen anderen als den angestammten Bereich. Ganz anders als in den USA bestehen hierzulande unverkennbare Berührungsängste. Zudem sind die Voraussetzungen nicht gegeben, um einen Wechsel, wenn auch nur vorübergehend, zu ermutigen. In den USA dagegen ist das gang und gäbe. Lawrence Summers, seit Juli 1999 Finanzminister der USA, früherer Chefökonom der Weltbank, war zuvor Professor für Volkswirtschaftslehre an einer erstrangigen Universität der USA gewesen, ebenso wie der jetzige Chefökonom der Weltbank, Joseph Stiglitz. Alan Greenspan, Präsident der amerikanischen Zentralbank, und Weltbankpräsident Wolfensohn waren jahrzehntelang als Investmentbanker tätig gewesen. Der für den internationalen Bereich zuständige Gouverneur des Federal Reserve

System der USA, Laurence Meyer, wechselte von einer Professur für Volkswirtschaftslehre an einer kalifornischen Universität in das Leitungsgremium der Bank. Walter Won, der Botschafter Singapurs, wurde von der Regierung Singapurs für die Dauer von drei Jahren als Professor der Rechtswissenschaften beurlaubt, um sein Land in Deutschland zu repräsentieren. In Deutschland dagegen gilt immer noch die nahezu ausnahmslose Regel, einmal Ministerialer, immer Ministerialer, wenn Universitätslaufbahn, dann bis zur Rente. Für Wirtschaftsführer sind in Deutschland hauptamtliche Aufgaben in Politik oder Wissenschaft schon deshalb nicht attraktiv, weil das einen Absturz des Einkommens beinhaltet, der nicht durch andere Vorteile kompensiert wird.

Deshalb erregte es einiges Aufsehen, so in Washington, als nach der Bundestagswahl vom September 1998 der neue Bundesfinanzminister in seiner Führungsmannschaft Seiteneinsteiger aus dem Wissenschaftsbetrieb präsentierte. Unabhängig davon, ob jede der Personalentscheidungen des Ministers die beste aller möglichen war, weist das den Weg, der einzuschlagen ist. Jede Organisation bedarf kontinuierlicher Frischezufuhr von außen. An Universitäten ist das sichergestellt, weil Hausrufe für Professorenstellen ausgeschlossen sind. Im Bundesministerium der Finanzen dagegen ist die Besetzung der Stelle eines Referatsleiters und Ministerialrats mit einem Externen nahezu ausgeschlossen. Die nachteilige Folge ist das Erstarren in einem antrainierten und Generationen übergreifenden gleichen Trab, daran orientiert, exzellent zu verwalten, kaum daran, etwas konstruktiv zu gestalten oder gar zu verändern. Das muß jede Organisation lähmen. Der Leistungsfähigkeit, der Freude von Mitarbeiterinnen und Mitarbeitern an der Arbeit, ist es gewiß nicht förderlich, wenn jeder konstruktive Vorschlag einer Veränderung per Weisung zunichte gemacht wird. Deshalb sind Außenimpulse geboten, der Zugewinn fachlicher Kompetenz und neuerer Verfahren der Diagnose und Analyse von außerhalb. Hierzu bedarf es eines passenden organisatorischen Designs.

Ein geeigneter Weg könnte darin bestehen, in jedem Bundesministerium zwei oder drei Stellen für Führungspositionen einzurichten, die für eine begrenzte Zeit mit besonders kompetenten und renommierten Fachleuten von außerhalb des jeweiligen Ministeriums besetzt werden. Es könnte auch erwogen werden, für Führungspersonal einen zeitlich begrenzten Austausch auf Gegenseitigkeit zwischen Ministerien und Forschungseinrichtungen oder Unternehmen einzurichten. Dem gegenseitigen Verständnis, der Akzeptanz einer anderen Sichtweise, dem Austausch von Ideen und Konzeptionen wäre das förderlich. Bleiben die Voraussetzungen für einen Wechsel in eine Leitungsposition eines Bundesministeriums aber so, wie sie gegenwärtig sind, so muß zumindest sichergestellt werden, daß Seiteneinsteiger nach Beendigung ihrer Tätigkeit im Dienste der Bundesregierung keine ungebührlichen Nachteile in Kauf zu nehmen haben, gleich, ob die Tätigkeit nach einer vereinbarten Frist oder schon vorher endet.

Ein Beispiel, wie die anzustrebende und notwendige Diffusion von Politik, Wirtschaft und Wissenschaft nicht erreicht werden kann, sind die Umstände meiner Entlassung aus dem Bundesfinanzministerium und die Bedingungen meines Neuanfangs an der Universität Trier. Nur unter Einsatz von Rechtsanwälten in Bonn und Trier war es nach langem Hin und Her möglich, wenigstens einen den gesetzlichen Bestimmungen entsprechenden Abschied zu erreichen. Ich habe mehrfach draufgezahlt. Meine Reputation im Wissenschaftsbetrieb ist fraglich geworden, meiner Stellung an meiner Universität war das Intermezzo im Ministerium gewiß nicht förderlich, der Ausflug in den politischen Bereich, als Chance einer Durchsetzung von Konzeptionen zur Verbesserung ökonomischer Lebensbedingungen der Menschen erachtet, hatte erhebliche Verluste bei Einkünften aus wissenschaftlicher Nebentätigkeit zur Folge. Inzwischen habe ich das vereinbarte Gespräch mit dem Minister für Bildung, Wissenschaft und Weiterbildung in Rheinland-Pfalz, Herrn Professor Zöllner, geführt. Der Minister fand meine Entscheidung für die Aufgabe im Finanzministerium richtig, unterstützte sie mit deutlichen Worten. Aber er machte mir auch klar, daß beamtenrechtliche Vorschriften es ausschließen, meinen kurzzeitigen Ausritt in die Wirtschaftspolitik in irgendeiner Weise honorieren zu können. So bleiben mir unter dem Strich Nachteile, die Vorteilen der beiden beteiligten Ministerien entsprechen.

Wie ungewöhnlich, weil gegen jede eingefahrene Laufbahnregel verstoßend, die zeitlich begrenzte Übernahme einer Leitungsfunktion in einem Bundesministerium durch einen Hochschullehrer in Deutschland ist, habe ich kennengelernt. Wie wird ein Professor im Beamtenverhältnis auf Lebenszeit eines Bundeslandes für eine begrenzte Zeit Bundesbeamter, ohne das vorherige Beamtenverhältnis aufgeben zu müssen? Bei meinem Wechsel in das Bundesfinanzministerium war das die herausfordernde und zu lösende Frage, der sich das Bundesfinanzministerium und das Ministerium für Bildung, Wissenschaft und Weiterbildung in Rheinland-Pfalz gegenübersahen. Zunächst hieß die Lösung: Beurlaubung aus dem Landesdienst und Versetzung nach Bonn. Aber das muß wohl falsch gewesen sein, es kam zu einer Korrektur, Aufhebung der Beurlaubung, statt dessen Abordnung. Oder war die Abfolge umgekehrt? Egal. Ganz sicher ist man sich offenbar nicht, wie bei einem derart ungewöhnlichen Wechsel zu verfahren ist.

Gesetzliche Regelungen berücksichtigen Besonderheiten einer zeitlich begrenzten Leitungsfunktion eines Universitätsprofessors in einem Bundesministerium nicht. Im Bundesbeamtengesetz heißt es, daß bei der Übernahme eines Amtes mit leitender Funktion, zunächst im Beamtenverhältnis auf Probe übertragen, Rechte und Pflichten aus dem Amt, das dem Beamten zuletzt im Beamtenverhältnis auf Lebenszeit übertragen worden ist, ruhen. Wie soll eine derartige Regelung bei Hochschullehrern praktiziert werden? Soll die vereinbarte Betreuung von Diplomarbeiten und Dissertationen mit dem Hinweis auf beamtenrechtliche Regelungen fallengelassen werden? Ist den Doktoranden und Diplomanden schlicht mitzuteilen, daß dies nun einmal in Deutschland die geltende Regel ist? Und dürfen keine Diplomprüfungen mehr abgenommen werden, obgleich Studierende seit Jahren von einem Hochschullehrer unterrichtet und betreut worden sind? Was geschieht, wenn nach dem Wechsel eines Universitätsprofessors in ein Bundesministerium diese, wie ich meine, selbstverständlichen Aufgaben weiter wahrgenommen werden? Macht er sich gar einer Dienstpflichtverletzung schuldig, welche Folgen sind dann zu erwarten, Disziplinarverfahren statt Belobigung? Es mag sein, daß diese Frage als konstruiert und kleinlich erscheint. Aber das Beamtenrecht ist offenbar nicht eingerichtet, um den Wechsel zwischen Universität und Politik bzw.

Administration zu fördern. Zudem lassen meine jüngsten Erfahrungen es nicht ausschließen, daß im Bedarfsfall auch geringfügige Abweichungen von rechtlichen Vorschriften zum Nachteil eines Seiteneinsteigers genutzt werden, nämlich dann, wenn es darum geht, in einem Bundesministerium die Stelle eines politischen Beamten freizuräumen.

Es ist nötig, hieran künftig etwas zu ändern. Es müssen Anreize her, um die Mobilität zu fördern, nicht zu hemmen, wie bislang üblich. Im Rückblick auf das halbe Jahr im Finanzministerium kann ich unter den gegebenen Bedingungen niemandem guten Gewissens empfehlen, die Position eines Professors an einer Universität gegen die eines Abteilungsleiters in einem Bundesministerium aufzugeben. Gewiß, in der Hierarchie der Beamten ist ein Ministerialdirektor und Abteilungsleiter eines Bundesministeriums hoch eingestuft, weit höher als ein Universitätsprofessor. Seine Einordnung im Gehaltsgefüge entspricht zum Beispiel dem des Präsidenten des Bundesnachrichtendienstes, des Präsidenten des Bundeskriminalamtes oder des Präsidenten des Bundesamtes für Verfassungsschutz. In der öffentlichen Wahrnehmung ist das ganz anders. Ich wußte zunächst nicht, wie die Position eines Ministerialdirektors einzuordnen ist. Vielen geht es offenbar ähnlich. Zwischen dem Oberinspektor eines Finanzamtes und einem Ministerialdirektor des Bundesfinanzministeriums wird in der öffentlichen Wahrnehmung kaum ein Unterschied gemacht: Finanzbeamter. So war meine Wirkung als Lehrstuhlinhaber und Professor an einer Universität in der öffentlichen Debatte über sachgerechte Konzeptionen der Wirtschaftspolitik größer als in meiner Funktion als Spitzenbeamter im Bundesministerium der Finanzen. Dort gilt das hierarchische Prinzip, nachrangig ist die Aufteilung von Aufgaben gemäß der Fachkompetenz. Richtig und wichtig ist es, daß Politiker zu entscheiden haben, letztlich also die Minister. Es sollte aber auch gelten, daß die besten Leute zur Vorbereitung ihrer Entscheidungen herangezogen und nicht abgestraft werden, wenn sie sich zu ihrer Tätigkeit im Sinne des Dienstherrn, also des Ministers, öffentlich äußern. Ich vermag keinen Unterschied zwischen Äußerungen von Spitzenbeamten eines Ministeriums als für Inhalte einer politischen Konzeption Verantwortliche und eines Ministers zur gleichen Sache zu erkennen.

In Deutschland ist dieser Gleichklang der öffentlichen Wahrnehmung von Spitzenbeamten und ihrer Minister offenbar nicht gegeben, auch nicht der kontinuierliche Wechsel von Führungsleuten in Wirtschaft, Politik und Wissenschaft in andere Bereiche. Hierzulande fehlen die erforderlichen Anreize, anders als in den USA. Dazu muß in Deutschland die Einsicht reifen, daß im Wettbewerb der Konzepte und Ideen, national wie international, nur bestehen kann, wer hierfür die höchste Fachkompetenz nutzt. In den USA ist diese Voraussetzung offenbar gegeben, in Deutschland offensichtlich nicht. Ein großes und im internationalen Konzert wichtiges Land wie Deutschland sollte es aber nicht hinnehmen, seinen internationalen Einfluß durch ein Ausschalten seiner besten Fachleute zu schmälern.

Angenommen, Bundesfinanzminister Lafontaine wäre nicht zurückgetreten. Würde ich nach meinen Erfahrungen die damalige Entscheidung für die neue Aufgabe heute noch einmal treffen? Ich weiß die Antwort nicht genau. Aber Annäherungen sind möglich. Die Zusammenarbeit mit Heiner Flassbeck empfand ich stets als kollegial, immer an der Sache orientiert, es machte mir nie viel Mühe, mich ihm unterzuordnen, ich fühlte mich nicht geleitet, wurde nie von Weisungen begrenzt. Ich habe für und mit Heiner Flassbeck gern an denselben Themen gearbeitet. Dennoch mag es sein, daß für ihn wie für mich die Zusammenarbeit nicht immer sehr einfach war. Denn nach fast zwei Jahrzehnten Tätigkeit als Inhaber eines Lehrstuhls an einer Universität ist es gewöhnungsbedürftig, eine dem befreundeten Kollegen und Staatssekretär untergeordnete Position in einem Ministerium auszufüllen. Daraus können sich gelegentlich Unsicherheiten des Umgehens miteinander ergeben haben. Es fällt nicht leicht, sich von der Leitung einer wissenschaftlichen Einrichtung an einer Universität in die Hierarchie eines Ministeriums einzuordnen. Ein Universitätsprofessor ist es gewohnt, Dinge selbständig zu gestalten, sie zu erläutern und zu verantworten, auch gegenüber der Öffentlichkeit. Interviews oder andere Erklärungen mit Öffentlichkeitswirkung sind ihm ein vertrautes Geschäft. Hierbei gibt es keine Interpretationen durch ein Referat, zuständig für Presse und Öffentlichkeitsarbeit. Das ist in einem Ministerium anders. Dort kann es geschehen, daß ein

Pressesprecher mangels inhaltlicher Kenntnisse Aussagen eines Ministerialdirektors fälschlicherweise aussehen läßt, als seien sie mit der Konzeption des Ministers nicht vereinbar. Es fällt schwer, das zu akzeptieren. Hinzunehmen ist das nur, solange die Leitung, also der zuständige Staatssekretär und der Minister, den Abteilungsleiter und Techniker bei bestimmten Fragen ohne Abstriche unterstützen. Diese Voraussetzung war gegeben. Heiner Flassbeck tat dies in einer Pressekonferenz, Minister Lafontaine zumindest durch Tolerieren.

Wie also ist umzugehen mit diesen Erfahrungen, was heißt das für die Zukunft? Ich war nach vielen Jahren der Arbeit an wirtschaftspolitischen Konzeptionen, auch im Sinne einer politischen Partei, der ich mich inhaltlich verbunden gefühlt hatte, in das Finanzministerium gewechselt. Es fällt schwer, dem Außenstehenden das Empfinden zu vermitteln, wenn jemand auf erniedrigende Weise allein deshalb aus dem Finanzministerium hinausgekegelt wird, weil innerhalb derselben Partei der Minister ausgewechselt wird. Kein Universitätsprofessor muß sich das antun – Privatleben aufgeben, sein Einkommen schmälern, seine Reputation beschädigen und sich als Eindringling behandeln lassen, weil er kein Laufbahnbeamter in einem Ministerium ist und deshalb all das nicht in Kauf nehmen muß. Nein, so kann eine dringend notwendige Kultur des gegenseitigen Austauschs von Vorstellungen, Konzeptionen und Einsichten zwischen Wissenschaft, Politik und Wirtschaft in Deutschland nicht erreicht werden. Aber genau das ist notwendig, um im internationalen Dialog, zum Beispiel über Konzepte zur Stabilisierung des internationalen Finanz- und Währungssystems, Mitsprache auf der Grundlage von Fachkompetenz beanspruchen zu können.

Könnte ich Kollegen in Universitäten oder Wirtschaftsforschungsinstituten empfehlen, eine Leitungsaufgabe in einem Bundesministerium zu übernehmen? Ich denke, diese Entscheidung wird vor allem von der Konzeption des Lebensplans eines Wissenschaftlers bestimmt. Wird darauf abgezielt, die Ebene reiner Theorie zu verlassen, sich der Wirklichkeit zuzuwenden, mit dem Ziel, an Konzeptionen zu arbeiten, sie in den Wettbewerb mit anderen Vorstellungen zu stellen, nach neuen Wegen zu einer besseren Gestaltung der wirtschaftlichen Lebensbedingungen der Menschen zu suchen, geht es also auf Dauer nicht ohne den Bezug zur praktischen Politik, dann sollte man sich einer Aufgabe im Schnittfeld zwischen Politik und Wissenschaft nicht verweigern. Freilich darf dann der Weg zurück nicht mit allerlei Fallen gespickt sein, so daß am Ende einer Tätigkeit in einem Bundesministerium allein Verluste stehen. Meine höchst spezielle Erfahrung aus der kurzen Tätigkeit im Finanzministerium lehrt, daß eine juristisch abgesicherte Grundlage gefunden werden muß, damit der Betroffene bei einer abrupten Beendigung seiner Tätigkeit nicht schlechter gestellt wird, hätte er die Aufgabe in einem Bundesministerium nicht übernommen. Juristischer Rat sollte vorher in Anspruch genommen werden, nicht hinterher. Aber der Austausch von Konzeptionen und Ideen zwischen Politik, Wirtschaft und Wissenschaft wird behindert, werden Entscheidungen über einen Wechsel in ein Ministerium von der juristischen Interpretation bestimmt, nicht von sachlichen Überlegungen. Werden diese Fallstricke nicht ausgeräumt, so wird sich in Deutschland keine Kultur des gegenseitigen Durchdringens und Bereicherns von Politik, Wirtschaft und Wissenschaft entwickeln können.

Mir bleiben von meinem Ausflug in die praktische Wirtschaftspolitik Erinnerungen an eine turbulente Zeit, Respekt vor der Leistung vieler Mitarbeiterinnen und Mitarbeiter, mein Dank für ihre loyale Unterstützung und die Zusammenarbeit mit ihnen und viele Eindrücke von hohem Wert, die über den Tag hinaus reichen. Hierzu zählt auch, die Möglichkeit erhalten zu haben, mit führenden Wirtschaftswissenschaftlern der Welt diskutieren zu können. Das vor allem wird mir in der Zukunft arg fehlen. Nach Champions League nun wieder Regionalliga. Die in diesem Gedankenaustausch erhaltenen Impulse sind für mich von großem Wert, eröffneten neue Einsichten, machten auch deutlich, daß die von mir seit langem verfolgte Forschungskonzeption, die auch in die Lehre einfließt, gut positioniert und wettbewerbsfähig ist.

Während meiner Tätigkeit im Finanzministerium ergaben sich viele Kontakte mit Wirtschaftsforschern und Ministerialen anderer Länder. Sie werden von mir weiter gepflegt werden, solange das für beide Seiten von Vorteil ist. In der nächsten Zeit werde ich im Ausland an einigen Konferenzen zur Stabilisierung des Weltfinanzsystems teilnehmen. Meiner während der Tätigkeit im Finanzministerium immer wieder artikulierten Position hierzu werde ich weiterhin treu bleiben. Denn mehr noch als zuvor bin ich davon überzeugt, daß dies der richtige Weg ist, um die Anfälligkeit der Weltwirtschaft vor Finanzmarktkrisen einzugrenzen.

Das kurze Zwischenspiel von Oskar Lafontaine und seinen Leuten im Bundesfinanzministerium ist nicht spurlos vorübergegangen. Für den Bereich der internationalen Finanz- und Währungsbeziehungen gibt es hierfür eine Reihe von Anzeichen. Auf der Frühjahrstagung des Internationalen Währungsfonds und der Weltbank Ende April in Washington wiesen Delegierte der G 24 auf die gemeinschaftliche Mitverantwortung der G 7-Länder für Turbulenzen an Finanzmärkten der letzten Jahre in einigen Schwellenländern hin. Es wurde verlangt, daß die großen Industrieländer für stabilere Wechselkurse ihrer Währungen gegeneinander als Voraussetzung größerer Stabilität der Wechselkurse und der Finanzmärkte in anderen Regionen der Welt sorgen sollten. Das war es, was ich auf dem Treffen der Technical Group der G 24 Anfang März in Colombo dargelegt hatte.

Die Kritiker an dem stets gleichen Rezept des Internationalen Währungsfonds zum Überwinden einer Finanzmarktkrise – Hochzinspolitik, extrem restriktive Finanzpolitik, schlagartige Liberalisierung aller Märkte einschließlich der Devisenmärkte – erhalten Zulauf. Nach den fernöstlichen Währungsturbulenzen und erst recht nach dem Rußland-Debakel vom August vergangenen Jahres ist das Vertrauen in die vom Weltwährungsfonds verordneten Auflagen, deren Einhalten Voraussetzung für Kredithilfen des Fonds ist, verlorengegangen. Joseph Stiglitz sprach auf der Jahrestagung der Europäischen Bank für Wiederaufbau und Entwicklung im April die verhängnisvolle Rolle des Währungsfonds in Rußland an. Er verwies darauf, daß der Transformationsprozeß in Rußland und in anderen östlichen Reformländern wohl weniger mißlich verlaufen wäre, hätte man Hinweise aus Europa beachtet, wonach Liberalisierung der Märkte und Aufbau funktionsfähiger Institutionen Hand in Hand gehen müssen. Kapitalverkehrskontrollen jeder Art, von den Hohepriestern des reinen Wirtschaftsliberalismus in der amerikanischen Administration und im Weltwährungsfonds als altertümliche Folterwerkzeuge am liebsten in das Gruselkabinett verbannt, werden als Bollwerk gegen eine Währungskrise im Notfall inzwischen wieder vorbehaltloser diskutiert. Denn Länder wie Thailand, die sich in der Krise bedingungslos den Spielregeln des Währungsfonds unterworfen hatten, stehen nun gesamtwirtschaftlich nicht besser da als Malaysia, das einen eigenen Weg ging, die vom Währungsfonds verlangte restriktive Politik ablehnte und statt dessen den Kapitalexport um so stärker mit Kosten belastete, je kurzfristiger das finanzielle Engagement von Ausländern in Malaysia ist. Der Unterschied zwischen beiden Ländern: Thailand ist mit hohen zweistelligen Milliardenbeträgen in Dollar gegenüber dem Internationalen Währungsfonds verschuldet, Malaysia nicht. Es gibt also unterschiedliche wirtschaftliche Reaktionen auf Finanzmarktkrisen. Das war von Heiner Flassbeck und mir immer wieder betont worden.

Wichtiger als die Reaktion auf eine Krise war es uns aber, Krisen nicht entstehen zu lassen. Dazu bedarf es eines zwischen den Ländern abgestimmten passenden makroökonomischen Policy-Mix aus Fiskalpolitik, Lohnpolitik und Geldpolitik. Zudem muß das internationale Währungssystem stabilisiert und verhindert werden, daß ganze Volkswirtschaften Opfer spekulativer Attacken auf ihre Währungen werden. Paul Krugman sprach das in dem Interview mit dem »SPIEGEL« vom 16.8.99 an. Er verweist auf rechtliche Folgen der Verwendung von Insider-Informationen und des Streuens haltloser Gerüchte bei der Aktienspekulation und fährt fort: »*Betreibst du dieses Spiel gegen ein Unternehmen, wirst du bestraft; betreibst du es gegen ein ganzes Land, ist es absolut legal. Wir brauchen endlich internationale Regeln, die so etwas verhindern.*« So ist es, dafür haben wir uns eingesetzt. »*Wir brauchen Regeln*« war mein Interview mit der »Welt am Sonntag« im Februar überschrieben. Deshalb bin ich optimistisch: Einige unserer Überlegungen und konzeptionellen Vorschläge, über den Bereich der internationalen Währungs- und Finanzbeziehungen hinaus, werden überdauern und später erneut auf die Tagesordnung kommen.

Mit dieser Einschätzung stehe ich nicht allein. In der Ausgabe vom 20. März des »The Economist« ist den wirtschaftspolitischen Vorstellungen des Bundesfinanzministers Lafontaine unter dem Titel »*Oscar bravo*« ein

Nachruf gewidmet. Darin wird die von Lafontaine angeregte Zinssen-kung der Europäischen Zentralbank ebenso gutgeheißen wie die Not-wendigkeit, die Zentralbank in den wirtschaftspolitischen Dialog mit an-deren Trägern der Stabilitätspolitik einzubeziehen. Zustimmung findet auch seine kritische Einstellung, den Europäischen Stabilitätspakt als sa-krosanten Selbstzweck zu erachten und dessen finanzpolitische Vorgaben unabhängig von der gesamtwirtschaftlichen Lage in jedem Fall mit abso-lutem Vorrang zu erfüllen. Auch die von Lafontaine geforderte interna-tional abgestimmte Wechselkurspolitik, daran orientiert, Fehlentwick-lungen zu vermeiden, wird als richtiger Ansatz bezeichnet, der früher oder später wieder aufgenommen werden wird. Und die von ihm immer wieder ins Spiel gebrachte Notwendigkeit der Steuerharmonisierung in den Länder der Europäischen Union statt eines Steuersenkungswettlaufs, um zu vermeiden, daß Staatsausgaben gekürzt und Bürger ausgeplündert werden, sollte breite Zustimmung finden können. In den Augen seiner ehemaligen politischen Freunde sei der hauptsächliche Fehler Oskar La-fontaines nicht gewesen, daß er etwa die falschen Fragen gestellt hätte, ganz im Gegenteil, vielmehr sein Mut, überhaupt ein Konzept einer kon-sistenten makroökonomischen Politik öffentlich zu machen: »*That is one thing about Oskar: he may have been red, but he was never coy.*« (»Dies ist eine Eigenschaft von Oskar: Er mag ein Linker sein, aber er war nie schüchtern.«)

Zum Abschluß meines Rückblicks stellt sich nahezu zwangsläufig die Frage, was wäre, wenn etwas Überraschendes geschähe. Eine Woche nach dem Rücktritt von Oskar Lafontaine von allen politischen Ämtern veröffentlichte Claus Koch in der »Süddeutschen Zeitung« ein Essay mit dem Titel »*Konkurserklärung der Linken*«. Dort heißt es am Ende:

Lafontaine erklärt mit dem Rücktritt ja nichts anderes, als daß auf absehbare Zeit eine Alternative zum politischen Einheitsdenken und -handeln nicht verfügbar ist, daß sich die bewußte A-Politik Blairs und Schröders durchgesetzt hat. Er gibt also die moralische Konkurserklärung für die SPD ab. Wenn ein Links von der Mitte vor einem Jahr viel-

*leicht noch konstruiert werden konnte, so herrscht mit
Schröder nun eindeutig die Rechte. Denn die Mitte ist immer rechts.*

*Wer jetzt mit linken Lebenslügen noch weitermacht, so
muß Oskar Lafontaine verstanden werden, ist zum bloßen
Karrierismus unter dem bekennenden Karrieristen Schröder
verurteilt. Die Parteilinken haben einzusehen, daß sie,
nachdem sie vom Politik-Imitator Schröder mißbraucht
worden waren, nun auch von Lafontaine abgeschrieben
sind. Es blieb ihm, da dies ein sehr politischer Rücktritt
war, nichts anderes übrig.*

*Besäßen sie alle miteinander nur einen Funken politi-
scher Bildung, müßten sie merken, daß der ironische Lafontaine mit seinem Spitznamen umzugehen weiß. Denn wenn
er sich eine Chance für seinen 18. Brumaire aufbauen will,
und vielerlei läuft heute in diese Richtung, dann mußte er
jetzt seine Position dafür eröffnen. Weitere sechs Monate,
und es wäre zu spät für ihn gewesen. Er hätte sich sinnlos
verbraucht – um über kurz oder lang mit diesem Kabinett
unterzugehen.*

*Viele Bedingungen in Deutschland und in Europa sind
dazu gegeben, daß ein Natur-Politiker wie der vorübergehend gescheiterte noch ein größeres Spiel machen kann. So
mußte er, der die deutsche und die europäische Lage durch-
denken kann, die verrottete Partei rechtzeitig hinter sich
lassen. Für politische Tiere wie ihn ist »rechtzeitig« immer
erst der vorletzte Moment. Und er weiß, schon bald werden
am späten Abend an der Hintertür die ersten bei ihm an-
klopfen.*

Nehmen wir an, es käme dazu. Angenommen ferner, Oskar Lafontaine ließe sich noch einmal vor den Karren spannen. Könnte ich mir nach
meinen Erfahrungen aus dem Bundesfinanzministerium vorstellen, noch
einmal dabei zu sein, um im internationalen Bereich an jenen Konzeptio-

nen weiterzuarbeiten, die der damalige Bundesfinanzminister vertreten hatte, fragte man mich danach? Sicher, bei dieser Fragestellung kommen einige Hypothesen zusammen, die sich zu einer nahezu unglaublichen Konstellation zusammenfügen. Aber nehmen wir einmal an, es käme dennoch so. Ich denke, geht es nicht um leere Betriebsmacherei, sondern darum, für einen Politikentwurf zu arbeiten, der an den Interessen der Unterprivilegierten hier wie woanders orientiert ist, ich wäre noch einmal dabei.

Anhang

Aufgaben der Wirtschaftspolitik zur Förderung der Effizienz des internationalen Finanzsystems

1. Die Rolle von Finanzmärkten für eine stabile gesamtwirtschaftliche Entwicklung

Effiziente Finanzmärkte sind Vorbedingung für einen hohen Beschäftigungsgrad, für angemessenes Wirtschaftswachstum, für Preisstabilität. Das ist unbestritten. Strittig ist, ob das Marktsystem diese Bedingung automatisch und kostenlos gewährleistet. Allein auf der Grundlage der neoklassischen Gleichgewichtstheorie argumentierende Zunftgenossen behaupten: Ja. Sie verschanzen sich hierbei hinter ihrem Credo stets untrüglicher Preissignale unreglementierter Märkte bei rationaler Erwartungsbildung der Akteure. Andere bestreiten diesen Automatismus. Denn sind Erwartungen der Handelnden heterogen, wechselt das Muster der Erwartungsbildung, lassen sich gelegentlich Elemente adaptiver bzw. extrapolativer Erwartungsbildung identifizieren, werden die Erwartungen manchmal von einem einzigen dominanten Sachverhalt statt von allen bewertungsrelevanten Informationen geprägt, werden Informationen ignoriert, nehmen Erwartungsunsicherheiten so weit zu, daß Informationen keine entsprechenden Transaktionen auslösen, werden Märkte eines makroökonomischen Systems jedenfalls zeitweilig auch von mengenmäßigen Rationierungen statt von allokationsoptimierenden Änderungen relativer Preise miteinander verbunden, gelangen also allein privatwirtschaftliche Optimierungsbestrebungen in einem riskanten und deshalb nicht genau bekannten Umfeld zu Ergebnissen, die nicht informationseffizient sind, so löst das Abfolgen von Preisen, Kursen und Renditen an Finanzmärkten aus, die gesamtwirtschaftliche Fehlentwicklungen nach sich ziehen.

Dann ist von der Vorstellung Abschied zu nehmen, allein vom privaten Optimierungskalkül hinsichtlich erzielbarer Ertragsraten gesteuerte Finanzmärkte würden stets zu gesamtwirtschaftlich effizienten Ergebnissen führen. Dem Vertrauen auf stets richtige Preissignale bei freier Preisbildung, das die Basis für Deregulierungen an Finanzmärkten bildete, ist die Grundlage entzogen, wenn Finanzmärkte Informationen nicht effizient verarbeiten. Konstellationen von Zinssätzen, Wechselkursen und Lohnsätzen, notwendig, um inflationsfreies Wirtschaftswachstum bei hohem Beschäftigungsstand zu erreichen, können nur zufällig erreicht werden, nimmt die Wirtschaftspolitik Preis- und Kursentwicklungen an Finanzmärkten auch dann hin, wenn das den Keim für gesamtwirtschaftliche Fehlentwicklungen legt. Sind Verwerfungen an Finanzmärkten auch darauf zurückzuführen, daß Vermögenswertänderungsrisiken durch Verzicht auf wirtschaftspolitische Maßnahmen mit dem Ziel der Eindämmung von Zins- und Wechselkursschwankungen sowie durch den Abbau institutioneller Vorkehrungen gewachsen sind, so ist an diesen Ursachen anzusetzen, um Fehlentwicklungen an Finanzmärkten zu begrenzen. Nur dann leisten Finanzmärkte das, was sie sollen: den internationalen Ausgleich zwischen geplanter Investition und geplanter Ersparnis schaffen, Kapital dorthin leiten, wo es den größten Beitrag für inflationsfreies Wirtschaftswachstum leistet, die weltwirtschaftliche Wohlfahrt mehren. Das internationale Finanzsystem sollte die an wirtschaftlichen Fundamentalfaktoren orientierte internationale Arbeitsteilung begünstigen und nicht behindern.

Zins- und Wechselkursbewegungen sollten die internationale Allokation der Faktoren widerspiegeln, sie nicht bestimmen. Größere Stabilität der Finanzmärkte und internationaler Kapitalbewegungen setzt eine stetige Kursentwicklung an den Devisenmärkten voraus, die sich an monetären und realen ökonomischen Fundamentalfaktoren orientiert. Nimmt die Volatilität von Wechselkursen zu, lösen sich Wechselkurstrends von Fundamentalfaktoren, so kann der Devisenmarkt zur Quelle gesamtwirtschaftlicher Fehlentwicklungen werden, außenwirtschaftliche und binnenwirtschaftliche Ungleichgewichte auslösen, Rezession und Arbeitslosigkeit oder Boom und Inflation bewirken, schließlich das Finanzsystem eines Landes schwer beschädigen.

Ein Rückblick auf die Finanzmarktkrise der südostasiatischen Länder seit 1997 mag die Rolle massiver Wechselkursänderungen von Währungen großer Industrieländer für die Stabilität des Finanzsystems eines Landes verdeutlichen (vgl. Eichengreen 1999). Der finanziellen Krise ging eine erhebliche Passivierung der Leistungsbilanzen dieser Länder seit 1993 voraus, finanziert durch Dollarkredite von Geschäftsbanken, maßgeblich der großen Industrieländer. Auslösend für die Finanzmarktkrise war jedoch die abrupte Aufwertung des US-Dollars (vgl. UNCTAD 1998, 58).

Ein Beispiel: Mitte 1995 erzielte ein koreanischer Exporteur aus einer Warenlieferung nach Deutschland im Wert von DM 20.000 einen Dollarerlös von $ 14.400. Zwei Jahre später war dieser Exporterlös auf $ 11.100 gesunken, ausschließlich deshalb, weil der Dollar gegenüber der DM aufgewertet hatte. Die Auslandsverschuldung Koreas wurde zu einer Überschuldung. Entscheidend für die Fähigkeit eines Landes, eine auf Dollar lautende Auslandsverschuldung mit Zinsen zu bedienen, ist also weniger der Wechselkurs zwischen Dollar und der eigenen Landeswährung, vielmehr der Wechselkurs des Dollars gegenüber jenen Währungen, in denen dieses Land Exporterlös erzielt.

Fehler und wirtschaftspolitische Versäumnisse Koreas wie anderer Tigerstaaten im Vorfeld der Finanzmarktkrise sollten weder vernachlässigt noch heruntergespielt werden. Aber es ist zu konstatieren, daß es ohne stabilere Währungsbeziehungen zwischen den großen Währungsräumen der Welt keine Stabilität der Weltfinanz- und -devisenmärkte geben wird. Die Verantwortung für die weltwirtschaftliche Entwicklung erfordert deshalb eine kooperative Konzeption zwischen den großen Währungsräumen. Die führenden Industrienationen dürfen sich ihrer globalen Verantwortungsgemeinschaft nicht entziehen. Denn Fehlentwicklungen an Devisenmärkten übertragen sich auf andere Segmente der Finanzmärkte, sie werden international wirksam, sie können Inflation wie Deflation und Rezession mit steigender Arbeitslosigkeit auslösen – und das weltweit.

2. Voraussetzungen der Stabilität von Finanzmärkten
2.1 Mikroökonomische Voraussetzungen

Die Erfahrungen aus den jüngsten Finanzmarktkrisen haben die Gefährdungspotentiale instabiler nationaler Finanzmärkte sowie internationaler Finanz-beziehungen drastisch aufgezeigt. Finanzmarktkrisen lassen breite Kreise der Be-völkerung schlagartig verarmen, und sie gefährden die politischen und sozialen Grundlagen in den betroffenen Ländern. Zudem werden regionale Finanzmarkt-krisen im Zuge der Globalisierung der Märkte weltweit wirksam.

Deshalb ist es eine zentrale wirtschaftliche Aufgabe, strukturelle Schwächen nationaler Finanzmärkte und der internationalen Finanzbeziehungen aufzudek-ken und zu beheben. Insbesondere muß es darum gehen, das institutionelle Rah-menwerk den Bedingungen globalisierter Finanzmärkte anzupassen. Die Reform-anstrengungen konzentrieren sich gegenwärtig auf folgende Bereiche:

– Verbesserung der Transparenz der nationalen Wirtschafts- und Währungspo-litik, der Geschäftspolitik der internationalen Organisationen (insbesondere von IWF und Weltbank) und der Aktivitäten des Privatsektors (corporate go-vernance, accounting).
– Intensivierung der Finanzmarktaufsicht auf nationaler und internationaler Ebene: Aufbau zuverlässiger Aufsichtsstrukturen für die nationalen Finanz-märkte in Schwellen- und Transformationsländern und engere Zusammenar-beit zwischen nationalen und internationalen Aufsichtsbehörden.
– Fortsetzung der Liberalisierung des Kapitalverkehrs im Gleichschritt mit dem Aufbau stabiler nationaler Finanzsektoren und den dazugehörigen Aufsichts-strukturen.
– Verbesserung des Krisenmanagements, u.a. durch eine frühzeitige Einbindung des Privatsektors.
– Stärkung der Rolle der internationalen Finanzinstitutionen: Sicherstellung ih-rer wirksamen Zusammenarbeit und ihrer Handlungsfähigkeit, u.a. durch eine angemessene Finanzausstattung.
– Institutionelle Reformen zur Stärkung der internationalen Finanzinstitutio-nen, insbesondere im Hinblick auf ihre Rolle als globale Diskussionsforen.

Anzumerken ist, daß viele dieser Reformansätze zur besseren Aufsicht und Regulierung der internationalen Finanzbeziehungen bis vor kurzem noch als überholtes Denken abgelehnt worden waren, weil auf die grundsätzliche Effizienz der Marktallokation vertraut wurde. Inzwischen wird akzeptiert, daß Liberalisierung nicht ohne weiteres stets positive Effekte für eine stabile wirtschaftliche Entwicklung erzielt.

Die Notwendigkeit dieser Reformansätze ist unbestritten. Auf diesem Felde sind in den letzten Jahren Fortschritte erzielt worden, weitere Maßnahmen werden bald umgesetzt werden. Die Erfahrungen der letzten Jahre zeigen allerdings auch, daß diese strukturellen Reformen nicht ausreichend sind, um die Stabilität der Finanzmärkte zu sichern. Denn allein mikroökonomisch orientierte Maßnahmen sind nicht geeignet, systemische Risiken auszuschalten, die auf dem Nährboden starker und nicht einschätzbarer Volatilität von Zinssätzen und Wechselkursen wuchern. Deshalb sind die unerläßlichen strukturellen Reformen der Finanzarchitektur durch ein stabiles makroökonomisches Rahmenwerk zu ergänzen, passend zu den Bedingungen der Freizügigkeit der internationalen Wirtschaftsbeziehungen. Keine Frage, hieran scheiden sich die Geister.

2.2 Makroökonomische Voraussetzungen

Die eine Seite verweist darauf, daß Konjunktur und Wachstum Reflex realer exogener Schocks sind, die sich in Kurs- und Renditeänderungen an Finanzmärkten ebenso wie in güterwirtschaftlichen Anpassungen ausdrücken. Für Politikmaßnahmen bleibt kein Raum.

Sind alle Preise, Kurse und Renditen an Finanzmärkten vollständig flexibel, werden hierin alle relevanten gegenwärtigen und für die Zukunft erwarteten Determinanten korrekt ausgedrückt, so kann es einmal keine Fehlentwicklungen an den Finanzmärkten geben, so können zum anderen von finanziellen Beziehungen keine Effekte ihren Ausgang nehmen, die zu gesamtwirtschaftlichen Fehlentwicklungen Anlaß geben.

Die Konsequenz hieraus: Effiziente Ergebnisse können durch Maßnahmen der Wirtschaftspolitik nicht verbessert werden, Finanzmärkte sollten sich selbst überlassen werden, Regulierungen sind abzubauen, weil erst dann die wohlfahrtsoptimierende Allokationsfunktion der Finanzmärkte zum Tragen komme. Soweit die eine Sichtweise.

Eine andere Sicht verweist auf eine zunehmende Eigendynamik der Finanzmärkte, auf ein Abkoppeln des finanziellen Bereichs von der Realwirtschaft, auf Preisentwicklungen an Finanzmärkten, die auf der Grundlage weithin akzeptierter ökonomischer Theorien nicht zu erklären sind. Danach sind Finanzmärkte für spekulative Übertreibungen anfällig, mithin für Kurs- und Renditeentwicklungen, die ursächlich für wirtschaftliche Verwerfungen sind – Leistungsbilanzungleichgewichte, Rezession mit steigender Arbeitslosigkeit, Konjunkturboom mit einhergehender Inflationierung.

Hohe Unsicherheiten bei der Einschätzung der Entwicklung von Preisen und Renditen an Vermögensmärkten steigern das Risiko wirtschaftlichen Handelns. Wirtschaftliche Akteure sind in der Regel risikoavers. Je höher die Risiken, desto geringer die wirtschaftliche Aktivität, um so ausgeprägter die Suche nach Absicherung dieser Risiken. Risikoprämien, die für das Angebot von Absicherungsinstrumenten in Rechnung gestellt werden, drücken sich in höheren Marktpreisen aus. Selbstverständlich ist auch, daß Anleger in Titeln ohne Versicherungsmöglichkeit gegenüber Wertänderungsrisiken, so in festverzinslichen Wertpapieren, sich die Übernahme von Risiken entgelten lassen, nämlich durch eine höhere Rendite. Das ist die andere Sichtweise.

Beide Interpretationen basieren auf, für sich genommen, konsistenten Konzeptionen, die widerspruchsfreie Schlußfolgerungen aus Annahmen ziehen. Als Richtlinie für wirtschaftspolitische Rezepte ist das allein aber unzureichend. Stets ist zu fragen, ob theoretische Konzeptionen die Realität abzubilden vermögen. Hierbei ist die Evidenz ernüchternd, soweit es das Vertrauen auf stets richtige Preissignale deregulierter Finanzmärkte bei vollständig flexibler Preisbildung angeht.

In der Finanzierungslehre hatte man sich über Jahrzehnte hinweg am Kapitalmarktmodell orientiert. Danach wählen Anleger effiziente Wertpapierportfolios auf der Opportunitätslinie. Man erreicht dadurch Diversifikationsvorteile und die Reduktion des relevanten Risikos. Vom Gesamtrisiko spielt nach der Diversifikation nur noch die systematische Risikokomponente eine Rolle. Systematische Risiken sind danach auch die zentralen Erklärungsfaktoren für beobachtbare Renditedifferenzen bei verschiedenen Wertpapieren. Hoch-Risiko-Titel kompensieren die Investoren in der Theorie mit höheren Risikoprämien auf die risikofreie Rate; Niedrig-Risiko-Titel kompensieren nur mit kleinen Prämien. Diese Zusammenhänge galten als gesichert.

Die empirische Evidenz sieht anders aus. Fama/French ermittelten 1992, daß im Normalfall die Risikoparameter – wie auch immer gemessen – keinen statistisch signifikanten Zusammenhang mit Renditedifferenzen aufweisen. Damit bricht ein Weltbild zusammen. Ferner wurde festgestellt, daß in Ausnahmefällen ein statistisch signifikanter »riskreturn«-Zusammenhang besteht, jedoch in gegenüber der Theorie konträrer Richtung: Hoch-Risiko-Papiere haben eine kleine Rendite (growth stocks), Niedrig-Risiko-Papiere eine hohe Rendite (value stocks). Daraus folgt, daß kein Titel auf der Wertpapiermarktlinie liegt. Das impliziert, daß einige zentrale Annahmen des Kapitalmarktmodells ungültig sein müssen (vgl. Haugen 1995). Die ganz zentrale Hauptannahme der Informationseffizienz von Wertpapiermärkten muß nach übereinstimmender Auffassung von Finanzierungs-Experten deshalb aufgegeben werden (vgl. Haugen 1996).

In diese Richtung weisen auch empirische Untersuchungen zur Informationseffizienz des Dollar-Devisenmarktes in Deutschland (vgl. Filc 1997, Frömmel/Menkhoff 1999). Die Ergebnisse kollidieren mit der These jederzeit rationaler Erwartungsbildung der Marktakteure als zentralen Baustein der Konzeption informationseffizienter Märkte.

Das zusammengenommen gibt Anlaß, die jederzeitige Effizienz deregulierter spekulativer Auktionsmärkte, so des Devisenmarktes und von Anleihemärkten, nicht als gleichsam ehernes Gesetz zu postulieren. Bestehen aber schon begründbare Zweifel an der Informationseffizienz von Finanzmärkten, so ist noch größere Reserviertheit hinsichtlich des Beitrags allein vom privaten Optimierungskalkül gesteuerter Preisbildung an Finanzmärkten für Beschäftigung und Wirtschaftswachstum bei Preisstabilität angeraten.

Auf informationsineffizienten Märkten gibt es Legionen von Asymmetriesituationen, die profitable Transaktionen blockieren. Soll partielles oder totales Marktversagen bei Wertpapiergeschäften vermieden werden, sind institutionelle Designs erforderlich. Zweck dieser Designs ist das Überbrücken von Informationsasymmetrien. Unter Ineffizienz-Bedingungen sind aber nicht nur Design-Überlegungen für Wertpapiere anzustellen, sondern auch für Organisationen und für die institutionelle Einbettung des Handelns an Finanzmärkten. Das gilt auch und insbesondere für Devisenmärkte als Schaltstelle zwischen dem monetären und dem realwirtschaftlichen Bereich und für die Verkettung von Wirtschafts- und Währungsräumen.

In den sechziger Jahren und Anfang der siebziger Jahre waren Vermögensänderungsrisiken, soweit sie in Unwägbarkeiten der Zins- und Wechselkursentwicklung ausgedrückt werden, gering, weil sie von institutionellen Vorkehrungen und von Maßnahmen der Wirtschaftspolitik begrenzt wurden, nämlich durch feste Wechselkurse und von einer an der Verstetigung der Zinsentwicklung orientierten Geldpolitik. Eine Folge hiervon war es auch, daß sich der internationale Kapitalverkehr hauptsächlich an internationalen Zinsdifferenzen orientierte, die ihrerseits vor allem unterschiedliche Konjunkturverläufe widerspiegelten. Das sind makroökonomische Rahmenbedingungen für das Handeln einzelner Finanzierungsinstitute. Sind makroökonomische Bedingungen stabil, sind sie vorhersehbar, so verringern sich die Gefahren, an Finanzmärkten eine besondere Risikoposition einzugehen (vgl. Hellwig 1998). Dieses Rahmenwerk fehlt seit dem Zusammenbruch von Bretton Woods. Die Einschätzung, bei flexiblen Wechselkursen würden die Märkte von sich aus stets zu gleichgewichtigen und damit stabilen Wechselkursen finden, hat sich als trügerisch herausgestellt. Obgleich flexible Wechselkurse Fehlverhalten der Wirtschaftspolitik sanktionieren können, kam es immer wieder zu Fehlentwicklungen an Devisenmärkten, wenn es an klaren Orientierungsgrößen fehlte, wenn Informationsasymmetrien zunahmen, wenn sich Probleme verstärkten, aus einer Vielfalt von Informationen klare Schlußfolgerungen zu ziehen. Damit ist das makroökonomische Design der internationalen Finanzarchitektur angesprochen.

Strukturelle oder mikroökonomische Reformen allein sind deshalb nicht ausreichend, um Stabilität der Finanzmärkte und des internationalen Finanzsystems zu erreichen. Diese mikroökomischen Reformen sind insbesondere nicht geeignet, die systemischen Risiken zu beseitigen oder zumindest zu verringern. Erforderlich ist ein verläßliches globales makroökomisches Rahmenwerk. Die Frage ist zu klären, wie Institutionen und wie der makroökomische Policy-Mix beschaffen sein müssen, um der marktmäßigen Globalisierung und den damit verbundenen Herausforderungen Rechnung zu tragen.

Bankenkrisen, erfassen sie ein Banksystem, haben eben nicht nur mikroökonomische Ursachen, sondern auch eine makroökonomische Dimension. Bankensystemkrisen sind eine Erscheinung der letzten zwei Jahrzehnte. Bis in die Mitte der siebziger Jahre kamen Bankenzusammenbrüche nur sehr vereinzelt vor. Bankenkrisen als Krisen ganzer Bankensysteme gab es überhaupt nicht. Diese Phase der Stabilität der Bankensysteme war Ergebnis einer besonderen historischen Konstellation stabiler makroökomischer Rahmenbedingungen des Finanzsektors (vgl. Hellwig 1998). Dazu zählen Wechselkurse, welche in annähernd einschätzbarer Weise an ökonomischen Fundamentaldaten orientiert sind. Fehlt es hieran, so lösen Fehlentwicklungen an Devisenmärkten Fehlentwicklungen in anderen Segmenten der Finanzmärkte und gesamtwirtschaftliche Verwerfungen aus. Im Zuge der Globalisierung kann das weltweit wirksam werden.

3. **Der Beitrag des internationalen Währungssystems für eine stabile internationale Finanzarchitektur**

3.1 **Die Rolle von Wechselkursen für gesamtwirtschaftliche Stabilität**

Wechselkursänderungen als Folge wirtschaftspolitischer Maßnahmen, die zwischen den Ländern nicht abgestimmt werden und eine sehr ungleichmäßige gesamtwirtschaftliche Entwicklung nach sich ziehen, sind konsequente marktwirtschaftliche Reaktion freier Preisbildung. Die Erfahrungen zeigen aber auch, daß die Einschätzung, Devisenmärkte würden stets und gleichsam automatisch zu einer stabilen Kursentwicklung entlang den Fundamentalfaktoren führen, illusionär ist. Bei hohen Unsicherheiten über die künftige wirtschaftliche Entwicklung kam es immer wieder zu erratischen Kursschwankungen oder für längere

Zeit andauernden Fehlentwicklungen von Wechselkursen, insbesondere dann, wenn verschiedene Marktteilnehmer unterschiedliche Informationen nutzten oder wenn aus Informationen diffuse Folgerungen für die Preisbildung gezogen wurden. Deshalb kann die Möglichkeit, daß auch künftig immer wieder Wechselkurse dem Prinzip sich selbst rechtfertigender Erwartungen folgen, nicht ausgeschlossen werden. Geschieht dies, so sind gesamtwirtschaftliche Fehlentwicklungen die Folge, und andere Bereiche der Finanzmärkte können in den Sog der Devisenmärkte geraten. So können Zinssätze in einem Land in die Höhe schießen oder drastisch fallen, beides im Gegensatz zu gesamtwirtschaftlichen Anforderungen und entgegen dem geldpolitischen Kurs, kommt es zu einer zufälligen und nachteiligen Konstellation aus Wechselkursen, Wechselkurserwartungen, internationalen Zinsdifferenzen und rasch reversiblen Änderungen der Einschätzung von Wechselkursänderungsrisiken. Es ist deshalb ein überaus riskantes Unterfangen, unter allen Bedingungen Preise und Renditen an Finanzmärkten einem »Autopiloten« zu überlassen, der die Zukunft der Weltwirtschaft stets zuverlässig steuern soll. Für die Zinsentwicklung wird das auch so gesehen, weil die Zentralbanken durch das Festsetzen von Zinssätzen für die Zentralbankgeldversorgung wesentliche Impulse auf das gesamte Zinsspektrum an monetären Märkten ausüben (vgl. Filc 1998 b, 110 ff.). Was die Kursentwicklung an den Devisenmärkten angeht, so wird überwiegend kaum Handlungsbedarf gesehen. Vielleicht auch aus der Erkenntnis heraus, daß währungspolitische Alleingänge zum Scheitern verurteilt sind.

Aber die großen Industrieländer dürfen sich sowohl im wohlverstandenen eigenen Interesse als auch als Voraussetzung für weltweite wirtschaftliche Stabilität ihrer gemeinsamen Verantwortlichkeit nicht entziehen, bei erkennbaren und krassen Fehlentwicklungen an den Devisenmärkten gegenzusteuern. Das ist der Kern einer »gestalteten Flexibilität der Wechselkurse«, die in einigen Ländern, auch in Deutschland, seit einiger Zeit diskutiert wird. Finanzmärkte, so Devisenmärkte, sind in den Dienst eines nachhaltigen Wirtschaftswachstums bei hoher Beschäftigung zu stellen. Und ohne enge internationale Kooperation der Träger der Stabilisierungspolitik, mithin auch der Währungspolitik, ist dieses Ziel nicht zu erreichen.

Hierzu sind in erster Linie die G 7-Länder in die Verantwortung zu nehmen. Fast die Hälfte des Weltsozialprodukts entfällt auf diese Ländergruppe, und 80 % der weltweiten Finanztransaktionen werden in Dollar, Euro und Yen abgewickelt. Eine wichtige Vorbedingung für größere weltweite wirtschaftliche Stabilität sind deshalb die Fähigkeit und Bereitschaft Europas, der USA und Japans zur Kooperation der Wirtschaftspolitik, auch der Währungspolitik.

3.2 Das System »gestalteter Flexibilität der Wechselkurse«
3.2.1 Referenz: konjunkturneutrale und kapitalverkehrsneutrale Wechselkursentwicklung

Bei annähernd gleichhohem Wirtschaftswachstum der Länder sollten Wechselkurstrends an internationalen Inflationsdifferenzen orientiert sein, die wiederum dem Zinsgefälle zwischen Währungsräumen entsprechen. Dann sind die realen Wechselkurse konstant, nominale Wechselkursänderungen gleichen Ertragsdifferenzen von Finanzaktiva aus, die Kursentwicklung am Devisenmarkt ist konjunkturneutral – neutral für den internationalen Leistungsverkehr, für Wirtschaftswachstum, Beschäftigung und Inflationsrate – und kapitalverkehrsneutral. In diesem Fall orientiert sich die Kursentwicklung systematisch an grundlegenden Fundamentaldaten, ohne Wechselkursrisiken zu erzeugen. Wechselkursänderungen sind dann Ausdruck einer optimalen internationalen Allokation von Gütern und Kapital.

Entsprechend gilt: Wechselkurstrends, die sich von dem internationalen Inflations- und Zinsgefälle lösen, werden zu einem Störfaktor für das Erreichen gesamtwirtschaftlicher Zielsetzungen in den einzelnen Ländern sowie für die Weltwirtschaft, und sie erzeugen Spannungen, die später zu ruckartigen Kurskorrekturen an den Devisenmärkten mit einem Überschießen der Wechselkurse führen können. Wohlfahrtsverluste sind die Folge.

Ein Beispiel hierfür sind Entwicklungen im Europäischen Währungssystem (EWS) bis zur Währungskrise im Sommer 1992. Anfang 1987 fand die letzte allgemeine Anpassung der Leitkurse im EWS statt. Unter dem Eindruck des einheitlichen europäischen Binnenmarktes und von Plänen zur Verwirklichung der Europäischen Währungsunion breitete sich eine Wechselkursillusion aus. Es bestand die Einschätzung, es könne zu den gegebenen Leitkursen zu einer einheitlichen Europawährung übergegangen werden, ungeachtet der immer noch erheblichen Unterschiede der Preis- und Kostenentwicklung zwischen den seit langem nahezu preisstabilen Ländern im Zentrum und jenen der Peripherie des EWS. Im Zeitverlauf bildete sich eine zunehmende reale Abwertung der D-Mark im EWS heraus, die mit einer entsprechenden realen Aufwertung der Währungen anderer Länder – so Italiens, Spaniens und des Vereinigten Königreichs – korrespondierte. Der internationale Leistungsverkehr reagierte lehrbuchhaft: Rekordüberschüsse des deutschen Außenhandels insbesondere gegenüber Ländern der Europäischen Union, zunehmende Leistungsbilanzdefizite und deutliche Wachstumsverluste jener Länder, die sich trotz Verschlechterung der preislichen Wettbewerbsfähigkeit einer Anpassung der Leitkurse widersetzten.

Im Sommer des Jahres 1992 verflog die Wechselkursillusion. Es kam zu einer Serie von Leitkursanpassungen im EWS und zu einem Ausscheiden der Lira und des Pfund Sterlings aus dem Wechselkursmechanismus, mit scharfen und zunächst überschießenden Abwertungen beider Währungen. Nach der notwendigen Anpassung des Kursgefüges europäischer Währungen kam es rasch zu Korrekturen der außenwirtschaftlichen Position der Länder, so zu einer Aktivierung der Leistungsbilanz Italiens von einem Defizit von 2,5 % des BIP in 1992 zu einem Überschuß von 0,9 % in 1993 und in Großbritannien zu einem Abbau des Defizits von 1,7 % in 1992 auf 0,3 % in 1994. Dieses Beispiel zeigt, daß bei etwa gleichhohem Wirtschaftswachstum die Wechselkurse einem Trend folgen sollten, der von dem internationalen Preis- und Kostengefälle gezogen wird. In diesem Fall sind die realen Wechselkurse annähernd konstant, der internationale Leistungsverkehr wird von den grundlegenden wirtschaftlichen Fundamentalfaktoren bestimmt, Wechselkurse und ihre Änderungen sind neutral für die internationale Wettbewerbsfähigkeit der Unternehmen verschiedener Länder.

Auf etwas längere Sicht sollten Wechselkursänderungen auch annähernd im Einklang mit internationalen Zinsdifferenzen stehen. Die Globalisierung der internationalen Finanzbeziehungen bei nahezu vollständiger Freizügigkeit des internationalen Kapitalverkehrs schließt es aus, daß für gleichartige Finanztitel verschiedener Länder bei gleicher Bonität der Schuldner dauerhaft erhebliche Ertragsunterschiede aufrechterhalten werden können. Bei perfekter Kapitalmobilität werden internationale Zinsdifferenzen von entsprechenden Wechselkursänderungserwartungen, die Wechselkursänderungen bestimmen, vollständig kompensiert. In diesem Fall ist es gleichgültig, ob Finanzaktiva eines Hochzins- oder eines Niedrigzinslandes erworben werden, weil die um Wechselkursänderungen bereinigten erwarteten Ertragsraten gleichhoch sind. Nur bei Wechselkursillusion, also der Auffassung, daß gegebene Wechselkurse aufrechterhalten bleiben, kann es zeitlich begrenzte Abweichungen von dieser Norm geben. Schwindet die Wechselkursillusion, so kommt es später zu um so drastischeren Wechselkursanpassungen.

Auch hierfür gibt es Beispiele. Seit Beginn der neunziger Jahre waren bei dem Erwerb von Finanzaktiva Süd-Koreas unter Berücksichtigung von Kursänderungen des Won gegenüber dem US-Dollar Erträge zu erzielen, die jene weit übertrafen, die aus einer Anlage an den meisten anderen nationalen Märkten zu erzielen waren. Auf diese Weise konnten die rasch wachsenden Leistungsbilanzdefizite finanziert werden, ohne daß es einer Abwertung des Won bedurft hätte. Mit einer Neuorientierung der Wechselkursänderungserwartungen verflog diese Wechselkursillusion, und es kam zu einer drastischen und überschießenden Abwertung des Won. Hohe Zinsen zur Finanzierung eines steigenden Leistungsbilanzdefizits, wie im Falle Süd-Koreas, sind allein dann ein probates Mittel, wenn sie mit geeigneten und glaubwürdigen binnenwirtschaftlichen Anpassungsmaßnahmen zum Abbau binnen- und/oder außenwirtschaftlicher Ungleichgewichte einhergehen. Fehlt es hieran, so wird über kurz oder lang die Wechselkursillusion von einer nüchternen Auswertung von Fakten verdrängt, und es kommt zu Turbulenzen an Devisen- und Finanzmärkten (Furmann/Stiglitz 1998, 72 ff.). Die Entwicklung in Brasilien ab 1998 ist ein weiteres Beispiel für diese Zusammenhänge.

Auf etwas längere Sicht also sollten bei einem näherungsweisen Gleichlauf der Konjunktur Wechselkurstrends dem vom internationalen Preissteigerungsgefälle geprägten Verlauf folgen, der auch vom internationalen Zinsgefälle ausgedrückt wird.

3.2.2 Die Technik des Systems

Hierzu bedarf es eines passenden institutionellen Designs. Es sollte darauf abzielen, exzessive Volatilitäten sowie verschiedene Formen von misalignments der Wechselkurse zu vermeiden. Dabei gibt es zwei Ansatzpunkte. Erstens sollten mögliche Auswirkungen zinspolitischer Maßnahmen der Zentralbanken auf die Wechselkursentwicklung bedacht werden. Hierzu besteht internationaler Diskussionsbedarf. Zweitens sollte den Devisenmarktteilnehmern Orientierung für eine mit dem gesamtwirtschaftlichen Umfeld der großen Währungsräume verträgliche Kursentwicklung an den Devisenmärkten gegeben werden. Diese Aufgabe könnte von den Finanzministern und Notenbankgouverneuren der G 7-Länder, möglicherweise ergänzt um internationale Institutionen wie den IWF, wahrgenommen werden. Dieses Gremium sollte wechselkursrelevante Informationen sammeln, auswerten und öffentlich interpretieren, also die Aufgabe eines »Informations-Brokers« übernehmen. Das auf dem Treffen der Finanzminister und Notenbankgouverneure der G 7-Länder vom Februar 1999 aus der Taufe gehobene »Financial Stability-Forum«, dessen Aufgabe in der Überwachung der Mikrostruktur internationaler Finanzbeziehungen besteht, sollte deshalb von einem Makro-Forum ergänzt werden.

Bei scharfen Änderungen nominaler oder realer Wechselkurse sollte dieses Gremium in öffentlichen Stellungnahmen die vollzogene Kursentwicklung kommentieren und, soweit erforderlich, mögliche Reaktionen der Wirtschaftspolitik erläutern. Fehlt es an klaren Orientierungen für das Herausbilden von Markterwartungen, so bedarf es Leitplanken zur Stabilisierung der Erwartungen. Vor allem bei unklarer Informationslage können glaubwürdige Erläuterungen eines internationalen Gremiums mit hoher Reputation eine wichtige Orientierungshilfe für Wechselkurserwartungen und zur Stabilisierung der Devisenmärkte bilden. Dabei ist es erforderlich, dieses Gremium mit wirtschaftspolitischer Entscheidungskompetenz auszustatten, weil Diskussion und Meinungsaustausch allein keine Probleme löst (vgl. Eatwell/Taylor 1999).

Auf dieser Grundlage könnte das System wie folgt konzipiert werden:

– Für die Eingangsphase sollten die aktuellen Marktkurse der dem System angehörenden Währungen als Startwerte herangezogen werden. Hierum sind obere und untere Referenzwerte zu bilden, die einerseits ausreichenden Spielraum lassen für die notwendigen Änderungen der Wechselkurse, andererseits aber rechtzeitig Konsultationen zwischen den beteiligten Ländern auslösen.

– Zudem sollten Referenzwerte für die realen Wechselkurse bestimmt werden. Zu diskutieren ist die Methode der Ermittlung realer Wechselkursänderungen. Unterschiedliche Verfahren der Deflationierung von Wechselkursen kommen zwar zu übereinstimmenden Trendergebnissen – reale Auf- und Abwertung –, aber zu unterschiedlichen Werten (vgl. Deutsche Bundesbank 1998).

– Die Referenzwerte für nominale und reale Wechselkurse sind öffentlich bekanntzugeben.

– Die Referenzwerte sollten in regelmäßigen Abständen (z.B. halbjährlich) überprüft werden.

– Bei Erreichen der unteren oder oberen Referenzwerte sollten obligatorische Konsultationen die Zentralbankgouverneure und Finanzminister der beteiligten Länder, möglicherweise ergänzt um internationale Institutionen, zu einer gemeinsamen Interpretation der Kursentwicklung und ggf. zu einer abgestimmten Strategie mit dem Ziel der Stabilisierung der Wechselkurse veranlassen. Interpretationen und möglicherweise als probat erachtete wirtschaftspolitische Maßnahmen sind öffentlich bekanntzugeben, um die Erwartungen von Marktteilnehmern zu orientieren und zu leiten.

Ein Einwand gegen diese Konzeption ergibt sich aus der Zielzonendiskussion Mitte der achtziger Jahre. Damals ging Williamson (1983) von der Möglichkeit aus, fundamentale Gleichgewichtswechselkurse bestimmen zu können. Das Problem: Gleichgewichte oder Störungen von Gleichgewichten an monetären Märkten oder am Devisenmarkt erhalten nur dann eine faßbare Dimension, wenn ihre

Folgen für andere Märkte, vor allem für Gütermärkte, für Produktion und Beschäftigung berücksichtigt werden.

Das nicht befriedigend lösbare Problem der Bestimmung von Gleichgewichtswechselkursen stellte sich auch im EWS. Bei Inkraftsetzen des EWS wurden deshalb keine auf der Grundlage von Modellrechnungen ermittelten Gleichgewichtswechselkurse herangezogen, sondern die Kurse des Vortags, weil sie Regierungen und Währungsbehörden der Teilnehmerländer als angemessen erschienen. Das Festlegen von Referenzkursen am Devisenmarkt hat sich deshalb nicht an denkbaren Gleichgewichtskursen zu orientieren, sondern sollte sich auf eine gemeinsame Sichtweise hinsichtlich der Angemessenheit von Wechselkursen stützen.

Dieses Verfahren ähnelt der Praxis der Festlegung von Geldmengenzielen durch Zentralbanken. Als Zentralbanken zur Ankündigung von Geldmengenzielen übergingen, wurde nicht der Versuch unternommen, zunächst die »gleichgewichtige Geldmenge« zu bestimmen, sondern es wurde ein als »angemessen« erachteter Geldbestand unter Verwendung von Daten über die für die Projektionsperiode voraussehbare gesamtwirtschaftliche Entwicklung fortgeschrieben. Um den mittleren Wert wurden »weiche« Grenzen für die monetäre Expansion gezogen, also ein oberer und ein unterer Grenzwert für das angestrebte Geldmengenwachstum festgelegt. Es ist nicht ersichtlich, warum sich diese Praxis der Zentralbanken bei der Festlegung von Zielwerten für Geldmengengrößen mit dem Ziel der Stabilisierung von Finanzsystemen in der Vergangenheit häufig als erfolgreich erwiesen hat, eine vergleichbare Vorgehensweise bei der Bestimmung praktikabler Referenzwerte für Wechselkurse dagegen scheitern muß.

3.2.3 Wirtschaftspolitische Maßnahmen

Der wichtigste Bestandteil eines Systems »gestalteter Flexibilität der Wechselkurse« ist deshalb ein verpflichtender Konsultationsprozeß zwischen den Zentralbanken und Finanzministern der G 7-Länder. Anders als bei festen Wechselkursen oder in einem Zielzonensystem gibt es dagegen keine genau definierten und verpflichtenden wirtschaftspolitischen Maßnahmen bei bestimmten Kursentwicklungen an den Devisenmärkten. Verlangt aber werden sollte die Bereitschaft der größten Industrieländer der Welt, bei starker Volatilität an den Devisenmärkten und bei scharfen Abweichungen der Wechselkurse von den Eingangskursen eine sorgfältige Analyse der Ursachen anzustellen und eine gemeinsame Interpretation dieser Entwicklungen vorzunehmen.

Kommt diese Analyse und Interpretation zum Ergebnis, daß die Kursentwicklungen an den Devisenmärkten wegen Veränderungen ökonomischer Fundamentalfaktoren gerechtfertigt sind, etwa deshalb, weil die Währung eines Landes im Zuge eines starken Wirtschaftswachstums aufwertet, so sollte das kommentiert werden. Zudem könnten Referenzwerte für die Kursentwicklung angepaßt werden.

Wenn dagegen das Gremium der Zentralbankgouverneure und Finanzminister zum Ergebnis gelangt, daß klare Fehlentwicklungen an den Devisenmärkten vorliegen, so sind weitere Stufen im Prozeß der Währungskooperation notwendig:

– In einigen Fällen mag es ausreichen, mit glaubwürdigen Erklärungen ökonomisch nicht gerechtfertigte Kursentwicklungen an den Devisenmärkten zu dementieren. Das wird der Fall sein, wenn die bereitgestellte Information die Erwartungen der Devisenmarktteilnehmer zielgerecht beeinflußt.

– Darüber hinaus sollte geprüft werden, ob und ggf. welche Maßnahmen der Wirtschaftspolitik als angemessen erachtet werden, um die Wechselkurse zu stabilisieren, ohne damit andere Zielverletzungen auszulösen (vgl. Filc 1998 a, 35 ff.).

– In außergewöhnlichen Fällen sollten die notwendigen Maßnahmen als Ultima ratio auch abgestimmte Devisenmarktinterventionen der Zentralbanken beinhalten, soweit dadurch Preisstabilität nicht gefährdet ist. Sowohl sterilisierte als auch nicht sterilisierte Interventionen können hierbei bedeutsame Signalwirkungen haben, um die Wechselkursänderungserwartungen zu beeinflussen, damit die Wechselkurse, während der Portfolio-Kanal von Devisenmarktinterventionen für Wechselkurse wohl eher von geringerer Bedeutung ist.

Die vollzogene marktmäßige Globalisierung ist durch internationale außer-marktmäßige Institutionen zu festigen und abzusichern, mithin durch ein adäquates internationales Organisationsdesign. Man mag darüber streiten, ob der hier vorgeschlagene Weg ausreichend und erfolgversprechend genug ist. Aber er weist in die einzuschlagende Richtung: Ergänzung notwendiger struktureller und deshalb mikroökonomisch orientierter Reformen der internationalen Finanzarchitektur durch eine zwischen den großen Wirtschafts- und Währungsräumen der Welt besser abgestimmte makroökonomische Stabilisierungspolitik und ein internationales Organisationsdesign, um Devisenmärkte nicht erneut zur Quelle wirtschaftlicher Fehlentwicklungen werden zu lassen. Gewiß, hierfür gibt es keinen Königsweg, aber Fortschritte auf diesem Felde sind erforderlich, um künftige Finanzmarktkrisen auszuschalten.

Ein derartiges institutionelles Rahmenwerk für größere Wechselkursstabilität knüpft an die bestehende währungspolitische Zusammenarbeit der G 7-Länder an, intensiviert sie jedoch. Denn im Unterschied zu früheren Phasen währungspolitischer Kooperation sollte ein verpflichtender Konsultationsmechanismus auf der Grundlage einer ständigen Überwachung der Kursentwicklung zwischen den drei großen Währungsräumen erhebliche Fehlentwicklungen der Wechselkurse bereits im Ansatz verhindern. Mehr Wechselkursstabilität zwischen den »Großen Drei« ist auch eine Voraussetzung für größere Stabilität der Finanzmärkte in den Schwellenländern. Zudem kann über geeignete stabile Währungssysteme für diese Länder erst dann fundiert entschieden werden, wenn der Kern hinreichend stabil ist.

3. Der Euro als Ferment weitergehender internationaler währungspolitischer Kooperation

Mit Einführung des Euros wird sich die Tendenz zu einer multipolaren Struktur des internationalen Währungssystems verstärken. Diese Entwicklung tangiert nicht nur die USA und den Dollar, der seine ehemals dominierende Position an den Finanzmärkten künftig mit der europäischen Währung teilen wird, sondern auch alle anderen Länder. Der Euro wird im globalen System eine bessere Alternative zum Dollar sein, als die D-Mark und andere EU-Währungen mit internationaler Verbreitung es waren. Der andauernde Trend zur Währungsdiversifizierung für die offizielle Reservehaltung, zur Vermögensanlage, zur Fakturierung des internationalen Handels und für Devisentransaktionen, dürfte mit dem Euro neue Impulse erhalten. Wie auch immer die künftigen Anpassungsprozesse ablaufen werden, ob der Euro sein Potential als Alternative zum US-Dollar nutzen können wird oder nicht, so sollten damit möglicherweise verbundene Turbulenzen an Devisenmärkten vermieden werden (vgl. Henning 1998). Das erfordert internationale Kooperation der Wirtschaftspolitik, auch der Währungspolitik. Die Wirtschaftspolitik der USA und in der Währungsunion hat damit eine neue weltwirtschaftliche Verantwortung zu übernehmen. Kommt es zu erheblichen Umschichtungen von Kapitalanlagen zwischen dem Dollar- und dem Euro-Raum, so wird es die Aufgabe der wirtschaftspolitischen Entscheidungsträger beider Währungsräume sein, beruhigend auf die Finanzmärkte einzuwirken. Die hierfür notwendige Koordinierung dürfte unter den Bedingungen etwa gleich starker Partner anders verlaufen als in der G 7-Welt der achtziger Jahre.

Zunächst gilt der richtige Satz, daß dem internationalen System am besten gedient ist, wenn jedes Land für Ordnung im eigenen Haus sorgt. Folglich ist die Makropolitik an den Zielen eines hohen und beschäftigungsfördernden Wirtschaftswachstums bei Preisstabilität zu orientieren. Hierzu gibt es zwischen den USA und der EU weitgehend Übereinstimmung. Weniger deutlich ist, inwieweit dieser Konsens auch für die Kursentwicklung an den Devisenmärkten gilt. Die Einführung des Euros könnte ein Element zur Vertiefung der transatlantischen Beziehungen in dieser Frage werden. Dazu bedarf es auf beiden Seiten der Einsicht, daß der Weltwirtschaft durch Kooperation der Währungspolitik zwischen den beiden großen Währungsräumen der Welt besser gedient ist als mit einem benign neglect von Fehlentwicklungen an den Devisenmärkten.

Literaturverzeichnis

Deutsche Bundesbank, 1998: Zur Indikatorqualität unterschiedlicher Konzepte des realen Außenwerts der D-Mark. In: Monatsberichte der Deutschen Bundesbank, November, S. 41 ff.

Eatwell, John, Taylor, Lance 1999: International Capital Markets and the Future of Economic Policy: A Proposal for the Creation of a World Financial Authority, Internet-Publikation (www. Newschool.edu/cepa)

Eichengreen, Barry 1999: Toward a New International Financial Architecture – A Practical Post – Asia Agenda, Institute for International Economics, Washington, D.C.

Fama 1992, Eugene F., French, Kenneth R.: The Cross-Section of Expected Stock Returns. In: The Journal of Finance, Vol. 47, No. 2, S. 427 ff.

Furman, Jason, Stiglitz, Joseph E. 1998: Economic Crisis: Evidence and Insights from East Asia. In: Brookings Papers on Economic Activity: 2: 1998, S. 1 ff

Filc, Wolfgang 1997: Das Ende der Effizienzträume. In: Hamburger Jahrbuch für Wirtschafts- und Gesellschaftspolitik, 42. Jahr, S. 99 ff.

Filc, Wolfgang 1998a: Mehr Wirtschaftswachstum durch gestaltete Finanzmärkte. In: Internationale Politik und Gesellschaft, 1/1998, S. 22 ff.

Filc, Wolfgang 1998b: Theorie und Empirie des Kapitalmarktzinses, zweite, erweiterte und überarbeitete Auflage, Stuttgart

Frömmel, Michael, Menkhoff, Lukas 1999, The International Efficiency of Financial Markets and Macroeconomic Equilibrium. In: Filc, Wolfgang, Köhler, Claus (Hrsg.): Macroeconomic Causes of Unemployment: Diagnosis and Policy Recommendations, Veröffentlichungen des Instituts für Empirische Wirtschaftsforschung, Bd. 36, Berlin

Haugen, Robert A. 1995: The New Finance: The Case Against Efficient Markets, New Jersey

Haugen, Robert A. 1996: Finance from a New Perspective. In: Financial Management, Vol. 25, Nr. 1, S. 86 ff.

Hellwig, Martin 1998: Systemische Risiken im Finanzsektor. In: Duwendag, Dieter (Hrsg.): Finanzmärkte im Spannungsfeld von Globalisierung, Regulierung und Geldpolitik, S. 123 ff., Berlin

Henning, C. Randall 1997: Cooperation with Europe's Monetary Union, Institute for International Economics, Washington, D.C.

UNCTAD 1998, Trade and Development Report, Genf

Williamson, John 1983: The Exchange Rate System, Institute for International Economics, Washington, D.C.